シルリ・ギルバート

ホロコーストの音楽

ゲットーと収容所の生

二階宗人訳

みすず書房

MUSIC IN THE HOLOCAUST

Confronting LIfe in the Nazi Ghettos and Camps

by

Shirli Gilbert

First published by Oxford University Press, UK, 2005

サラとモシェ・シュタインベルクの思い出に

はじめに

本書は、ナチのゲットーと収容所で収容者たちが営んだ音楽活動の歴史をもっぱらつづることから生まれた。そうした意味では、ナチが占領したヨーロッパのもっとも重要な隔離収容施設に存在した、オーケストラや室内楽団、合唱団、劇場公演、集団での歌唱、あるいは舞台演芸《キャバレー》に及ぶ幅広い領域の活動にかんする資料となっている。しかし同時に、そのめざすところは、より野心的であろうとした。ナチズム体制下で囚われた個人と共同体の生活に焦点をあてた社会史であることがその核心である。音楽は、それらの共同体の内部世界に独特の窓をあけ、人びとが当時、自分たちの体験をどう理解し、解釈して応答したのかを洞察させてくれるのである。

本書は主として、さまざまな隔離収容施設のなかに拘束された人びとが、日常の生活で創作し、広め、そして演奏した音楽と、そこでナチ親衛隊（ＳＳ）がはじめた音楽活動に焦点をあてている。多数の歌や楽曲を論じるさい、筆者の関心は、音楽が参加型の活動として収容者のより大きな社会集団を取り込みながらどのように機能したのかという点と、生き残った個々の音楽作品に向けられた。本書は、収容所やゲットーに移送された職業音楽家や作曲家のたどった運命、あるいはそこでの彼らの活動など、職業的な音楽に関連する出来事を扱わないことにした。ただし、彼らが日常的に音楽活動と直接かかわった場合は除いた。また、本書の扱う範囲をこえているのが、ナチの音楽政策とそれが公的な社会活動や職業上の領域にもたらした影響である。ドイツの学校や大学、演奏会場、宗教施設における一九三三年以降の音楽のナチ化という問題である。それにはいくつかの範疇の「退廃」音楽の禁止や、党大会やヒトラー・ユーゲント（ヒトラー青少年団）のような組織における、音楽の政治的な利用が含まれる。ナチ体制下のこうした音楽活動と筆者の主題を区別することは、後述の「精神的抵抗」や収容者の集団内の社会的・政治的な要因が収容所やゲットーの音楽に及ぼした影響を考えるさいに、とりわけ重要である。

　また、本書ではテレージエンシュタットをあえて扱わないことにした。数多くの著書でとりあげられているからである。テレージエンシュタットはプラハ郊外の要塞都市で、ナチの収容所体制において「見本」もしくは「展示」用の収容所として、特別な位置を占めていた。その役割の一つは、拘束されたユダヤ人たちが人間的な待遇を享受していると、外の世界に信じさせることであった。こうしたプロパガンダ上の意図に利用するために、ナチ当局は他に例のない種々の文化活動を許容し、のちには奨励したのである。オペラ、器楽や管弦楽の演奏会、独唱会、ジャズを定期的に演奏するコーヒーハウス、合唱団、舞台演芸などである。テレージエンシュタットがもつ特異性は、それがゲットーや収容所における音楽活動を代表するものとして一般に流布し、想像のなかでほとんど独占的な意味をもつにいたったことである。しかし、この独特の状況こそが問題をはらんでいるのであり――多くの学問的な関心を引いてきた事実はさておき――この点こそが筆者の関心をそれ以外の領域に集中させることになった。

　筆者は、本研究のためイスラエル、ヨーロッパ、そしてアメリカに保存されている資料から証言文献をひろく利用した。それらの資料を補う音楽関係の原資料を収集できるかどうかに不安があったものの、当初の資料調査は好結果を生み、結果的に本書の紙幅を大幅に削らざるをえなくなった。本書の四つの事例研究《ケース・スタディ》は、歌集の原本一七冊に加えて、ドイツ語とイディッシュ語、それにポーランド語で新たにつくられた約七〇曲の歌にもとづいている。本書のもっとも重要な出典の一つが、米国ホロコースト記念博物館のアレクサンデル・クリシェヴィチ所蔵資料である。その名称は、一九四〇年から四五年までザクセンハウゼン〔強制収容所〕に収容されたポーランド人の音楽家・活動家の名前に由来する。クリシェヴィチは、収容生活中から収容所で歌われていた歌の収集に着手し、これが戦後の大規模な収集事業へとつながった。彼自身も少なくとも四〇曲の歌を作曲している。本人は生前、その労作を出版することができなかった。その桁はずれに貴重なコレクションがようやく一般にも利用が可能となったのは、それが記念博物館によって買い上げられた一九九〇年代はじめからのことである。

本書は、数多くの先行研究に負うところが大きい。とりわけウーチ・ゲットーの歌にかんするヒーラ・フラムの『生きのびるために歌う』とガブリエレ・クナップの『アウシュヴィッツの女子管弦楽団』、ミラン・クナやグイド・ファクラー、およびモシェ・ホッフのより広範な報告があげられる。これらの研究は、並行して進めていた音楽、証言の第一次資料の収集に大いに役立った。くわえて、学問的な厳密性と知的な素養がしばしば残念なほどに欠ける研究分野において、それらはゲットーと収容所で営まれた音楽により複雑であやのある理解をもたらすものであった。

術語と用語翻訳について簡単に説明しておきたい。本書では、隔離収容施設の類型を区別するためにナチ自身が使っていた呼称をだいたいにおいて使用した。たとえば、ゲットーや強制収容所、労働収容所などがそれである。ただし、組織的な大量殺戮が行われた場所（アウシュヴィッツ、マイダネク、ソビブル、トレブリンカ、ヘウムノ、そしてベウジェツ）を示すさいは、「絶滅収容所」のかわりに「死の収容所」ということばをあてている。ナチ体制下のあらゆる収容所を一般的にさす場合には「収容所」を使用した。ナチ占領下で、もとの地名がドイツ語に替えられている場合（テレジンがテレージエンシュタット、オシフィエンチムはアウシュヴィッツ）は、混乱を避けるためドイツ語の呼称を使った。しかし、唯一の例外としてウーチがある。リッツマンシュタットと改名されていたが、いまもポーランド語名で呼ぶのが通例であるためである。

ヘブライ語、イディッシュ語、ドイツ語およびフランス語からの翻訳は、特段の付言がなければ、すべて筆者の訳である。ヘブライ語の音訳は、アメリカ国立規格協会の指針に則った。イディッシュ語からの音訳はユダヤ調査研究所〔YIVO〕の指針にもとづいている。

本書の執筆にあたって、さまざまな段階で多くの方々や団体から助言と支援をいただいた。この場を借りて、お礼を申し上げる。第一に、筆者の博士課程の研究を指導くださった教官方に感謝したい。本書は主としてそれに依拠している。ニック・スターガートは本研究にこころからの関心と情熱を示し、精神的に、かつ知的に支えつづけてくれた。また、ロジャー・パーカーは仕事が終わったあとでも、惜しみなく、かつ親切に時間を割いてくれた。そして筆者の仕事を信頼し、有益な助言を与えてくれたマーク・ローズマンとルース・ハリスにも感謝したい。ポリーヌ・ノセルは英知と雅量の尽きることのない源泉となり、彼女にははかり知れないほどの愛と感謝の念を負っている。

本事業にたいして南アフリカのスカイ慈善信託財団とイギリスのブリティッシュ・カウンシルから財政的な援助を受ける幸運に恵まれた。またオックスフォード大学から、現代史でブライス研究奨学金を受けとる恩恵に与った（二〇〇一―〇二年）。モードレン・カレッジ、オックスフォード大学音楽学部、バタイア・ライアンズ信託財団、オックスフォード大学東洋学研究所（シーガル基金）から助成を受け、スカイ慈善信託財団は筆者にイスラエルをはじめポーランド、アメリカ、ドイツの公文書館で過ごす時間を与えてくれた。ケープタウン大学の博士課程修了後の特別研究員にたいする助成金とヨハネスバーグのヴィットヴァータースランド大学の名誉特別研究員への助成金は、出版にむけた執筆の最終作業を支えてくれた。

アーカイヴ職員と司書のみなさんは、史料に取り組む仕事をより実り豊かで楽しいものにしてくれた。多すぎて書ききれないがヤド・ヴァシェム記念館、米国ホロコースト記念博物館、ベルリン芸術アカデミー、ザクセンハウゼン記念博物館のアーカイヴおよび保存館、イェール大学におけるホロコーストの証言のためのフォーチュノフ・ヴィデオ・アーカイヴ、ロンドンの帝国戦争博物館の音声資料室、そしてアウシュヴィッツ＝ビルケナウ国立博物館アーカイヴ、これらの職員の貴重な助力と助言に謝意を表したい。ロンドンのウィーナー・ライブラリーの職員にとりわけ感謝している、そのいつも有用な助言と親切なやりとりに、しかも何杯もの紅茶をいれてくださったことに。旅先で家を開放し、温かいもてなしをしてくれたエルサレムのミッキー・ブロムバーグ、ワシントンDCのマークとジル・ウェクスラー・グリーンスタイン、同じくエリカ・ドラス、ベルリンのグンドゥラ・クロイツァー、およびニューヨークのリチャード・マンセルにお礼を申し上げたい。

また、原稿に目をとおし、いくつもの箇所について有益な意見を述べてくれたリティカ・プラサード、リチャード・マンセル、ハイヤ・ハーマン、マーティン・ケレム、ポール・ラビナー、ティム・エルフェンバイン、サンドラ・スウォート、そしてラルス・フィッシャーに謝辞を送る。グンドゥラ・クロイツァー、ヘレン・ビーア、ミリアム・トリン、ゾシア・ソハインスカ、そしてミハル・ジョージュは翻訳に関連して多くの時間を惜しみなく割いてくれた。

最後ながらもっとも大切な感謝のことばを家族に送りたい。ジェセ、タル、レア、そしてデーヴは、気持ちよく、辛抱強く、入念に原稿を読み、再読してくれた。みなの変わらない愛と助け、そして励ましに限りなく感謝している。本書は、母方の祖父母であるサラとモシェ・シュタインベルクの思い出に捧げるものである。彼らはポーランドで戦争を、そしてのちにはソ連での日々に耐え、生きて自分たちの物語を伝えた。彼らの強さの記憶が、本書の執筆に伴った数多くの難題を克服させてくれたのである。

謝辞

第三章はシルリ・ギルバート「歌は過去と向かいあう――ザクセンハウゼン強制収容所における音楽　一九三六―一九四五」、『現代ヨーロッパ史』全一三巻の第三巻（二〇〇四）、ケンブリッジ大学出版 'Songs Confront the Past: Music in KZ Sachsenhausen 1936-1945', *Contemporary European History*, 13/3（2004）, © Cambridge University Press の許可をえて再掲し、書き直したものである。

下記について、未公刊の原資料からの引用を許可いただいたことに謝意を表する。

ザクセンハウゼン記念博物館（歌詞の引用および書簡の抜粋）
ウィーナー・ライブラリー、ロンドン（目撃者証言の引用）
ヤド・ヴァシェム記念館（目撃者証言の引用）
米国ホロコースト記念博物館　録音群55（アレクサンデル・クリシェヴィチ所蔵資料）、精選記録
RG-55.004.18（「強制収容所」　歌詞および譜例）
RG-55.004.18（「処刑」　歌詞および譜例）
RG-55.004.18（「地獄の深淵からのコラール」　歌詞および譜例）
RG-55.004.18（「強制収容所に行ったお母ちゃんの息子」　歌詞のみ部分引用）

RG-55.004.18（「みよ、ベルリンの近くに！」 歌詞および譜例）
RG-55.004.23（「ユダヤ人の死の歌」 歌詞および譜例）
RG-55.003.07（「ガス室」 歌詞および譜例）
RG-55.019.09（「女子収容区」 歌詞のみ）
RG-55.004.14（「アウシュヴィッツの歌」 歌詞および譜例）
RG-55.003.15 および RG-55.003.16（「ビルケナウ」 歌詞および譜例）
RG-55.004.02（「没収財産登録事務所のメドレー」 歌詞および譜例）

S.Kaczerginski and H.Leivick（eds.）, *Lider fun di getos un lagern*（New York: Altveltlekher Yidisher Kultur-Kongres: Tsiko,1948）からの公刊資料を再掲する許可をＣＹＣＯ Central Yiddish Cultural Organization, Inc., 25 East 21st St.,3rd floor, New York, NY 10010, Phone: 212-505-8305, Fax: 212-505-8044, Email: cycobooks@aol.com から得た。CYCO Publishing House and Yiddish Book Distribution Center は一九三七年に設立された内国歳入法第五〇一条（c）項（3）号団体の非営利組織である。

この小論で引用もしくは再掲したすべての資料について、その許諾を得るよう可能な限りの努力をした。だが、I. Lammel and G. Hofmeyer（eds.）, *Lieder aus den faschistischen Konzentrationslagern,*（Leipzig: Friedrich Hofmeister, 1962）からの引用にかんしては、確実な許可を得ようと何度も試みたが、成功しなかった。著作権者が申し出てくれることがあれば、ここでは触れなかったほかの出典とあわせて、本論の次版で衷心より謝辞を述べたいと思う。

ホロコーストの音楽——ゲットーと収容所の生

目次

譜例について

譜例の原資料には、同一の歌に二種かそれ以上の歌詞や曲の別ヴァージョンがしばしば存在するため、適確な引用を掲載することが難しい場合があった。筆者は楽譜をできるだけ正確に再現しようと努めたが、いくつかのヴァリエーションがある場合には、もっとも重要で特徴的だと思われる音楽的な特色を保つようにした。原資料に歌詞の異なるヴァージョンがあって、とりわけ連《スタンザ》と譜例とが異なる場合は、たいてい前者を引用することにした。歌詞を曲にどう合わせるべきなのかを明らかにしていない原資料が多く、そうした場合は、現存する録音や音楽上の表現、そのほかの関連する情報を勘案しながら、筆者の判断によって譜例を作成した。

本書でとり上げた曲の録音をはじめ、歴史的な情報や写真、記録文書についてはウェブサイトの「Music and the Holocaust 音楽とホロコースト」http://holocaustmusic.ort.org を参照いただきたい。同サイトは非政府組織 World ORT が後援して二〇〇七年早々に立ち上げられた。

譜例リスト

序論　音楽を救う――「精神的抵抗」を超えて

防御のために、現実が記憶のなかだけでなく
それが生起している最中にゆがめられることがある。
プリーモ・レーヴィ『溺れるものと救われるもの』

この一文に続けて、プリーモ・レーヴィはアルベルト・Dの話を紹介する。収容されたアウシュヴィッツで一年にわたり親交を深めた仲間であった。レーヴィは、このアルベルトを勇敢で頑健、とても聡明であったと記す。収容所では、「戦争はあと二週間で終わる」とか「収容者の選別はもう行われない」、「ポーランドのパルチザンがまもなく収容所を解放する」といった「慰めの幻想」が収容者たちによってしばしば創作され、流布されていた。しかし、アルベルトがそれらにたいして批判的な態度をとったことが彼の性格をきわめてはっきりと示していた。これらのうわさは、結局のところいつも現実によってくつがえされたが、アルベルトはそれらのなかに逃げ込むことを拒んでいた。

アルベルトは四五歳の父親と一緒に、アウシュヴィッツに移送されている。一九四四年十月の収容者の選別で、父親はガス室に送られることになった。レーヴィによると、ほどなくアルベルトの態度が変わる。彼が耳にしたうわさは、突如として信じるに値するように思われたのである。「ロシア軍が接近している」とか「差し迫った選別はガス室送りのためではなく、体の弱った者や生存可能な収容者のためのもの」、あるいは「選別された者は、軽労働につくために衛星収容所ヤヴォジュノに移される」といったうわさ話である。

いうまでもなく、彼の父親をふたたび見かけることはなかった。レーヴィにとって、アルベルトの不意の、そして予想外の変節は、耐えがたい現実に直面した人間にたいして慰めの物語がもつはかりしれない力を示すものであった。[1]

I

多種多様な「慰めの物語」がわれわれの今日のホロコースト理解を形づくっている。[2] しかし、レーヴィの記述が示唆するように、現実を「ゆがめる」のは必ずしもごまかすためではなく、ある状況を受け入れやすくし、耐えやすくするために人間がとる行動である。それは、戦後と「それが生起している最中」に自分たちの現実を日記や年代記、挿絵、歌、証言といったさまざまな語り《ナラティヴ》の形式に再構成した、ナチによる大量殺戮の犠牲者だけに限られない。「記憶のなか」の大量殺戮についての理解を形づくってきたわれわれ戦後世代にもあてはまるのである。

語りによる過去の再構成は、いうまでもなく歴史家の仕事の根幹をなす。主題を明確にし、重要な点に焦点をしぼり、普遍的な結論を導きだすためには、われわれはどうしても出来事を再整理し、「ゆがめる」ことになる。ところがナチによる大量殺戮の場合は、いくつかの領域で、救済と慰めの素朴な語りと化す独特の傾向があった。本書はそうした語りの一つ、「精神的抵抗」という表現によって呼びならわされ、しかも音楽の主題としばしば密接に関連する語りにたいする強い関心から生まれた。精神的抵抗は、今日まで音楽を主題にした二次的著作にみられる一般的な概念であり、音楽を、ナチズムの犠牲者が感情的な慰めと支えを得るための手段であるだけでなく、生きる勇気を与えてくれる生存のための仕組みとしてとらえる。しかも、音楽をつうじて犠牲者は苦難を前にしての団結や生きる意志、そして人間精神の強さを見出したと考えるのである。

この主題について調べはじめたとき、かつて存在した音楽活動の桁はずれの広がりに筆者は驚きを禁じえなかった。ナチが支配する東ヨーロッパの大規模なゲットーのほとんどに、合唱団やオーケストラ、劇場、室内楽団がつくられ、それらは数か月あるいは数年間存続したのである。ナチ親衛隊の主導でつくられた公認のオーケストラは多くの収容所の呼び物でもあった。こうした組織的な活動のほかに、日常下の、その場限りの演奏が広範に行われていた。人びとが演奏した音楽は、戦前の大衆歌謡からオペラやオペレッタ、民俗音楽、クラシックのスタンダード曲、合唱曲、そしてダンス曲に及んでいる。くわえて数多くの新しい歌や曲が、ゲットーだけでなく収容所においてもつくられていた。

はじめのうちは、これらの熱心な、おおむね自由意思による活動はナチ収容施設の暴力的な世界にそぐわないと考えるのが理屈にあうように思われた。筆者の研究について尋ねる人びとからは、実にしばしば、そのような音楽をおぞましいとか、場違いなものと批評された。しかしながら、筆者は時を経て、そうした理解がじつは音楽の本質やその果たすべき役割を暗黙のうちに想定しているのではないか、と考えるにいたった。すなわち音楽は人びとに慰めを与え、高揚させるものであるとか、音楽を人間性や人間の尊厳を擁護する手段とみなすとかいう観念である。だが主題を追っていくなかで、これらの想定を根本的に考え直さざるをえなくなった。とくに、音楽が社会の力関係の影響を受けないとか、当時、生活のあらゆるところに浸透した政治化の一連の措置や腐敗を免れていたなどと、なぜ想定されたのであろうか。ことにゲットーや収容所では、体制の異常な道徳規範や行動がもっとも集中してあらわれ、何ごともその汚染を免れることはできなかったのである。

筆者の当初の関心は、音楽の営みが回想のなかでどのように表現されていたのかという点にあったのだが、やがてそれはナチの犠牲者が自分たちの体験をそのときどう理解し、どのように表現したのかに向かっていった。そして、音楽そのものがとりわけ重要な情報源であることがまもなく明らかになった。ホロコーストの歴史記述にかかわる原資料のほとんどが戦後のものであるのにたいして、歌は時代そのものが生んだテクストの重要な集積である。その意味では、歌は今日残されている数少ない日記や年代記とならぶ価値をもつ。しかも歌は、同時代の原資料のなかで、口述資料であることや、大きな集団の枠組みのなかで流布し、かつ最終的には保存されたという点できわだっている。歌は、(戦後の証言がそうであるように)生きのびた個人の回想にもとづいた解釈ではなく、長期にわたり日々新たな現実に直面した人びとの集団をとりまく、不確かでたえず移ろいゆく情況をわれわれに伝えているのである。言い換えれば、その時代を伝える無比の遺産である。歌は、自分たちの痕跡をほとんど残さなかった集団が、口伝えし、そして保ちつづけた共通の思いや解釈の断片なのである。

この独特な一連の原資料をもとに、本書はナチ収容施設において体験されたことを理解しようと努めた。それは精神的抵抗としての音楽という流布され、単純化された通念に挑むことである。この通念は収容者同士の連帯とか、ナチの計算された非人間化政策にたいする抵抗の可能性とかいった非現実的な想定によっている。本書ではそれにかえて、プリーモ・レーヴィが「グレー・ゾーン」と呼んだ収容所生活のいっそう複雑で重層的な描写を提示した。[3] そして、収容者集団に存在した階層秩序や支配の形態を解明するとともに、いかに多様な社会的、政治的要因がさまざまな集団に音楽を営ませたのかを例証した。さまざまな状況におかれたユダヤ人やポーランド人、チェコ人、そしてドイツ人収容者たちについて詳しくみていくとき、同じゲットーや収容所でありながらいかに多様な体験が存在し、しかも人びとが自分たちの体験をどれほど異なる観点から受け止めていたのかが明らかとなる。

ナチ体制下のゲットーと収容所はヨーロッパ大陸のあらゆる国籍、政治、宗教を網羅する多様な人びとを収容していた。この多様性をふまえることはいくつかの理由から重要で、それはまずもって歴史的に正確を期するためである。音楽活動についての記述はたいていの場合、収容者の体験を均一なものとみる想定にもとづいている。そのなかで、いくつかの集団の体験が過小評価されるか、無視されることになる。ナチズムの記憶をめぐる西洋社会の高い関心を念頭におけば、体験の特定の側面がほかと同等の関心を集めてこなかったことは重要な論点となろう。多様性を強調することは、記憶の一部の単純化を補正するのに役立ち、歴史のいっそう重層的な叙述に道をひらくはずである。

このあとみていくように、音楽は力や富、階級、言語、あるいはほかの要因が織りなす均質でない社会で営まれた。音楽は社会的な差異を論じ記録するための媒体であっただけでなく、差異を生じさせるものでもあった。収容者が音楽活動に参加する場合、個人の自発性はあるところまでは重要であろう。しかし、その先は社会的地位や縁故、収容所の階層秩序における上からの手助け、もしくは親衛隊の許可といった外因に左右される。音楽は明らかに政治的な目的のためにも使われた。ゲットーのパルチザンや収容所の政治犯収容者といったとりわけ抵抗運動にかかわった者たちがそうであったように、活動的な路線を掲げた集団は楽観主義や連帯の語りを宣伝し、人びとに抵抗闘争への参加を促すために歌を利用した。ゲットーの当局者は、とくにヴィルナとウーチでは、自分たちのやや異なる目的に文化活動を利用していた。文化活動を労働重視の政策を訴える機会にし、ゲットーの住民の心を静め、安心させ、また抵抗運動への協力を巧妙に抑えていたのである。

多様性に焦点をあわせることでわれわれは、人間行動を一面的なステレオタイプに矮小化することなく、むしろその多面的な性格を知ることができる。個人の生存闘争が最優先する極限的な状況のもとで、人びとはさまざまな行動をとった。自分に引きこもる者もいれば、周囲の他者を助ける者もいる。ある者は買収し、盗み、窮状を脱するために密告した。ささやかな団結や庇護を経験することもあれば、はびこる対立や悪意、あるいは敵意にさらされることもあった。ゲットーや収容所の社会は、われわれの社会とまったく同じように階層化されていたのであり、したがって、その複雑な様相をみていくことで、彼らの生活を過度に単純化するような想定を取り除くことができるはずである。

それが遠い過去のことではなく、まだ生々しい現在であるとき、そして感情は移ろいやすく、認識は断片的で変化するとき、音楽はこうした社会の内奥に開かれた窓になる。音楽がもたらす知見は、ナチズムの犠牲者の体験を理解するさいの仕方に大きな影響を及ぼすのである。聖なる殉教者に残酷な獣を対置するといった疑似神話化されたレトリックに頼るホロコーストの通念――この主題を取り扱う学術書と通俗的な著作のいずれにも懸念されるほど蔓延している――に音楽が挑み、それにかわるものとして、複雑であい矛盾し、転変しながら生起する出来事を人びとが解釈し、理解しようとした、どこまでも「人間的」な世界を提示することの意義は大きい。

Ⅱ

「記憶のなかの」現実の再構成というレーヴィの考え方からみていきたい。ここに見られる精神的抵抗論の底にある動機づけを理解するのはむずかしいことではない。簡単にいえば、音楽はホロコーストにかんする希望をまじえた議論に外見的に自然な装いをほどこすのである。この主題を扱った二次的著作は救済の語りに支配されてきたが、それは二重の意味をもつ「救済」である。すなわち、音楽は犠牲者たちをその完全な非人間化から救うだけでなく、ホロコーストにおける彼らの人生に肯定的な意味をも与えるのである。言い換えれば、音楽は、犠牲者たちにある種の遡及的な道徳的勝利をもたらすだけではない。出来事にたいするある程度の気持ちの整理と意味づけを、「われわれのため」に回復してくれるのである。本書における筆者の異論は、肯定的な説明自体には向けられていない。のちに明らかにされるように、音楽活動は収容者の社会で建設的な役割を多々、果たしている。筆者を困惑させるのは、さまざまな状況のなかで機能した音楽についての理解よりも、英雄的行為や抵抗運動といった抽象的な概念に関連した言説のほうである。

一九四〇年代の終わりごろからホロコースト関係の言説は、とくにイスラエルで、積極的な勇気ある行動やレジスタンスにはっきりと重きをおくようになる。それはイスラエルの公式記念日を「ホロコーストと英雄的行動の日」と呼んで、しかもそれをワルシャワ・ゲットー蜂起の日に追悼することを決めたことに端的に示されている。犠牲者たちのとった行動を直截に非難することは一般になされなかったが、武装闘争の美化は、犠牲者の大多数が当時の状況に服従し、無為であったことを暗に批判するものであった[4]。

ホロコースト当時の武装闘争は実際にはまれで、その多くが失敗に終わっている。それにはいくつかの理由がある。もともと西ヨーロッパのユダヤ人たちは、自分たちの住む国の市民としてレジスタンス運動に加わるか、政治活動を支持した。これは東ヨーロッパでも同様である。ユダヤ人独自の抵抗運動がみられるのは、一般に大規模な人口集中が行われた場所に限られた――つまり、ゲットーなり収容所である。しかし、そうした場所であっても、抵抗がきわめて合理的で最良の策であることはめったになかった。そもそも、ほとんどの人が自分たちの直面する出来事を信じられないでいたのである。死の収容所についての情報が明らかになってきたときでさえも、である。こうした否認の心理《メカニズム》を利用しながら、ナチは疑念や混乱を増長させ、それによって組織的な活動を思いとどまらせるという欺瞞の策略を用いた。連帯責任を問う計算づくの政策がとられたことによって、レジスタンスに加わった者は自分たちばかりでなく共同体全体を危険に陥れた。しかも、レジスタンス組織は自由世界から切り離され、住民の敵意にさらされ、武器の入手がきわめてむずかしい状況におかれていた。抵抗運動を立ち上げた場合であっても、結局のところ態勢を整えることができなかった。多くの困難にもかかわらず、武装闘争の事例はいくつかある。ワルシャワ（一九四三年四月）とビャウィストク（一九四三年八月）のゲットーにおける蜂起。死の収容所トレブリンカ（一九四三年八月）とソビブル（一九四三年十月）、そしてアウシュヴィッツ＝ビルケナウ（一九四四年十月）での暴動。東ヨーロッパの占領地域を中心にしたパルチザン運動や、そのほかのゲットーや小さな町での散発的な抵抗行動である。[5] これらの暴動は必ずといってよいほど絶望的にとられた行動であり、生きのびる希望がもはやないことを察したときに決起された。

死の収容所での暴動は逃亡を企てることが主な目的であった。これにたいしてゲットーの地下抵抗運動は、肉体的な生き残りをめざすだけの闘いではなかった。とりわけ開戦後の数年間がそうである。それらは地下新聞の発行や非合法教育の整備、隔離されたユダヤ人共同体との接触、そのほかさまざまな社会的、政治的な活動に取り組んでいた。[6] これらの活動に、ホロコーストの歴史記述はしだいに関心を寄せていく。武装抵抗運動の重視は、それが直截であるかどうかは別にして、無抵抗でいたことにたいする批判を生じさせたが、その批判を和らげるために周知の精神的抵抗を称える風潮がおこることになる。ヤフーダ・バウアーによると、ユダヤ人共同体の指導者たちは幾多の機会をつうじて、武器を手にとらないように人びとに忠告する一方で、「闘いは……生きる勇気を与えるようなほかの手段によって実行されなければならない」[7]と提言していた。そうした手段とは、地下講座や宗教活動、社会福祉事業の運営から音楽や芸術活動、礼拝用具の保全、食糧の分かち合い、日記や記録の作成にまで及んだというのが戦後の解釈である。当時にかんする歴史記述が増えるにつれて、これらの活動の多くが、果敢な抵抗とか断固たる信念、あらゆる困難に抗して生き残ろうとする闘い、あるいは迫害に直面しながらの精神の自由の擁護といった今日よく知られている救済のレトリックで言いあらわされることになった。

救済の言説にたいするおそらくもっとも歯に衣着せぬ批評家がローレンス・ランガーであろう。彼は、戦後世代のわれわれが残虐行為とそれに立ち向かうための心理的な準備とのあいだに設けている「ことばの垣根」について関心を寄せてきた。[8]そのように理解すれば、救済の意味をもたせようとする動機が分かりやすくなる。われわれは条理や正気をまったく狂わすような衝撃的な事態に出あうと、その混沌を理解可能で、整合性のある説明に置きかえようとするであろう。苦難がまったく意味をもたず、「ぽっかりと口を開けた、まっ暗でうつろな穴」[9]しか残っていないといった考え方にわれわれは嫌悪を感じよう。それよりも、事態を受け入れやすくするために出来事を正当化し、解釈しようとするのである。

精神的抵抗というレトリックは、ほぼ間違いなく善意にもとづいている。何よりも、無抵抗であったという犠牲者像を相殺し、彼らのとった行動にある種、回顧的な矜持を与え、彼らの苦しみに意味をもたせる。その反面、感傷や神話化に堕していく傾向ももつ。たとえば、ある書き手にとって音楽は「たとえ拷問され、絶命に至ったとしても、人間精神を圧殺することができない」ことを示す証拠であった。別の著者は次のように記している。

ホロコーストのなかで音楽は二重の役割を果たした。一方で、歌はその状況下の苦しみ、ことばだけでは言いあらわしきれない苦悶を表現した。他方、音楽は奪いとられた人間性を保つ手段であり、死を宣告された者を生につなぎとめるかすがいであった。これが楽観的で生きる勇気を与える音楽である。テレジン〔テレージエンシュタット〕の生存者グレタ・ホフメイステルが「音楽！　音楽はいのちであった」と力強く断じたとおりである。[10]

ほとんどの場合、この種のレトリックは書かれている出来事を照らしだすよりも、われわれの理解を飛躍させることになる。一九八〇年代以降の専門書は、音楽がまさにその本質から喜びと精神的な慰めを与えるものであるという暗黙の前提に立脚している。しかし、この考え方は音楽にかんする固有の、普遍的に認められた真理などではなく、音楽が芸術表現の枠組み《パラダイム》であり、また感情の究極の言語であると考えるドイツ・ロマン主義哲学の伝統にかたく根ざすものである。[11]

救済の言説がもつ、みせかけの妥当性は、マイケル・アンドレ・バーンスタインが歴史を予示する衝動と書いたものからも生じる。このことにかんして、彼は問題とされる出来事が不可避と考えられている目的論的なモデルに言及している。バーンスタインにとって、結末にもとづいてどの出来事が「重要」であるのかを知りながら、過去をふりかえるこれらの記述は、未知の未来を切り開こうとしている犠牲者たちの闘いを否定しかねない。しかも、予見できない偶発的な出来事や、彼らの体験をそのとき形づくる潜在的な行動の軌跡を見落とす恐れもあるのである。[12]

すでにみたように、一部の書き手は、音楽活動が士気を阻喪させないための意識的な共同行動であるとか、肉体的な抹殺が迫るなかで犠牲者たちがみせた不屈の精神を謳うための周到な手段であった、と考えている。

これらの説明は、自分たちを待ち受ける運命についてあらかじめ知っていた共同体があり、その共同体の考え抜かれた応答として形づくられたのが音楽である、と想定しているゆえに、多くの点で問題をはらむ。

まず、精神的抵抗という観念はナチの犠牲者が連帯していたことをしばしば暗黙の前提としている。その結果、収容者の集団内部に存在したあまり快くない力関係について言及することが避けられてきた。しかし、それでは不十分であるおそらくもっとも大きな理由は、収容所やゲットーに存在した広汎な社会的多様性にある。このことにかんして、プリーモ・レーヴィの「グレー・ゾーン」という見方は一つの出発点として役立とう。レーヴィは、ホロコーストの歴史記述のなかに「悪を善から切りはなし、その一方を支持する傾向、というよりむしろ欲求がある」のを見抜いて、次のように力説する。

強制収容所における人間関係はけっして単純なものではなかった。犠牲者と虐待者という二つの集団に単純化することはできない……それはどのようなモデルとも合致せず、敵は周りだけでなく内にもいた。「われわれ」はその境界を失っていた。二者間の競争ではなくなり、境目を一つも見出せず、むしろ見分けられない、おそらくおびただしい数の境目が各人のあいだに横たわっていた……ナチズムのような地獄の歯車が犠牲者を聖別するなどと信じるのは無邪気すぎるし、馬鹿げており、歴史的にも誤りである。反対に、犠牲者を貶め、おのれ同様の姿にしたのである。[13]

これは収容所について語ったものであるが、レーヴィの言説はゲットーについてもある程度あてはまる。そこには汚職や階層間の反目、あらゆる対立が蔓延し、犠牲者のあいだに変わらぬ連帯があったとするような状況とはかけ離れていた。多くの場合、共同体がアイデンティティと支援の重要な拠りどころになったとはいえ、収容者たちがまっさきに繰り広げたのは自分が生き残るための闘いであった。これは戦争前までの市民意識が劇的に変わったことを意味する。窃盗や贈収賄、密輸が日常茶飯事となり、生き残る最善の策とさえなった。ゲットーでは、共同体のいくつかの組織がほぼ維持されるか新たにつくられるかしたが、社会的葛藤が解消することはなかった。それどころか新興勢力の台頭が新たな対立の火種となっている。規模の大きなゲットーでは、社会のエリートたちは大多数の住民よりも食事や仕事、生活の面で恵まれていた。きわだっていたのがユダヤ人評議会とユダヤ人警察の職員である。収容所では、補助要員〔一五二頁参照〕が仲間の収容者に絶大な力をふるった。こうした力関係は、収容所やゲットーの生活の主要な領域だけでなく、音楽活動の性格にも影響を与えることになった。

前述したように、抵抗運動は、組織化されていなかったり、言われているようなやり方では計画されてはいなかったことがしばしばだった。多くの場合、犠牲者たちは自分たちに何が起ころうとしているのかをはっきり理解できないでいた。正確な情報を得たときであっても、彼らはそれを信じようとしないか、信じられないでいた。それらはしょっちゅう受けとる無数のうわさや報告のなかに混在していたのである。そして、すべてを悟ったときには、そもそもそれが可能であったとしての話だが、ほとんどいつも手遅れであった。それは犠牲者たちが危険を予知できなかったからではなく、ナチによる入念で計画的な欺瞞の策略のせいであった。先の読めない状況に直面したユダヤ人共同体は、生き残るためにあらゆる手を尽くしている。彼らは、信仰生活の姿を維持し、非合法集会を組織した。食料を密輸し、配給品を分配した。社会福祉団体をつくり、また戦前からある文化的な習わしのいくつかを守ろうとした。こうした衝動は生きていようとする人間の本能の発現である。それは希望が現実的であるかどうかを超えており、単純に英雄化しては考えられない強い本能である。こうした本能的な適応行動《コーピング・ストラテジー》が皮肉なことに、犠牲者たちがのちに現実を受け入れることをいっそうむずかしくさせたのかもしれない。これらの点に関連して、ランガーは「生きていようとする」という表現が、慰めを与え、価値観を含む「生き残ること」よりも適切であると正しく指摘している。[14]人びとは死を恐れていたが、自分たちに迫っているものとは考えられていない。彼らはゲットーや収容所の混沌とした状況に秩序を回復させてくれる道標を探し求めていたのである。

　戦争前の生活様式の土台が取り払われてしまうと、音楽活動はユダヤ人共同体が安全や心やすさ、継続性といった感覚をとり戻すための多くの方策のうちの一つにすぎなくなる。音楽は日常という幻想が永続し、人びとがゲットーや収容所の世界から一時的に逃れることのできる場を用意した。また、犠牲者たちが見て笑い、絶望を表現し、あるいは自分たちに起ころうとしていることを理解するための枠組みを提供した。抵抗運動という言葉には積極的な意志が含まれるが、音楽は状況に対処するための枠組みのごく一部にすぎず、しかも密輸や無料食堂よりも重要性が乏しかった。人びとが消耗し、罹患し、凍え、餓死するという凄惨な世界では、ある時点から音楽が花開くことはもはやなかった。

　バーンスタインの見解に従い、「サイドシャドウィング sideshadowing」の手法を通してわれわれは音楽活動をいっそう有効に理解できるかもしれない。バーンスタインによれば、犠牲者たちが当時想像していたこととは異なるものをわれわれが思い描いており、彼らが自分たちの受難を見通せなかったことが、彼らの行動にたいするわれわれの理解を屈折させているという。要は、すでに過去となった出来事も、かつては未来のことであったという認識をもって主題に取り組まなければならないのである。[15]

　この手法は不断の、想像力に富む考察を求める。オーケストラの演奏会や合唱、舞台演芸《カフェ》のショーについて語るとき、そこへ向かうために犠牲者が歩いた通り、行き来していた生活空間、通りすがりに彼らが目にしたであろう光景を想像しなければならない。劇場の時事風刺劇《レヴュー》を考えるのであれば、幕が下りたとき、ふたたび観客をおおったに違いない重苦しい空気を想像する必要がある。誰が、どのような出し物を、どのぐらいの頻度で、しかもそれが彼らの内面的生活に占めた比重も考慮する必要がある。音楽が犠牲者にとってもった意義は、この文脈《コンテクスト》から切り離して理解されてはならない。つまり、この文脈があらゆる営みを特徴づけたように、それがあらゆる観察を修正し、複雑にするべきなのである。自明とも思われるこれらの点を強調しておくことは無駄ではなかろう。というのも、文脈の不在によって救済の叙述は隆盛をきわめることができたからである。

Ⅲ

精神的抵抗というレトリックが絶大な力をもつのは、自明であるかどうかは別にして、その目的が犠牲者と彼らの回想のされ方を弁明するからである。それは犠牲者たちが毅然とし、勇敢であり、破滅的な状況におかれても諦めず、不屈の精神を誇ったと、うやうやしく語りかけている。犠牲者たちの栄誉をまさにそのように称えるために、暗黙のうちに相手の口を封じるのである。犠牲者たちを英雄に仕立ててはならないといった主張をする者は、彼らの記憶を冒瀆していると非難されかねない。この枠組みの安全圏のなかで、英雄的な抵抗運動という言い回しは歴史文書の真実性にたいしておそらく危険な役割を果たすことになる。収容所やゲットーでの人間の生き方が複雑であることを尊重せず、本書の主題にそくしていえば、そこで営まれた音楽にたいする豊かな理解を妨げるのである。

歴史的回顧のなかの現実を組み立てる問題からアルベルトと犠牲者たち自身のことへと話を転じよう。ランガーは、精神的抵抗の概念が「出来事を体験した犠牲者や生存者自身の行動にかんする正確な記述を補うかわりに、ホロコースト体験の相続人であり、後裔であるわれわれによって誇張されてきたのかもしれない」[16]と述べている。戦後なされた誇張は明々白々なのだが、犠牲者たちが自分たちの行動をどう描くことにしたのかはさらに大きな問題である。音楽についていえば、犠牲者たちの戦時中あるいは戦後の作品には、いずれも精神的抵抗という術語がよく登場する。それはランガーの記述したものに比べてはるかに複雑な情況を物語っているとはいえ、学術書におけるこの術語の多用を決して正当化するものではないことは強調されなければならない。いずれにしても、救済の意味をもたせようとする動機が今日的な関心だけから生まれるのではなく、犠牲者たち自身がほとんど間違いなくその源泉であることは明らかなのである。

H・レイヴィックは、一九四八年に次のように書いて、断言した。

ホロコースト下でわが民族が体験したもっとも苦しい日々において、そう、そのときでさえ、神の聖なる名において死んだ兄弟たちの精神力、精神的な英雄的行為を、われらの誰もが疑わなかった……鉱山で、掩蔽壕や下水管のなかで、あるいはガス室の入口で、ユダヤ人は祈りと詩、歌に支えを見出した……われらは一本の賛美の念によって貫かれている。わが民族はたえず歌う。そう、たえず。[17]

多くの生存者が似通ったレトリックを使って自分たちの憶えている音楽会を叙述した。収容者であったヨセフ・ボルはテレージエンシュタットでヴェルディの「レクイエム」が初めて演奏されたときのことを回想し、「われわれは耐える。絶対に屈しないし、死なない」という聴衆とのあいだのある種の交感が指揮者のラファエル・シェヒターを突き動かしていたと想像している。テレージエンシュタットの彼の収容所仲間であったルト・エリアスは、音楽は「体制にたいする反乱」であり、「ナチの脅威に対抗する〔武器〕」であると考えていた。ヴィルナ〔ゲットー〕の住民スィマ・スクルコヴィッツにとって、歌は「心のうちを表現し……生き残る希望を与えてくれた」のである。[18]

当時の書き手たちが、事態の渦中で救済のレトリックに傾斜することもあった。しかし、戦後の証言の場合とは異なり、彼らの記述には自分たちを取り巻く厳しい状況がつねにといってよいほど影を落としている。一九四三年十一月二十四日の『ウーチ・クロニクル』には次のように記されている。ゲットーが解体されるおよそ九か月前のことである。

ゲットーでの暮らしは人びとに重くのしかかるばかりだが、彼らは文化のまったくない生活を拒んでいる。たしかに文化会館の閉鎖は、ゲットーに残された公的な文化活動の最後のなごりを消し去った。しかし、数えきれない不幸に鍛えられたゲットーの住民は、飢えを何かしらの文化的な価値で満たす新たな方策を、その粘り強さと活力でたえず追い求めている。とりわけ音楽にたいする欲求は強い。なるほど一部の上流階層だけのためとはいえ、音楽愛好家の小さな施設はじょじょに増えている。専門家もいれば、素人もいる演奏家が、親しい仲間の招待客を相手に演奏をする。室内楽が合奏され、歌が歌われる。小さな家族的なサークルも生まれ、精神的な滋養をそれなりにとることができる。詩人や散文家たちが自作を朗読し、世界文学の古典やより新しい時代の作品が朗唱されている。こうしてゲットーは以前の精神的な営みのいくばくかを回復するのである。[19]

『クロニクル』は、ゲットーの住民の「粘り強さと活力」や彼らの「精神的な滋養」への渇望を強調する一方、ごく一握りのエリートがまた「それなり」の活動を享受していたことを認めている。同様の状況を、『ハイム・カプランのワルシャワ日記』〔邦題『ワルシャワ・ゲットー日記』〕が明らかにしている。その翻訳にあたったアブラハム・キャッチによると、カプランは経験する出来事と自分の感情が矛盾することにはっきり気づいていたという。彼はユダヤ人がナチズムを生きのびることができないことを恐れていた。そして、その破滅にむけて犠牲者たちをだましていくナチのやり方も十分に自覚していた。ところが、ゲットーの多くの住民と同じように、彼もまた「希望的観測」にたびたびとらわれるのである。カプランの語りは出来事にたいする見方をくりかえし修正する。とりわけ彼の初期の記述は容赦ない悲観主義を示している。彼は、沈鬱と恐怖がゲットーを支配するさまを、また人びとが自分の生存だけに心を奪われた動物のようにふるまいはじめたさまを、そしてユダヤ人指導部がどのように共同体を見捨てたのかを描写する。一九四〇年三月七日に次のように記した。

人びとがつねづね抱いてきたわずかな希望も失われ、悲惨で哀れな生活がつづく。抑圧されたユダヤ人大衆が、ばかげた政治のうわさ話によって自らを慰めていた時代は終わった。われわれの救済がまだはるか先であることを現実が物語っている。軍事や政治情勢に精通している者がまるで会葬者のように徘徊する。この春に決定的な作戦が実施されるといった希望は根拠がなく、そうした決定が下されないということは、われわれの恐ろしい苦難が長くつづくことを意味している。

ところが、希望や果敢な抵抗をあらわす言い回しが、ほかのところで頻繁に登場する。カプランは、ユダヤ人共同体の生存しようとする意志について一九四〇年三月十日に次のように述べている。「よく分かっていない、ある種の隠された力が顕在化するもので……われわれがこの秘密の力を秘めているうちは、希望をもちつづけることができる」。一九四〇年八月一日の記載では、ユダヤ人がいつも物質的、精神的な苦境のなかで生きてきたにもかかわらず、「離散の全時代を通じてユダヤ人の創造性が枯渇することはなかった」と主張する。一九四一年二月には、「踊ることはほとんど戒律《ミツヴァ》[20]に等しい。踊れば踊るほど、それは「永遠のイスラエル」における信仰のしるしとなる。どの踊りも、圧制者にたいする抗議だ[21]」と記している。

一九四四年五月にワルシャワからニューヨークのユダヤ調査研究所〔ＹＩＶＯ〕に密かに持ち出された手紙のなかで、Ａ・ベルマンとエマヌエル・リンゲルブルムは、ゲットーで営まれていた広範な文化活動について詳述している。彼らは、「矜持をもって生き、誇りをもって死ぬ」ことを掲げるゲットーの住民たちが、どのようにしてイディッシュ文化協会や地下学校、秘密の文書庫や印刷所、青年組織、そして数多くの演劇や音楽活動を打ち立てたのかを記した。文化事業にたいするユダヤ人共同体の献身ぶりを強調して、次のように書いている。＊

＊ワルシャワ・ゲットーは、一九四三年四月十九日に始まり五月十六日に終わった蜂起が壊滅したあと、解体された。リンゲルブルムはドイツ軍に捕えられ収容所に送られたが脱走、ワルシャワのアーリア人地区に用意された地下の隠れ家に住んだ。この時期に書いた手紙と報告が一九四四年五月にニューヨークのＹＩＶＯに届いたと思われる。リンゲルブルムはそれをまたずゲシュタポに発見され、一九四四年三月七日、処刑された。彼がゲットーで書き続けた『覚え書』は地下に埋めて隠され、戦後に発掘された。『ワルシャワ・ゲットー』みすず書房、「編者のあとがき」参照――訳註。

ユダヤ人共同体の血が脈打つかぎり、社会事業と文化活動の源は尽きることがなかった。生き残った最後の活動家がわれわれの文化の理想のために、その最期を遂げるまで、献身したことを知るべきである。

彼らは文化と暴虐との戦いの軍旗を掲げ、息絶えるまで手放さなかった。[22]

ところが、その数年前に、同じエマヌエル・リンゲルブルムはゲットーでいくぶん異なる描写をしている。『ワルシャワ・ゲットー覚え書』〔邦題『ワルシャワ・ゲットー』〕のなかで、彼は文化活動の多様な状況を記録した。記述はつねにゲットーの現状にもとづいており、しかもしばしば批判的な見方をしている。彼の翻訳者ジェイコブ・スローンによると、彼がゲットーのなかの心理状態を言い表す言葉として『覚え書』のなかでもっとも頻繁に使用しているのが「道徳的な退廃[23]」であった。『覚え書』のなかで彼がくりかえしとりあげたゲットー内の社会的な不平等も、一九四四年五月にニューヨークに届いた手紙では言及されなかった。

これらの事例が示すあい矛盾する力点のおき方は、当時と戦後の著作のそれぞれの観点の違いを投影するものである。当時の著作では、犠牲者たちの理解が先の見通せない状況のなかで頻繁に、そしてしばしば劇的に変わる。それは直近の出来事やそのときの風潮、あるいは日常の暮らしのなかでおこる偶発的な出来事によった。たとえばゲットーへの移住や強制移送といった不意を突くような状況の変化は、住民の不安定な感情をあっというまに粉々にしてしまうことがあった。この文脈における精神的抵抗の言説は、自分たちのために苦悩に満ちた人生に意味を与えようとする犠牲者側の願望と、希望をとりもどそうとする欲求をしばしば表した。

戦後の報告は、必然的にこれとは異なる手法をとる。たとえばリンゲルブルムの『覚え書』がゲットーが存在していたときに行われた資料収集事業の一部であるのにたいして、彼の手紙はその解体から一年近くたってから書かれている。しかも一連の出来事で姿を消してしまったユダヤ人共同体に直接宛てられており、すでに追悼するための行為となっている。デイヴィッド・ロスキーズが指摘したように、ゲットーで書かれた著作にはゲットー内の不正行為や対立に焦点をあてたものがあるのにたいして、ゲットー解体後の報告には、ユダヤ人共同体の結束により大きな意味を与えようとして、それらを伏せようとする傾向があった。これは「古くからの内輪のもめごとを解決するより、外の敵を法廷に引き出すほうがはるかに重要であった」[24]という前提にもとづいている。それはまた、一連の出来事から離れたところにいる読者には、たとえユダヤ人の窮状に同情的であっても、そこで犯され、苦しんだことの重大性を理解できないかもしれないと思う不安にも由来した。この姿勢からは、戦時中の体験を明快な道徳的な術語で表現しようとする衝動が論理的に導き出される。ことばにならないような苦しみを受けたあとで、途方もない残虐行為や殺戮について遠くの読者に伝えることは、間違いなく他の何にも優先したのである。

こうした証言資料をどう取り扱うべきなのかという問題はたしかに微妙で複雑であり、近年、重要かつ活発な議論の対象ともなっている。犠牲者たちは回想証言のなかで個人的な体験を語っているにすぎない。そのなかで彼らは、必然的に特定の出来事を強調する一方で、他のことを意識的か無意識のうちに不正確に伝えたり、省いたりする。衝撃的な出来事を長い時間がたったあとで語ろうとする彼らの試みは、概して記憶の伝承と結びついた問題が誇張されることを示している。くわえて、戦後期の複雑な社会復帰の過程は、彼らの行った出来事の再構成に当然ながら影響を与えた。彼らの語りを特徴づける潜在的な要素として、生き残ったことにたいする自責の念があり、また生き残るためにはやむをえなかったにしても、あとから考えれば「文明的」な生活倫理の一線を越えていた行為を恥じる気持ちがあった。もしくは、体験したことの決定的な部分を思い起こせないほどの心的外傷《トラウマ》もある。この主題をさらに掘り下げることは本書が目的とする考察の範囲を超えるが、ここで重要なことは証言を額面どおりに受けとめてはならないという認識である。ほかの歴史資料もそうであるように、証言は注意深くかつ慎重に取り扱うべきものなのである。[25]

こうした議論は、犠牲者の報告に含まれる救済の語りが二次的記述を特徴づける救済の語りとはまったく異なることを明らかにするべきである。バーンスタインが正しく指摘したとおり、「間違った予測や周知の出来事にかんするひどく誤った解釈がヨーロッパの大多数のユダヤ人の知的、感情的な支持を得たという事実はごまかしようがないのである」[26]。犠牲者たちの救済の語りは、先行きがどんなに暗くても生き残ることを願い、また生活の基盤が崩壊するようにみえたときでさえも、彼らを襲う出来事になんらかの意味を見出そうとする力強い本能であった。しかし、だからといって彼らが物事に付した意味を、われわれがそのまま受けとれるということにはならない。むしろ、彼らが戦時中と戦後に行った解釈が、状況理解をめぐって続いた心の葛藤の一部であり、また彼らが自分たちに起ころうとしている事態を予測したり、状況を「正しく」評価したりすることに無力であったことの一部であることを、われわれは知る必要があるのである。

IV

精神的抵抗という主題は、もう一つのきわめて重要な当時の作品群、すなわち歌詞によって複雑化する。このあとみていくように、この時期につくられたかなりの数の歌は、人びとの気持ちを高揚させ、励まそうとするものであった。とくに抵抗組織と結びついた、たとえばザクセンハウゼンのドイツ人政治犯やヴィルナ・ゲットーのパルチザン兵士の歌のほとんどは大胆かつ挑戦的で、しかも楽観的である。しかしながら、大多数の歌はいっそう複雑な事柄を伝えており、餓えや重労働、死、疾病といった収容所やゲットーの生活の現実をしばしば直接にとりあげている。そして、過去にたいする郷愁にはじまり、怒りや苦痛、絶望、信仰の喪失、家族のなかで生き残ったことにたいする自責の念、挫折感や不安、あるいは復讐願望に及ぶさまざまな感情を歌っている。歌はときにナチ当局にたいする思いを述べるために使われるが、収容者が自分たちの社会を批判する場も提供した。たとえばゲットーのユダヤ人評議会や社会福祉団体、もしくは収容所の補助要員たちにたいする批判である。特定の出来事とそれへの対応を詳述したり、新たに生じた社会問題を取り上げたりしている。歌は当時の収容所やゲットーでの生活にたいするさまざまな見方や対応の何百もの素描をわれわれに見せてくれる。意気揚々とした楽観的な歌でさえもが単純な評価を免れるのは、苦難の描写がしばしば歌詞の大部分を占めるからである。

　歌はなによりもまず、解釈である語りと事態への対応を組み立てる媒体であった。ユダヤ人共同体は自分たちに降りかかった状況を整理し、理解するために音楽を使ったが、それぞれの状況に応じて出来事を特定の仕方で枠づけし、解釈した。強制収容をナチ体制にたいするより大きな、進行中の政治闘争のなかでとらえる者もいれば、自分たちの体験を以前から存在する民族的な、あるいは宗教的な枠組みのなかに位置づけようとする者もいた。彼らの語りは多様な形をとり、幾層ものアイデンティティを内包していた。それらは既存の宗教的、文化的、社会的、そして政治的なアイデンティティであり、また劇的に変わった新しい社会状況のなかでつくりあげられたり、強制されたりしたアイデンティティである。組み立てる作業はそのとき進行中であり、状況に応じて頻繁な入れ替えや変更を余儀なくされるのであった。

　この観点に照らして考えると、希望に満ちたメッセージは堅固な意志や不屈の精神の存在をただ反映しているというよりも、しばしばそれらを鼓舞するための苦闘を示している。とりわけゲットーでは、生活条件が悪化するにつれて楽観的な歌の数が増えた。希望を失うにしたがって、人びとはいっそう希望を必要とした。彼らは生存できないことを受け入れられず、本能的に希望を抱いた。歌を額面どおりに受けとると、彼らと、彼らが表現しただけでなく参画もした現実とをつなぐ、まちがいなく複雑な関係を見失うのである。

要するに、音楽がそのときの状況のなかでもたず、もつこともできなかった桁はずれの影響力などをわれわれは想定してはならない。英雄的な抵抗運動という言い回しは、現象を神話化するとともにその背景から切り離し、その代わりにありきたりで慰めになる物語を提示する。とはいえ、救済の語りを退けても、その肯定的な意義をすべて否定するのではない。多くの収容所やゲットーの音楽活動は実り豊かで、多様であった。しかも、犠牲者につかのまの気晴らしと娯楽を提供し、彼らに何が起ころうとしているのかを整理する機会を与えた。つかのまの、というのがここでの鍵となる語である。音楽はその力がどれほどのものであれ、結局のところゲットーや収容所組織のささやかな構成要素にすぎなかった。それでも、音楽は犠牲者たちの心をとらえた考えや自分たち自身のための体験の組み立て方といった、閉じこめられた生活のもっとも興味深い側面への洞察を可能にする一方で、われわれは音楽を幅広い観点からもっとも有益かつ公正に眺めるのである。言い換えれば、音楽が存在した特定の時期や場所に焦点をあてる場合であっても、収容所とゲットーを特徴づけ、そのあらゆるところに広がっていた恐怖や不安、暴力、病気、飢え、そして死の影を、われわれはいつも精神的な垂れ幕のようにして、念頭におかなければならない。レーヴィにとってのアルベルトやほかの数知れない犠牲者たちの得た慰めがどれほどわずかであっても、それはほとんどつねに現実によって裏切られ、無にされた。だが、回顧的な語りの場合、とりわけ状況を体験していない者による二次的記述では、その再構成が偽りであることを現実が自ら示すことはもはやないのである。

V

これまでの考察から明確にしておかなければならない点が一つある。ナチの強制収容下の音楽活動は、文化が共同体の価値やアイデンティティを創出するために必要不可欠な役割を、とりわけ危機的な状況で果たせることを示した注目すべき実例である。本書はその役割を否定しようとするものではない。むしろ、それを理解するための準拠枠を広げ、特定の社会状況に刻まれた音楽の営みをつぶさに検討することによって、多様な次元のなかで考察しようと試みるものである。

この基本的な考え方にもとづいて、本書は事例研究《ケース・スタディ》の手法をとることにした。「精神の勝利」にかんして一般化された結論を支持するために状況から切り離された見当違いの事例を扱うよりも、人びとが特定の場所と時期に音楽とかかわり合うときの特徴を理解しようと努めた。「抵抗運動」が、収容者がときに音楽活動に加わる動機の一部となったことは確かであるが、それがすべてではない。本書は、抵抗運動がどのような状況下で、またどのような者にとって実現可能であったのかをみていく。そして、音楽を継続して、もしくは公認されたものとして享受しなかった人びとにたいして音楽がもちえた多面的な役割を考察する。

本書がとりあげた四つの事例研究は、ワルシャワとヴィルナの両ゲットーおよびザクセンハウゼンとアウシュヴィッツの両収容所に焦点をあてている。筆者は、ゲットーや強制収容所、死の収容所といった異なる形態の収容組織を事例としてとりあげたいと考えた。同様に、この種の収容施設を代表しないとしても、少なくとも一般に知られていたもののなかでもっとも重要なものを含めるようにした。得られた知見や結論は、労働収容所やヴェステルボルクといった中継収容所を含むより広範な組織の研究に、将来適用されうるであろう。

筆者はユダヤ人収容者とあわせてドイツ人やポーランド人、チェコ人、それに収容所のそのほかの収容者の活動についても、意識して取り上げることにした。既存の文献は、これらの研究分野をもっぱら別々に扱ってきた。後述するように、これらの集団の体験はたしかに大きく異なる。それにもかかわらず、彼らの体験のつながりを描くことは「唯一無二性」をめぐる論争を脱し、強制収容所の人間的な体験をいっそう豊かに理解させてくれる。ナチ体制下で強制収容された人間が、自分たちの身にふりかかった出来事にどのように対処し、解釈したのか、その多様で変わりゆく姿こそが、本書がおそらくもっとも力を入れて探究し、理解しようとしたことである。

第一章では、社会活動としての音楽がどのようにワルシャワ・ゲットーの社会階層を映し出し、またどのようにして異なる階層のユダヤ人たちがきわめて多彩な生活様式を営むことができたのかを示した。また、そこで創作された歌の表現を通してゲットーでの生活にたいする人びとの認識を考察することにした。それらの歌は、不確実で倫理規範の崩壊しつつある世界へとわれわれを引き込む。そこでは物乞いや密輸、そして盗みが喫緊の社会問題として浮上しており、ユダヤ人評議会や社会福祉団体にあからさまな敵意が向けられていた。

第二章「ヴィルナ——政治家とパルチザンたち」では、音楽活動を戦前のユダヤ人共同体に存在した豊かな文化の営みの延長として、またゲットーの新しい政治組織が掲げた活動指針を宣揚するための手段として捉えている。問題となる組織は、とりわけ一九四二年半ばからヤコブ・ゲンスの指導下にあったユダヤ人評議会と、その年の初めに結成された地下組織の統一パルチザン機構（ＦＰＯ）であった。この章では、パルチザンが音楽活動を利用して活発な抵抗運動や果敢な抵抗を促したのにたいして、ユダヤ人評議会が、共同体の一部であるにしろその生き残りを確実にする最善の策として、事態を消極的に容認し、持続的な生産力を奨励したことについて述べた。

本書の後半では、収容所の「グレー・ゾーン」で営まれた音楽活動の諸形態を検討した。ザクセンハウゼンとアウシュヴィッツのいずれにおいても、その利用できる可能性や機会が社会的位置によってまったく異なることを、さまざまな集団の体験が示している。格差の重要な象徴であった音楽は、それを自由に手にできる者とそうでない者とを分け、収容者の階層秩序のなかの国籍や政治、もしくは宗教上の集団によって異なる待遇を映し出した。自発的な活動としての音楽は「特権」を保持しようとする傾向があり、ときには集団間の意思疎通や結束を固める手段となったが、しばしば一方の集団が他方にたいして優位に立つことを示すしるしともなった。

第三章のザクセンハウゼンでは、われわれはドイツ人共産党員の「特権的」な収容者と出会うことになる。彼らは、自分たちが進める反ファシズムの地下闘争に音楽活動を取り入れることができた。ポーランド人収容者に目を移すと、その音楽は無力感や怒り、冷笑といった彼らの収容所生活がもつまったく異なる傾向を反映していた。ユダヤ人は行動の自由がきびしく制限されていたが、大部分が同化していたドイツ系ユダヤ人の収容者たちがどのようにイディッシュ民謡をつうじて過去との絆を紡ぎ、ユダヤ人の歴程のうちに自分たちの体験を位置づけたのかを示す興味深い証拠が残されている。

最終章「人間性の断片――アウシュヴィッツの音楽」では、収容者のオーケストラや毎日行われる縦列行進、そして強制的な歌唱教練といった収容所の強制された音楽をとりあげている。そして、それが親衛隊当局自身のために明らかに私的な役割を担っていたと思われることを考察した。音楽は懲罰や拷問としての機能を果たしたが、それ以上に、親衛隊員がドイツの洗練された文化と「品格をもって」生きているという自己像を保持する枠組みを提供していたと思われる。しかも、音楽は彼らがたずさわった殺戮行為と別のものとしてではなく、まさしくその延長線上にあった。この章では、「一般」収容者による限られた範囲の自発的な活動や、「特別囚」が有したより広範な可能性についても明らかにした。また、アウシュヴィッツ＝ビルケナウで創作され全篇が上演されていた舞台演芸《キャバレー》もこのなかに含めた。

最後に、これらが事例研究であることから、その所見と結論は個別の隔離収容施設の歴史にとどまらず、ほかの収容所やゲットーにおける日常的な営みを見ていく場合にも参考となるはずである。

第一章　「哀れみを、ユダヤ人の心よ」ワルシャワ・ゲットーの音楽

ワルシャワ・ゲットーの生き残りである三人の元住民が、資料収集家のシュメルケ・カチェルギンスキに「かね《モエス》、かね」という歌について語ったのは戦後まもなくであった。流行っていたのだという[1]［譜例1・1参照］。この歌を通して、われわれはゲットーへの強制移住が生んだ複雑な社会状況をかいまみることができる。

かね、かね、まずはかね。
かねがなければ、おおつらい、
配給券を売って、さようならと言ってしまおう。
かね、かね、かねが一番。

かね、かね、かねが一番、
ユダヤ人評議会は税金をとっている
そのうえサッカリン入りのパンを配っている。——
かね、かね、かねが一番。

かね、かね、かねが一番。
ちかごろは、どの商売もあがったり、
パン屋だけが馬に乗っている。──
かね、かね、かねが一番。

かね、かね、かねが一番、
帰宅して食ったのはオレンジ、
きょうはシラミとナンキンムシに食われた。
かね、かね、かねが一番。

かね、かね、かねが一番、
ユダヤ人警察はただの悪党、
列車に乗せて、収容所に送り込む。
かね、かね、かねが一番。

かね、かね、かねはいい。
かねがないなら、いいことを教えよう……
配給券を売って、ピンケルトの小さな箱にごろりと横になればいい……

Mo - es, mo - es, mo-es iz di er - shte zakh.
Ho - stu nit keyn mo - es, iz tsu dir a klog, Gib a - vek di bo - ne un
zog a gu-tn tog. Mo - es, mo - es, mo-es iz di be - ste zakh.

譜例１・１　「かね、かね」. Kaczerginski and Leivick, 401

かね、かね、かねはすばらしい。[2]

この歌の別ヴァージョンがルタ・ププスとベルナルド・マルクによって収集されている。[3] このことは数多くの異なる歌詞が出回っていたことを示す。戦前にアメリカで流行ったジャズ曲に歌詞をつけた「かね、かね」は、汚職と道徳的退廃にたいする辛辣な風刺となっている。ゲットーを経済的、社会的な不平等が支配する場として赤裸々に描き、力をもつ富裕なエリート層が掌握するゲットーで、とりわけ大衆が不当な扱いを受けているのを批判する。ユダヤ人評議会は課税する権限をもちながら行政サービスを提供しない。ユダヤ人警察は自分たちの共同体の同胞を収容所に送り込むことで保身をはかっていた。移送されずに残った者も、「ピンケルトの小さな箱にごろりと横になる」ことを望むしかなかった。ちなみに、モトル・ピンケルトはゲットー葬儀組合の代表であった。[4] 状況と向かいあうための歌い手のアドヴァイスには、諦めに似た陽気さが漂っている。しかし、歌が歌われていた劇場の外で、人びとがはたしてこれほど沈着冷静に状況を受け入れていたのかどうか疑わしい。実際、多くの人にとって、憤激と絶望の根源にあったのがワルシャワ・ゲットーを特徴づけた社会的格差なのである。社会の階層化がもたらす影響は食糧や住宅といった決定的に重要な問題にもっともはっきりとあらわれたが、ゲットー生活のあらゆるところにかいまみられた。その一つがゲットーのほとんど全期間を通じて営まれた力強い音楽活動なのである。

ユダヤ人の都市ワルシャワの状況

第二次世界大戦の勃発前夜、ワルシャワに住むユダヤ人の人口はヨーロッパで最大であり、その社会的な構成はもっとも多様であった。この都市はすでに一世紀前から、ユダヤ人のもっとも重要な中心地の一つとなっていて、社会福祉や教育、宗教の諸機関をはじめ、政党や青年運動、スポーツ団体が本拠をおき、ポーランド系ユダヤ人による新聞・出版事業の中心地でもあった。とくに一八八一年以降は、ポーランド立憲王国の国境内だけでなく、ロシアのユダヤ人強制集住地域からも多数のユダヤ人移住者をひきつけていた。[5]一九三九年の居住者数は三八万人。これは町の人口のほとんど三分の一を占める数であり、ゲットーが設けられた一九四〇年十一月までに、その数はゆうに四〇万人を超えることになる。[6]

ユダヤ人の町ワルシャワは文化の多様性によって特徴づけられる一方で、ヨーロッパ最大のイディッシュ語人口をかかえ、イディッシュ文学の指導的な中心地であった。二十世紀初頭のポーランドのユダヤ人共同体には、ポーランド語やロシア語の影響が及びはじめていたにもかかわらず、イディッシュ語は文化と政治活動のことばとして力をもちつづけ、ヘブライ語もまた、ユダヤ人の未来をになう言語としてかなりの集団によって支持されていた。[7]同時に、ワルシャワはポーランド語を話すユダヤ人が断然多く、その最大の中心地でもあった。ユダヤ文化が変容していく過程はポーランド立憲王国のほかのどこよりも急速であり、すでに十九世紀までに、人口のごく一部であったとはいえ同化ユダヤ人や改宗ユダヤ人からなる富豪階層の町として知られていた。ユダヤ人に禁じられていた職業に就こうとする者は、戦前であれば改宗する道を選んだ。

それは彼らが貧しく無学なユダヤ人大衆から脱することを、ある程度まで望んでいたためでもある。また、ユダヤ教を堅持しながらもイディッシュ語よりポーランド語を話すことにこだわり、ポーランド語の学校で子どもを教育するよう唱える者もいた。[8]

多くの住民のあいだにみられたこの多様性は、それがゲットーの壁の内側に凝縮されると、いっそうはっきりと発現することになる。ゲットーの建設はまた、新たな不平等を拡大した。生存のための闘いが優先する新たな状況下で、戦前のユダヤ人共同体を律していたものごとの優先順位や価値観は、すぐさま変わるか捨てさられるかした。それらの欠如のなかで、新しいエリート層が支配権を握るのである。最上位の仕事に就いたのは、ユダヤ人評議会とユダヤ人警察の職員、もしくはゲットーの外で雇用された熟練労働者たちである。彼らを除くと、ゲットーの住民のなかでもっとも富裕で羽振りがよいのは密輸業者やゆすり、闇取引業者、そのほか暗黒街の人物といった非合法もしくは犯罪的な活動に関与している者たちであった。強い立場に立った彼らは、必要十分な衣食住、ゲットーの大多数の住民よりも高い収入、強制労働を逃れる保証、またときには強制移送の一時的な猶予を手に入れていた。

後述するように、多くの社会福祉団体がユダヤ人共同体、とりわけ弱者が負う大きな苦しみを軽減しようと試みていたのはたしかである。しかしそれでも、ゲットーで支払い能力の限られた者は、いつもまっさきに受難の憂き目にあった。[9]

文化的な営みは、こうした多様性に深く根ざしていた。ワルシャワ・ゲットーの音楽をめぐる情景は、その印象的な広がりの一部である。変化に富むジャンルや題材をとりあげた数多くの公演が、ほかのどのゲットーよりも多くの場所で行われていた。交響楽団やポーランド語とイディッシュ語のいくつもの劇場、合唱団、あるいはカフェ〔舞台つきのサロン風な社交場〕を誇り、無数の演奏会や私的な催しがあった。ゲットーが閉鎖される数か月前でさえも、共同体の求めに応じて、多種多様な音楽会が行われていたのである。しかし、さまざまな人びとが接したであろう音楽活動は、彼らの置かれた社会的な地位によってほとんど決まっていた。大多数の者にとって、街頭で小銭をねだる物乞いたちの歌や無料食堂でときどき行われる無料演奏会が、ゲットーで耳にする唯一の音楽であった。交響楽団や室内演奏会といったブルジョワ的な楽しみのお相伴にあずかったり、ゲットーの劇場のどれかで行われる公演に出かけたりできる者たちもいた。ごく一部の上流階層だけがカフェや、ゲットーの著名な演奏家を招いた私的な演奏会に出入りしていた。

本章では、社会的活動としての音楽が社会の階層化や、異なる階層の人びとが営む著しく多様な生活様式を、どのように映し出していたのかを考察する。これに加えて、ゲットーでの生活にたいする人びとの認識と対応が多様であったことを、新たに創作された歌の表現のうちに探っていく。歌は物乞いや密輸、あるいは社会福祉手当の配分といったゲットーでもっとも差し迫ったいくつかの社会的な事象をとり上げ、ユダヤ人評議会や社会福祉団体にたいして鋭い批判の矛先を向けてもいた。この点で、歌は他のゲットーのユダヤ人共同体が寄せていた関心をも映し出すものである。[10]ユダヤ人共同体にふりかかった出来事を後世に資料として残すよう促す歌もあれば、苦しみや絶望、信仰、そして自分が生きのびたことにたいする罪悪感を表現するはけ口となった歌もあった。

ワルシャワにおける音楽活動のほとんどは、新たに作られた歌も含め、戦前の演目が使われている。このことはけっして意外でなく、たいていのほかの隔離収容施設でも同様であった。つまりそれぞれの共同体は、明らかに彼らの国籍や宗教に基礎をおく音楽に価値を見出していたのである。くわえて、古くからの旋律をもとに新しい歌をつくるのは、ほとんどのゲットーで広く行われていたやり方で、それはイディッシュ民謡にみられた昔からの伝統にほかならなかった。もちろん古い歌に新しい装いをほどこす方法は多様である。

（第二次世界大戦以前のユダヤ人の体験につきものの）飢えと抑圧を歌った歌が、とりわけ改作の対象となりえた[11]。しかし子守唄や恋の歌、子どもを扱った歌のような「普通」の生活を歌った歌であっても、まったく別な意味をもたせることによって、新たな状況をあらわにするコメントとなっている。数多くの新しい歌が、そのとき生じていた出来事にたいする直接の応答としてもつくられている。ワルシャワで書かれたそうした歌の少なくとも一七曲が保存された。

ゲットー生活の両極

ゲットーは「最終的解決」の過渡的な局面であり、大規模な移動と殺戮に先立って、ユダヤ人をまずは集中させる場所として計画された。一九三九年九月二十一日の命令で、ラインハルト・ハイドリヒ（保安警察・ナチ親衛隊保安部長官）は、占領地区におけるユダヤ人政策に関連して、「最終目的」を達成するためにはまずもってユダヤ人を地方から大きな町に集めることが不可欠であると言明している。できるかぎり数をしぼって収容施設を開設し、しかもそれらは鉄道の接続駅をもつ場所でなければならなかった[12]。

ワルシャワにゲットーを建設する計画は、いちはやく一九三九年十一月に検討されているが、ゲットー建設の公式命令が出されたのは一九四〇年十月十二日である。その境界線を示す地図が公表され、十一月十六日に該当地区は封鎖された。ユダヤ人が居住する市の北部地域に設置されたゲットーは、壁に囲まれ、公園も空地もなく、市の全面積のわずか二・四パーセントを占めるにすぎない。地区の再定住局が一九四一年一月二十日に出した報告資料によると、四〇三ヘクタールのゲットーに四一万人のユダヤ人が居住させられている。一九四一年を通じて地方から難民が流入し、状況は悪化の一途をたどった。ゲットーの面積は一九四二年一月までに三〇〇ヘクタールにまで縮小されるが、居住するユダヤ人は約四〇万人にのぼった。[13]

ゲットー内で大量殺戮が実施されることはめったになかったにもかかわらず、ゲットーは間接的に人を抹殺する強力な手段であった。ゲットーは概してもっとも貧しく、荒れ果てた地区に設けられ、下水やゴミ処理の基本的な設備を欠くか、建物が爆撃や砲撃で破壊されていた。ワルシャワ・ゲットーの生活環境は、東ヨーロッパのほかのどこよりもひどかったといえる。人口の密集は極度のすし詰め状態をもたらし、一部屋に平均六、七人が寝起きしていた。冬期には燃料が不足し、部屋を暖めることも難しい。飢餓が猖獗をきわめ、非合法な食料の密輸が事業として繁盛した。しかも不衛生な環境は病弊を蔓延させた。もっとも流行したのが発疹チフスであるが、心臓病や赤痢、結核、消化器系の疾病、あるいはたんなる餓死や疲労で数多くの者が死亡している。劣悪な生活環境にくわえて、一四歳から六〇歳までの年齢の者は、いつ強制労働に連行されるか分からない条件下にあった。一九四〇年から四二年のあいだに、あわせて一万五〇〇〇から二万人が連行されている。[14] 武装抵抗運動連合の地下機関紙「ビュレティン・インフォルマツィヌィ」は、一九四一年五月二十三日付の巻頭記事で、ゲットーの光景を次のように報じている。

一層の過密化は、体の不調や飢え、途方もない貧困を生んでおり、それは筆舌に尽くしがたいほどである。血色の悪いやせ細った人びとの群れが、通りの雑踏をあてどもなくさまよっている。乞食たちが壁に沿って座るか横たわっている。飢餓に倒れた人びとの姿は日常的な光景である。孤児院は毎日何十人もの幼児を引きとっている。通りで毎日何人かが死んでいく。伝染病、とりわけ結核が流行っている。

他方、ドイツ当局は裕福なユダヤ人から略奪を続けている。ユダヤ人にたいする彼らの取り扱いは、いつもきわめて非人間的である。彼らは人びとを痛めつけ、たえず自分たちの狂気じみて、獣欲的な気晴らしの対象にしている。[15]

ゲットーでは、わずかな割合の住民だけが必要最低限の食料を入手できた。ユダヤ人相互扶助協会（ZTOS）の計算によると、住民のほとんど半数、二〇万人以上が生計をたてる手段をもっていなかった。[16]その一方で、ゲットーで引きつづき贅沢に暮らす者もいた。ウーチ・ゲットーの『クロニクル』は、一九四一年五月の記載でユダヤ人評議会議長のルムコフスキが行ったスピーチを伝えている。このなかで彼は、最近訪れたワルシャワの印象を次のように語っている。

ワルシャワ・ゲットーでは、大多数の住民の悲劇的な窮乏と、いぜん富裕で、気が遠くなるほどの値段が当然のようにつけられているあらゆる種類のレストラン、ケーキの店、食料品店に出入りする一握りの者たちの栄華とが、きわだった対照をなしている。そうした「虚飾」や、最新の流行の服装をして満腹しているごく一部の幸運な人びとを別にすれば、われわれが目にするのはぎょっとするばかりの姿形をした失業者の大群である。[17]

「一握り」のエリートが極めた「栄華」はゲットー生活のさまざまな領域で、とりわけゲットー開設後の最初の数か月にみられた。資産や縁故をもつ者は必要最低限の食料だけでなく、密輸された多種多様な珍味や肉、酒類を手に入れた。彼らはまずまずの寝具や衣服とともに、衛生的な環境下で、快適な家に住みつづけることができた。リンゲルブルムが記しているとおり、彼らはまた金を使って強制労働をのがれ、人から羨ましがられるほどの自分と家族の身の安全や安楽な暮らしを確保することができた。[18]

これらの人びとの享受した事柄のなかに娯楽、とりわけ音楽があった。ゲットーの封鎖を前にしてさえ、山盛りの食事、飲み物、そして生演奏を提供するカフェやクラブが数多くあった。レシュノ通りは、冗談まじりに「ワルシャワ・ゲットーのブロードウェー」[19]と称されていた。リンゲルブルムは一九四一年四月に、カフェ風の店が六一軒あると記録し、一九四一年六月十七日付の「ガゼタ・ジドフスカ」の記事は、これらの店のあいだに激しい競争が巻き起こっていたことを伝えている。「出演者はひっぱりだこである。……どのコーヒーハウス、酒場、レストランも……きわものの呼び物をならべたプログラムを宣伝している」[20]。

カフェの多くが、秘密国家警察《ゲシュタポ》やユダヤ人評議会の関係者の手助けによって開店し、高位高官の縁故があってはじめて営業をつづけることができた。[21]これらの店は、まわりの住民にたいして自分たちの商売を秘密にしていたわけではない。たとえば、一九四一年四月十一日号の「ガゼタ・ジドフスカ」には「毎日演奏会あり」と「美味な午餐」をうたい文句にしたカフェの広告が掲載されている。[22]元住民のヤコヴ・ツェレメンスキは、カフェ・シュトゥカの情景を次のように描写している。当日の売り物は、著名な演奏家によるコンサート、きわどい笑劇、そして極上の料理であった。

ゲットーでは、電灯の使用は一定の時刻までと決められている。そのため、その後はろうそくか灯油のランプの明かりをつけて、家でぶらぶらすることになる。われわれがナイトクラブに着いたとき、通りは暗かった。同伴者がとつじょ声をあげ、「死体に躓かないように注意して」と言った。店のドアをあけたとき、明かりで目がくらんでしまった。混雑する舞台演芸場《キャバレー》の部屋の隅々にガス・ランプが灯されている。すべてのテーブルに白のテーブルクロスがかけてある。太った人物たちがそこに座を占めて、若鶏やカモ、野鳥の肉をほおばっている。これらの料理はいずれも、あびるようなワインやリキュールとともに食されるのであろう。ナイトクラブの中央におかれた小さな舞台の上にオーケストラが座を占める。その隣で歌手が歌っている。彼らは、かつてポーランド人の聴衆を前に上演していた人びとである。いま彼らは自分たちユダヤ人の運命を思わずにはいられないであろう。わたしが着いたとき、ちょうどポーランド人の有名な俳優M・Zがこっけいな役を演じて、笑いをとっていた。そのあとに、歌手のU・Gがポーランドの懐メロや恋の歌を披露した。ところせましとテーブルを囲む客の面々は、密輸業者の大物やポーランド人の高官、そしてあらゆるたぐいのお偉方といったゲットーの特権階級である。ユダヤ人と取引のあるドイツ人当局者も私服姿で来ている。キャバレーの壁の内側にいると、わずか数ヤード先でおきている悲劇を察することはできない。観客はなんの心配事もないかのように食べ、飲み、そして笑っている。[23]

ほかの証言者たちもカフェについて同様の描写をしており、外で飢えと病にさらされている何万もの人間にたいして人びとが驚くほど無関心であることに、怒りをこめて言及している。ハイム・カプランは「この邪悪な時代にあって、あらゆる安逸を手に入れ、むさぼる何十もの豚野郎がいる。彼らは財産をもつ高額所得者で……その握りしめた手からどんな小額であっても他人に分け与えることのできない者たちである」[24]と嘆いた。いくつものカフェに出演していたピアニストのヴワディスワフ・シュピルマンは、裕福な客たちが貧しいユダヤ人をいかにさげすみ、めったに施しをしなかったかを記している。物乞いたちは店の外に立つことさえ、あからさまに禁止されていた。

カフェには金持ちが入りびたっていた。彼らはダイヤモンドをちりばめた金の装身具を身につけ、時間をつぶしていた。ポンと音をたててシャンペンの栓が抜かれ、料理の並んだテーブルについている戦争の不当利得者たちにけばけばしく化粧した女が給仕をしていた。ここでわたしは二つの幻想を失った。われわれのあいだの普遍的な連帯、そしてユダヤ人の音楽性にたいする信念、である。[25]

カフェの余興がしばしば安っぽく、俗悪であったと言われているが、全体としてみると、その上演内容はゲットーのほかの娯楽施設に比べて優れていたようである。生活難にあえぐ一流演奏家の多くが乏しい収入の足しにするために、これらの店に職を求めた。たとえばシュピルマンは、カフェのピアニストであることによって家族六人を養えたと述べている。[26]こうした場所での演奏で、もっとも人気のあった奏者ないしアンサンブルは、マルイシャ・アイゼンシュタットやディアナ・ブルメンフェルド、ヨセフ・ヒルシュフェルド、ロスネル兄弟、レオポルト・ルビンシュタインのオーケストラ、「ジョリー・ボーイズ」オーケストラ、そしてアルトゥル・ゴルド（のちにトレブリンカ〔絶滅収容所〕の収容者によるオーケストラの指揮者となる）のアンサンブルであった。[27]

これより社会階層が少し低いヤニナ・バウマン一家のように、ゲットーの壁の向こう側にいる親戚の援助でわりあい楽な生活を送ることができた者もいた。バウマンは、生演奏付きのキャバレーやレストランを訪れているし、ゲットーのオーケストラの公演を定期的に聴き、蓄音機を手に入れてさえいる。そうしたことができたのが、もっぱら自分の「特権」的な立場によることを彼女は重々承知しており、罪悪感と偽善の感情にさいなまれるのであった。マルツェル・ライヒ＝ラニツキの一家も、同じように不安のない生活を送った。歯科医をしていた兄の収入が彼の生活を十分に支え、彼自身もユダヤ人評議会で働いていたのである。

彼は音楽評論家として、交響楽団の演奏会を定期的に聴きに行くことができた。そしてバウマン同様、クラシック音楽のレコードを聴くために、ほかの若者たちと集まった思い出をもっている。[28]

街頭の音楽

ゲットーのもう一方の端では、音楽をめぐる状況は劇的に異なっていた。第一に、音楽が娯楽としての機能を完全に失う場合があった。よそと同様に、ワルシャワでも親衛隊は人びとに音楽を強要することによって屈辱を与えたのである。一九四二年五月、リンゲルブルムはゲシュタポの考え出した新しい遊びについて記している。それはゲットー中から音楽家をパヴィア通りの刑務所に連行し、何時間もぶっとおしで余興を強制するというものであった。[29] シュピルマンも同じように、ゲートでナチの警備兵たちが楽しんでいた加虐的な遊戯《ゲーム》を回想している。

人が増えると興奮、いらいら、不安が高じるものだ。ドイツの警備兵たちは自分たちの持ち場でうんざりしていた。彼らは精一杯、憂さ晴らしをしようとする。彼らの好んだ余興の一つがダンスであった。音楽家たちは周辺の横丁から連れてこられた。生活が苦しくなると街頭で演奏する楽団も増えていた。兵隊たちは立っている群衆のなかから外見がとりわけこっけいそうな者を選んで、ワルツを踊るよう命じた。音楽家たちは建物の壁側に立たされ、通りは空けられた。警察官の一人が立って指揮者役をつとめ、ゆっくり演奏する音楽家がいると殴りつけていた。ほかの者たちは、踊り手たちがまじめに踊っているかどうかを監督している。驚愕のまなざしを向ける群衆の前で、障害者、老人、とても太った者もしくはひどく痩せた者同士が輪になって踊らされていた。背の低い者か子どもが、のっぽと組み合わされている。ドイツの当局者たちがこの「ダンス・フロア」の周りに立って大笑いしながら「もっと速く！　つづけろ、もっと速く！　みな踊れ！」と怒鳴っていた。[30]

しかしながら、こうした懲罰的行為はかならずしもゲットーの日常的な出来事ではなかった。街頭でいっそう強く音楽と結びついたもう一つの営みが物乞いである。ゲットーの開設当初からリンゲルブルムは、不断に増えていくこの現象について書きつづっている。一九四一年七月十一日、彼は次のように書いている。

近ごろ、一家そろっての物乞いをみかける。ときには身なりのよい者さえもがいる。音楽家や歌手が子どもづれで「仕事」をしている。父親が楽器を演奏し、一人か複数の子どもが、帽子を差し出して小銭を無心する。じつに上品な身なりの若妻とともに街頭に立つ歌手がいた。彼が歌い、彼女は施しを受けとるのである。近くに揺りかごがあり、なかに幼い子がいる。両親にはその子をあやしてくれる者がいないのであろう。その子は、まさしく揺りかごから、物乞いになるように育てられている。一家そろっての物乞いが総じて流行している。子どもが大人の注意を引くからそうする親もいれば、子どもを一人家に残しておくことができないからという親もいる……物乞いのなかには建物の中庭で歌うようになった者もいる。[31]

大道芸は戦前のポーランドのほとんどの都市で日常的にみられた。しかし、リンゲルブルムが指摘するように、ユダヤ人共同体で以前は裕福であった者さえもが、いまや街頭での演奏を余儀なくされていた。カフェや劇場で臨時雇いの仕事をみつけたり、金持ちのために私的な演奏会を催したりする者もいたが、ほとんどの者は稼げそうなところがあればどこへでも出かけるしかなかった。当時の資料に次のようにある。

暖かければ、音楽家たちは小さな集団で建物の裏庭から裏庭へと巡り歩く。ときにはいくらかの金になることもあったが、まったく稼ぎにならないのがほとんどであった。冬のあいだ、彼らはまったく働けない。それでも街頭でヴァイオリンを片手に、凍えながら物乞いをする者もみられる。[32]

同じようにカプランも、器楽アンサンブルとソリストによる街頭での演奏や、なんと祈禱文と賛歌を路上で朗詠する先唱者とその合唱隊について記している。いずれも、わずかな小銭を恵んでもらうための絶望的な努力であった。[33]

リンゲルブルムは、孤児養育協会本部（CENTOS）の運営する施設があるにもかかわらず物乞いの大半を占めていたのが子どもであったことに言及している。カプランもまた、幼い子どもたちの集団が歌を歌い、「そのそばで、父親や母親の使いが監視している」と述べている。この状況を裏づける数多くの写真がある。写っているのは、たいてい栄養失調で、ぼろを着た小さな男の子たちである。ヴァイオリンかハーモニカを演奏し、通行人から浄財を募るためにしばしば空の帽子を手にしている。ときには児童合唱団が全員で金を恵んでもらうために街頭で歌っていた。[34]

これらの物乞いのあいだで独特の歌が歌われるようになる。元住民のイルケ・ヤノフスキは、ゲットーの大通りで夜、物乞いの男がその妻と六人の子どもとともに歌っていた短い反復句《リフレイン》のことを憶えている（彼は

ワルシャワ・ゲットーのマゾヴィエツカ通りで．1940-41 年

強制労働に狩りだされる男たち

強制労働に連れていかれることを恐れて、日中は身を隠していた）。「同情を、哀れみを」の句ではじまるその歌は、ひたすらパンを求める内容で、短い、典型的にユダヤ的な旋律（短音階の増二度を強調）をもっていた。[35] ポーランドの作家で住民であったパウリナ・ブラウンは「哀れみを、ユダヤ人の心よ」と題した歌で、いつも、どこにもみられた物乞いの悲惨なありさまを描いている。それはゲットーに響きわたる、逃れることのできない音の情景の一部として、ヤノフスキが憶えていた同じ反復句を思い起こさせるのである。

壁と鉄条網に囲まれ、
ゲットーは死と闘っている、
人びとは影同然、
骨は曲がり、体はひからびている。

走る人びと、通りは騒然、
突如、一つの死体が目に入る。
青白い顔から両眼が光る、
そして弱々しい、かすかな叫びを君は聴くのだ。

「哀れみを、ユダヤ人の心よ、
なにか食べるものを、それともいくばくかのお金を恵んでください。
哀れみを、ユダヤ人の心よ、

まだ生きたい、まだ世界を見ていたい！

だから哀れみを、ユダヤ人の心よ、
乾パンの一切れを投げ与えてください！
哀れみを、ユダヤ人の心よ、
困窮するユダヤ人の心に救いの手を」

晴れた朝から星の輝く夜まで、
子どもが手を差し出して立っている。
聴きたくないと思うときも――
「哀れみを」が君を追いまわす。

ゲットーでは死が突然訪れる、
大がかりな襲撃が行われた、
人びとが連れ去られてしまった街に、
ゲットーに、響くのはあの声だけ――

「哀れみを、ユダヤ人の心よ、
腹をすかした家族四人が待っている、

哀れみを、ユダヤ人の心よ、
わたしはあなたと同じ人間なのだ！

哀れみを、ユダヤ人の心よ、
かつてワルシャワはすばらしかった、
哀れみを、ユダヤ人の心よ」——
この声はいつまでも響きつづける。[36]

この歌は苦悶する物乞いたちの姿を生々しく伝える。「影同然」の、「体はひからびている」、そうした「青白い」生き物が死を逃れるための絶えまない闘いに呑み込まれている。そして同じユダヤ人の同胞にたいして、普遍的な人間愛を必死に訴えるのである。しかし皮肉なことに、彼らの「弱々しい、かすかな叫び」はカフェのにぎやかな宴に封じられ、たいてい無視された。それにもかかわらず、ブラウンは多くの者にとって物乞いが忘れられない、痛ましい存在であったことを示唆する。ゲットーにひとたび死が宣告されたとしても「君を追いまわし」、「いつまでも響きつづける」のであった。

劇場

これらがゲットー社会の両極である。両極のあいだに、ゲットーのもっぱら大衆向けの娯楽を目的とした数多くの活動があり、それがワルシャワの音楽状況の大部分を占めていた。一つの交響楽団をはじめ五つの劇場、室内アンサンブル、合唱団があり、社会福祉団体が無料食堂で催す数多くの催しがあった。

人口の規模からすれば、音楽がこのように広く営まれたことになんら不思議はないかもしれない。さまざまな形の活動がユダヤ人共同体の多様な領域に存在した。出演者がときには何箇所かをかけもちすることもしている（カフェと劇場、それに無料食堂で歌っていた歌手たちの例もある）。これらの活動の多くはつまるところ、戦争前のユダヤ人共同体にみられた活発な文化活動の延長であった。たとえば風刺を含むレヴューは、両大戦間の時代、東ヨーロッパのユダヤ人社会でもっとも人気のあった娯楽の一つである。それらを手本にして、戦争中はワルシャワやヴィルナ、ウーチを含むゲットーの多くで新しいレヴューがつくられた。ゲットーのオーケストラやほかの音楽集団は、構成員の大半を戦前の彼らの仕事仲間から引っ張ってきた。歌手たちはシール合唱団〔シールはヘブライ語で歌の意味〕や大シナゴーグ合唱隊のような合唱団や民衆コーラスに再編成された[37]。フラムが述べているように、先行する文化との継続性を強調することは重要である。というのも、そうすることで東ヨーロッパのユダヤ人社会が育んだ豊かな伝統文化が浮かび上がり、その破滅にだけ目を向けさせることにならないからである[38]。

ゲットーという条件下で音楽活動がひろく再生したことはそれでもなお特筆に値しよう。一九三九年のナチによる占領支配とともにユダヤ人の学校や商店は閉鎖され、戦前からの施設や組織はその活動を禁止された。しかし、それらの閉鎖から数週間もたたないうちに、すでに地下活動が広まっている。個人の家で演奏会が開かれ、音楽愛好家の演奏団体が町中にわき起こるように出現して、仮設の会場で秘密裏に上演されていた。ヨナス・トゥルコフは、ヴァウォヴァ通りの屋根裏部屋にあったそうした会場の一つを描写している。腰掛けが並び、演奏台や幕がすえつけられ、灯油ランプが部屋を照らしていた。見張り番が、廃墟と化した建物と中庭を通って客を案内し、また好ましくないドイツ人の闖入者に目を光らせていた。[39] こうした活動は、いまは抑圧されている豊かな文化生活を限られた範囲ではあるが、代替しようとするものであった。それらが必ずしもつねに第一級の質でなかったとしても、追いつめられたユダヤ人共同体が、ある意味での親交や「普通」の日常を回復させる手だてではあった。

非合法化された戦前の諸組織に代わってゲットーで活動が許されたのは二つの機関であった。ユダヤ人評議会と社会福祉団体である。ワルシャワのユダヤ人評議会は、ユダヤ人政党の指導者やポーランド議会の議員といった重要な公職に就いていた人物によって構成されていた。それは戦前のケヒラ（ユダヤ人共同体評議会）を継承するものとひろく考えられており、同じ建物に事務所を構えていた。ポーランド人の市長ステファン・スタジンスキによってアダム・チェルニャコフがケヒラの議長に指名されたのが一九三九年九月である。その翌月にユダヤ人評議会が設立されると、その議長に就任する。戦前のケヒラは宗教的な任務にその役割が限定されていたが、ユダヤ人評議会はナチが許可した唯一の行政組織であったため、多様な公的職務を果たすことを求められた。ところがワルシャワでユダヤ人評議会が所管した文化活動はごく一部の分野に限られ、たいていが独立した組織によって運営され、なかには秘密組織もあった。[40]

最初の秘密組織は一九四〇年九月に誕生している。素人による活動は質がばらばらで、運営も無秩序なことを憂慮して、ユダヤ人相互扶助協会のもとで文化活動を監督する特別委員会が設けられた時期である。特別委員会の主要な目的は、すべての公演を統制すること、その芸術的な水準を向上させること、社会教育の手段として活用すること、そして各分野で雇用されている人びとの利益を守ることであった。才能のある若者を育成する特別な施策もなされ、委員会は発足一年目で二〇〇〇件ちかい公演を催し、約二七〇人の職業芸術家と音楽家一五〇人が登録された。[41]

組織された文化活動の広範な事業がはじまるのはゲットー封鎖後である。常設の施設や業務がすぐさま復活し、戦前の生活のどこか見慣れた情景を甦らせた。それはまた、ユダヤ人共同体がなお無傷であり、そのもっとも大切な価値観と目標をいままでどおり追求していくことができるという思いを強めさせた。社会活動や文化活動の運営のされ方をみると、少なくともユダヤ人共同体の指導者にとっての目標が社会を持続的に機能させることであり、とりわけ子どもの指導と教育であったことがわかる。力点は継続性におかれていた。すなわち占領がいずれ終わり、すべてが通常に戻ると見越して課題に立ち向かうことであった。

この段階で、ナチ当局にとって音楽が喫緊の関心事でなかったことは強調されなければならない。ゲットーでの公演は、法律によってすべてドイツ検閲当局の承認を必要とした。その命令書が一九四〇年九月二十日付の「ガゼタ・ジドフスカ」に掲載されている。それにもかかわらず、法が画一的に適用されることはなかった。たとえばアーリア人の作曲家の作品が、あるところで禁止されながら、別のところでは許可されただけでなく奨励さえされていた。政策的な決定は通常、地方当局が下していたことから、対応がまちまちであった。[42]

音楽活動は、ゲットーのユダヤ人の生活がそれなりに安定し、自主管理しているかのような幻想を抱かせた。実のところ、ユダヤ人たちにとって封鎖されたゲットーにいるほうが、それまでよりも保護されているように感じられていた。移動や活動にたいする以前のきびしい規制が緩められ、親衛隊や周辺住民ともほとんど接触せずにすんだからである。その結果、彼らは共同体の文化的、社会的な活動を干渉されずに営む、より多くの自由をもった。しかし、この見せかけの自治は、ときに強力な管理の手段ともなる。精神的抵抗をめぐる議論を皮肉っぽく転倒させると、音楽は親衛隊が許容した数多い活動の一つであったともいえる。というのも、音楽が現実に起きている事柄から犠牲者たちの関心をそらせ、抵抗する気持ちをすっかり失わせることに役立ったからである。占領した国々で、ドイツ国民啓蒙・宣伝省が安っぽい娯楽を勧奨した裏には同じような意図があったことは、ほかでも論じられてきた[43]。

ユダヤ人の自治もおそらくは、それが政治的な影響力をほとんどもたないとナチが認めていたという限りにおいて許されていた。一九三九年十一月二十五日の日付をもつナチ人種政策局の文書には、次のように書かれている。

ユダヤ人の政治組織はポーランド人の場合と同様に禁止されなければならない。しかしユダヤ人の文化組織については、ポーランド人のものに比べてより柔軟に対応してしかるべきである。ユダヤ人はこの点では、疑いなくポーランド人よりも自由を与えられよう。ユダヤ人は、ポーランド人がもつような真の政治的な力をもたないからである[44]。

結局、この文書が示すとおり文化活動は許可されたが、それは文化活動がゲットーの住民の運命を大きく変えそうにはなかったからである。

ワルシャワ・ゲットーの大衆を対象にしたもっとも代表的かつ人気を博した音楽公演は、おそらく劇場で上演されていた。ゲットーの封鎖から数週間で、「ガゼタ・ジドフスカ」は劇場開設の公式認可が下りたことを報じている。ほかの余暇活動と同じように、当局側はこれによってゲットーの住民を従順にしておくことができると、ほぼ間違いなく考えていた。それにもかかわらず、それは音楽活動の重要な展開だった。本格劇もときに上演されたが、こっけいな寸劇と音楽作品を組み合わせたレヴューがひろく上演される出し物となった。[45]

ゲットーには五館の専門劇場があった。その第一号がエルドラドと呼ばれていたイディッシュ劇場で、一九四〇年十二月六日に開設されている。俳優のスィムハ・プステルとゼイデルマン一家（ダヴィド、妻のハナ・レルネル、息子ハリー）がここに出演し、A・ヴァルシュタインの指揮する常設のオーケストラが演奏した。一九四〇年十二月二十日付の「ガゼタ・ジドフスカ」はその好意的な批評記事のなかで、初日の出し物が男声合唱を含むバラエティ・ショーとハシディズムの踊り、ミュージカル、ほかに寸劇であったと記している。一九四一年の一月から八月までのあいだに、これ以外に少なくとも八つのプログラムが上演され、そのなかに芝居の「ラビの娘リフケ」や「ノヴォリピェから来たツィプケ」「母親のための家」「われわれの敬愛するラビ」があった。[46]

次が一九四一年四月に開設されたポーランド語の劇場ナ・ピェテルクである。この小さな劇場は、一九四一年の四月からその活動を停止した七月までのあいだに、少なくとも三回公演している。一九四一年五月にエルドラドと合体したノヴィ・アザゼルは、ゲットーのもう一つのイディッシュ劇場であった。ショーレム・アレイヘムやショーレム・アッシュ、そしてS・アンスキのイディッシュ語による古典的な戯曲を上演している。また一九四一年七月には音楽喜劇「売りに出された心」を、そして一九四二年三月に「ダヴィドのフィドル」が上演された。残る二つの劇場は、どちらもポーランド語で上演していたフェミナとテアトル・カメラルヌィである。[47]

ワルシャワ・ゲットーの劇場公演は映画音楽をはじめ、アメリカのラグタイム曲、舞台演芸、タンゴ、オペレッタ、ミュージカルといった既存の演目が中心であった。これは、プログラムのほとんどすべてが創作ものレヴューであったヴィルナのようなゲットーとは対照的である。なじみのある出し物が重視されたのは、これらの劇場が公に新しい体験をする場であるよりも、熟知しているという気持ちをまずはとり戻させようとするものであったことを示唆する。人びとは日々の生活の苦難をまぎらし、戦争前に彼らが楽しんでいたような陽気な公演を観るために劇場に通ったのである。

それでもなお、各地のゲットーの歌を集めた戦後の収集資料のなかに、ワルシャワで新たに作られたものが少なくとも一七曲ある。[48] これらの歌はしばしばゲットーの時事的な話題を主題とし、主として劇場で広まった。それぞれの歌がいつ、どこで歌われたのかという点にかんする情報は少ない。しかしながら、それらを一つのまとまりとして捉えると、ゲットーでの歌唱にかんする知見に興味深い視点をもたらす。いくつかの歌、とりわけ宗教的な歌は、明らかに人びとを励ますためにつくられた。しかし、どの歌も、ほかのゲットーや収容所に見られるような英雄的な抵抗精神をとりあげることをしていない。[49] 少数の歌がゲットーの幾人かの人物の英雄的な行動をたたえているが、ほかはユダヤ人当局者の不正を批判するものである。社会的な不公平を扱ったものが半数ちかくを占めており、ある種の住民が直面する窮状を少数の特権階級と対比させながら記録にとどめ、とくに食糧不足と物乞いの増加から派生する問題に光をあてている。ごく一部の例外を除き、ほとんどの歌がゲットーの惨状を受け入れることができないでいる。そして、ときには惨状をきわめて詳細に描くのである。そこにみちみちる表現は家、暮らし、共同体、あるいは家族を失った者のそれであり、こめられた感情も多くの場合が悲しみ、絶望、冷笑であった。

「こそ泥《ハペル》の祈り」は、ゲットーで金銭をもたない者が道徳的に荒廃せざるをえないさまを歌っている。イレナ・グレイゼルの作詞、作曲はテレサ・ヴァインバウムである。路上で通行人に忍び寄っては、食べ物をひったくる子どもであるゲットーの「ハペル」〔「つかむ人」に由来〕が語り手である。

服のあなから体がほてっている、
空腹が父、
いまやゲットーのこそ泥《ハペル》である自分、
黄色の当て布をつけたこそ泥。
夜明けに……焼きたてのパンがもう運ばれてきている
大きな手押し車いっぱいに、
しかし、空腹と辛苦で悲嘆にくれてしまう、
目から涙があふれ、悲しいばかり。
だから神さま、ぼくの願いを最後まで聴いて、
天の神さま――

ぼくは泥棒であったことなどなかった、
でも腹いっぱい食べている人たちがいる、
その一方で、ほかの人たちはかび臭くなって
自分たちのやるせない運命を呪っている。

だから神さま、ぼくの願いを最後まで聴いて、
大切な神さま――
ぼくはまだ生きていたい、
だからすばやい御手をさし出してください
そして炎のような御目を、
ぼくがひと口食べることができるように。

彼らはぼくを捕まえ、パンのことでたたく
むちと棒きれで。
ぼくのいのち、ぼくの死がなんだというのか？
もはやぼくを怖がらせるものはない。
夜……若い二人連れが道を行く、
子どもたちの姿がある。
飛びつき、ひったくり、彼らは悲鳴をあげる……ただ
歯でがぶりとひと噛み。

だから神さまに感謝します、暗い夜を、
人びとに与えてくださったことを、
みなが眠ることのできるとき――

ワルシャワ・ゲットーの子どもたち

自分には、それが生活のやっとはじまるとき。
だから神さま、お赦しください、
もっとも重い罪を、
世界はぼくを神さまから遠ざけてしまった。
ゲットーの一人のこそ泥、いまや落ちこぼれ
人と獣のあいだに捨てさられて。[51]

この祈りは信仰心を嘲笑し、神がもはやゲットーで力をもたないことの告白となっている。「こそ泥《ハベル》」は、高遠な霊的な対象に祈っているわけではなく、まわりの者から盗むための技能を求めて祈っている。衰弱した者がいるなかで、とりわけ「腹いっぱい食べている人たち」から盗むのである。ゲットーで生きていくすべのない者がこの種の犯罪を犯すのは、しばしば不可避であった。この歌はそうした人びとを、深い哀れみを誘うべく描いている。彼らの「罪」をあらわにしながら、その希望のない窮状に同情を寄せる。ゲットーの荒涼とした情景もまた描写する。そこは際限のない辛苦を耐え忍ぶ「人と獣」の住みかであり、一部の者たちは生存するために道徳的な規範に背かざるをえない場所であった。

荒廃にたいする憂慮がとくに子どもたちに向けられているのが暗示的である。というのも、ゲットーの生活共同体が格別に留意し、養護しようと力を注いだのが、弱い立場におかれた集団であったからである。後述するように、ゲットーの多くの歌や子守唄は年長者の世代の視点から若者の末路を嘆き悲しむものである。彼らが願うような明るい未来を子や孫がもはや享受できないことが恐れられている。われわれは、若くて血気盛んな主人公を描いたいくつかの歌と出会うこともある。主人公たちの楽観主義と快活さはユダヤ人共同

体を高揚させ、活気づける鑑であった。それゆえ、「こそ泥の祈り」がここまで希望のないものであるのは、子どもがこれほどの絶望や冷笑の気持ちに陥れば、取り返しのつかない状況になることを、この歌が示しているからでもある。

ゲットーのもっとも痛ましい歌のなかには、自分と愛する者の双方の死を受け入れようとしてもがく人びとの姿が登場する。「わたしは恥じている」と「眠れ、わが子よ」は、どちらも作曲家のM・シェンケルが妻とわが子の死について思いつめるさまを描いている。「わたしは恥じている」で、彼は亡き妻に語りかける形をとって、妻と子を死に赴かせながら自分だけが生き残った罪悪感を執拗に述懐する。その申し訳なさの感情は、一組の煙となって昇ってゆく苦悶の幻影と化す。わが子が母親にしがみつき、父親の姿が見えずに悲嘆に暮れる姿であった。そうした心をかき乱すような描写が双方の歌にあふれている。「眠れ、わが子よ」は、亡き子に手向けた不気味な子守唄である。子は死んでもなお安息を得ることがない。その子が眠る「小さな灰の塚」は、風に吹かれて四散するのである。[52]

ゲットー内で広範に生じていた食糧不足と、すこぶる発展した密輸業を記録した歌もある。この稼業に年少の子どもが積極的に従事したが、それは彼らが背が低く、機敏で、壁の向こうのアーリア人地区との行き来に成功する確率がより高かったからである。「ワルシャワ・ゲットーのモテレ」や「小さな密輸人」といった歌は、これらの子どもの勇敢さに敬意を表した歌である。彼らは多くの場合、自分の家族に食べ物を持ちかえる責任を負わされていた。飢えと病気、それと恐怖におびえる住民の悲惨な状況が、子どもたちが務めを果たすさいに直面した桁はずれの危険とあわせて、しばしば生々しい細部とともに描かれている。[53]

ワルシャワ・ゲットーのオーケストラ

劇場公演にくわえて、ゲットーにおける最初期の文化活動の一つにユダヤ交響楽団の創設がある。それは一九四〇年末のことで、当局がその活動を公式に認可したのは一九四一年一月五日であった。このとき、すべての演目が検閲の対象とされること、またアーリア人作曲家の作品をいっさい演奏してはならないという条件が付けられている。[54]

楽員をそろえるのは至難の業であった。弦楽器奏者に来てもらうのは容易だったが、それに比べて管楽器奏者は不足していた。クラシック音楽を初見で演奏できることを条件にした新聞広告がだされ、これに多くのジャズやダンスバンドのミュージシャンが応募している。採用されると、必要に応じて楽器の入れ替えが行われた。[55]

交響楽団が活動した一九四〇年十一月から一九四二年四月までのあいだの常任指揮者は四人である。最初の二人、マリアン・ネウテイフとアダム・フルマンスキが共同創立者となった。ネウテイフは、一九三〇年代半ばにワルシャワでユダヤ人の交響楽団と一緒に仕事をしたことがあったため、ゲットーの交響楽団はその事業をある程度まで継承したものであった可能性がある。「ガゼタ・ジドフスカ」の批評記事から得られる断片的な情報からすると、二人の指揮者にたいするゲットーの聴衆の評判は、いずれもなかなか良かったようである。[56] 一九四一年のはじめに、この交響楽団にシモン・プルマンが加わった。活動を停止するまで彼はその指揮者としてとどまった。ライヒ＝ラニツキによると、プルマンは交響楽団がその高い演奏水準を保つように尽力した。彼は楽団を拡充し、その指導のもとで演奏の質は著しく向上する。またライヒ＝ラニツキは、プルマンが非凡な個性をもった人物であったと評している。自意識過剰で野心家だが、つねに礼儀正しく、忍耐強かったという。指揮者たちのなかでもっとも齢の若いイスラエル・ハメルマンがこの楽団をはじめて指揮したのは一九四二年一月であった。[57]

ネウテイフの指揮で行われた最初の公演は、ユダヤ人相互扶助協会が後援し、一九四〇年十一月二十五日にユダイカ図書館で行われている。プログラムは、ベートーヴェンの序曲「コリオラン」とピアノ協奏曲変ホ長調、そしてグリーグの「ペール・ギュント」である。非アーリア人の作曲家の作品に演奏曲目を限定しようとする特段の努力は最初からなされなかった。ドイツ当局も一九四二年四月まで異議を唱えることをしていない。一九四〇年末にここで少なくとももう一回、ユダヤ人相互扶助協会による演奏会が開かれた。そのときはフルマンスキの指揮でバッハとチャイコフスキー、ベートーヴェン、そしてモーツァルトの作品が演奏された。初期の演奏会のいくつかはメロディ宮〔酒場兼演芸場〕でも開かれている。

楽団は交響楽のスタンダードな作品を演奏し、モーツァルトとシューベルトの作品、わけてもベートーヴェンのものが圧倒的に多かった。しかし、一九四一年二月、プルマンの就任とともに状況は一変する。彼はよく知られている作品を演目に残しながら、ボロディンやサン＝サーンスらの作品その他をとりあげた。くわえて彼が重視したのが、演奏の質を引き上げることであった。彼の公演にたいする「ガゼタ・ジドフスカ」の批評記事は、ほかの三人の指揮者の場合と比べていつも好意的である。交響楽団の演奏会場はのちにより広い、モダンなフェミナ映画館に移され、その収容人員は九〇〇人となった。一九四二年四月、そこで最終公演がネウテイフの指揮で行われている。それまでの公演回数は、おそらく全部で四〇回ほどにのぼったと考えられる。[58]

演奏会の入場料は安く、入りも比較的よかった。とはいえ、ゲットーの住民の大多数が興味をもたなかったことも、証言記録が示すところである。くわえて音楽家たちは厳しい条件下での演奏を余儀なくされていた。標準以下の会場で、リハーサルはほとんど行われず、不十分な照明、悪い音響、しかも冬はまともに暖房がきいていなかった。それは必然的に演奏の質に影響する。楽器群のあいだで音のつり合いがとれていないことや、練習不足が全体的に明白であることにたいして、「ガゼタ・ジドフスカ」はたびたび苦言を呈した批評をしている。空腹は火急の問題で、上演前に資産家の医師がときおり奏者に食事を供して力づけたとライヒ＝ラニツキは回想する。またライヒ＝ラニツキは、オーケストラが聴衆のために果たした役割について述べるなかで、聴衆が演奏会場に足を運ぶのは抵抗するためでなく、むしろ飢えと不安が渦巻く苦しみの現実から一時的に逃れ、音楽の気分転換がもたらす別世界《ゲーゲンヴェルト》を体験するためであったと主張する。さらに彼は、交響楽団の創設が芸術に一身を捧げるという崇高な動機よりも、生活の糧を得ようとする音楽家たちの必死の願いにもとづいていたことを力説する。[59]

一九四二年四月十五日、交響楽団は突如、二か月間の活動停止を命じられた。示された理由は、通達に違反してアーリア人の作品を上演したためであるとされた。しかし、それはまったくの口実である。なぜなら、ドイツ当局は交響楽団の演目の大半がアーリア人の作品であることを以前から知っていながら、ほとんど関知しないようにしていたからである。演奏会を秘密にしておこうとする企てはいっさいなかったし、「ガゼタ・ジドフスカ」にはプログラムの情報をはじめ、宣伝や批評がたびたび掲載されていたのである。御都合主義的な釈明であったにしろ、当局はユダヤ人共同体の活動をあらためて統制することになった。実際、この停止命令はゲットーの生活にとってはるかに重大で、脅威となる変化がおこる合図であった。活動停止命令が撤回されるまでのあいだに、死の収容所トレブリンカへの大量移送が差し迫っていた。それは一九四二年七月二十二日に始まった。七週間で、住民の七五パーセントにあたる約三〇万人が移送された。その後、交響楽団が活動を再開することはなかった。

小さな器楽演奏会や声楽の音楽会も、ゲットーの存続期間を通じて開かれていた。一九四一年七月二日付の「ガゼタ・ジドフスカ」によると、（ほかの事業とともに）音楽団体を公的に助成する後援委員会がつくられている。その後、演奏会が定期的に開かれるようになり、広告がいくつか新聞に掲載されている。ピアノやヴァイオリンの独奏会、そして独唱会がもっとも一般的で、上演者のなかにはマルィシャ・アイゼンシュタットをはじめヴェラ・ノイマルク、ヘレナ・マルコヴィッツ、リリアナ・ロマン、そしてレナ・ヴァルフィッシュがいた。これらの若い音楽家のなかで、もっとも傑出し、賞賛を浴びたのが、「ゲットーのナイチンゲール」として知られるようになる弱冠二〇歳のソプラノ歌手アイゼンシュタットである。また、オーケストラの楽員が結成した三つの室内楽団もあった。指揮者のプルマンは、とりわけその活動にかかわっていた。[60]

室内楽の演奏曲目の大半はドイツ音楽の伝統に沿っていた。メンデルスゾーンやチャイコフスキー、あるいはドヴォジャークといった非アーリア人の作曲家の作品のほかに、ベートーヴェンをはじめブラームス、モーツァルト、バッハ、ハイドン、ヴェーバー、ブルックナー、そしてシューベルトの演目がならぶ。しかし小規模の音楽活動もまた、交響楽団にたいする一九四二年四月の公演停止命令の影響を被ることになる。演奏会は制限され、しかもユダヤ人作曲家の作品のみが許された。演奏曲目はいまやメンデルスゾーンやオッフェンバック、マイアベーア、そしてアントン・ルビンシュタインの作品と、オペレッタの作曲家パウル・アブラハムやレオ・ファル、エメリヒ・カールマンの曲となった。[61]

独奏や室内楽の演奏会は無料食堂のような小さめの会場で、通常、午後に開かれた。政党が後援する無料

ワルシャワ・ゲットーのユダヤ人警察．ユダヤ史研究所（ワルシャワ）の資料より

オーケストラのコンサートのポスター．1941年
ユダヤ史研究所の資料より

食堂は、地下新聞や教育事業の重要なよりどころであり、また社会的な出会いや文化活動の場ともなっていた。それらはカフェなどの娯楽を楽しむことができない人びとを対象としていて、それだけにほかのどこよりも、ゲットーの一般住民に幅広く享受された。ときには共同体の特定の地区がさまざまな会場で多彩な活動を組織することもあった。そこでは講演や討論会においてユダヤの民俗や宗教上の祭日、ショーレム・アレイヘムやI・L・ペレツといったイディッシュ作家の作品といったもろもろの主題がとりあげられている。また室内楽、独唱会、あるいは合唱隊による歌唱も行われた。無料食堂はいくつかの児童合唱団の活動も後援した。その一つが、ラヘル・アウエルバッフが組織し、ヤーコヴ・グラットシュタインが指揮していた「人民合唱団」である。彼らの公演はしばしばいくつもの実施上の困難に直面することがあった。冬のホールは冷え込んで音響が悪く、電気が来ないためにたびたびカーバイド・ランプを使う必要があった。しかも音楽家と聴衆は、公演中に漂ってくる野菜料理の強烈な匂いをしばしばじっと我慢しなければならなかったのである。[62]

社会福祉団体やそのほかの公的な組織は、共同体のために音楽を組み入れた大規模な催しをときおり組織した。孤児養育協会本部（CENTOS）は、ユダヤ教の祭ラグ・バオメルにあたる一九四二年五月五日に「ユダヤ人の子どもの日」を催している。ゲットー内の各地区で行事が催され、フェミナ劇場は音楽とダンスの呼び物に集まった人びとでにぎわった。六月七日には、ユダヤ人警察の音頭でつくられたオーケストラが遊園地の開設を祝う式典で演奏している。そこは共同体評議会の事務所のおかれたグジボフスカ通りの建物の向かいにあった。大量移送が迫っていた六月末、ヂェルナ通りのモリア・シナゴーグで、期末の終業式が厳粛にとり行われた。数百人の生徒が出席し、よく知られた典礼曲を歌ったのち、ユダヤ民族の賛歌「ハティクヴァ」（希望）を歌って、式は締めくくられた。[63]

ポーランドとユダヤの闘い

先の記述にあるように、音楽活動は特定の集団が占める階層上の地位だけでなく、ポーランド的なるものとユダヤ的なるもののあいだの力関係によっても性格づけられた。ゲットーにはおよそ二〇〇〇人の改宗ユダヤ人と、それを上回る数の同化ユダヤ人がおり、ほとんどがポーランド語を話していた。これらの人びとはそれまでと同じように、大多数の住民より高い教育を受け、物質的に裕福であり、政治的にもより影響力をもった。リンゲルブルムは、これら「ユダヤ人貴族」の贅沢な暮らしをしばしば諫めている。快適な住居、自分たちの子女のための学校、はやりの洋服の着用、さらにカトリック教会の慈善事業団体カリタスの無料昼食さえも享受しているというのであった。彼らは、力をもちながらも利己的な集団であり、ユダヤ人評議会や警察、もしくはそれらに類した組織の要職をなんとかして手にしていた。そうした特権を享受するためにゲットーでキリスト教に改宗した者もいる、といったうわさが広まっていた。オネグ・シャバト〔イディッシュ風にはオネグ・シャボス。「安息日の歓び」の意味〕の調査によると、ユダヤ人共同体の指導者たちは改宗が流行するのを懸念していたという。[64]

ポーランド語を話すユダヤ人知識階級の影響力は、カフェだけでなく文化活動の領域でもはっきりと感じられていた。リンゲルブルムは一九四二年五月三十日に次のように記している。

ヨナス・トゥルコフ〔著名なイディッシュ俳優〕は、今シーズンの演目をポーランド語で演じた。イディッシュ語のよい脚本がないというのが、その理由である。そのうえ、これはゲットーではっきりと認められる顕著な同化の証拠である。ユダヤ人はポーランド語を話すのを好み、街でイディッシュ語を耳にすることはあまりない。われわれはこの問題について熱い議論を闘わせたが、ポーランド語を話すことがゲットーにたいする心理的な抗議であるという説明があった。つまり、お前はわれわれをユダヤ人ゲットーに押し込んだが、ここが本当はポーランドの街頭であるのを分からせてやろう、というのである。お前さんを困らせるために、われわれから引き離そうとしているもの、つまりポーランド語とその文化にこそわれわれはしがみついてやろう、というわけである。だが、私見によれば、ゲットーで今日われわれが目にしているものは、戦前にもあった言語の強力な同化が続いているだけのことであり、それがゲットーのなかでいっそうきわだってきたのである。ワルシャワにユダヤ人とポーランド人が一緒に住み、共生しているあいだは、そのことにはっきり気がつかなかった。しかし、街頭を埋め尽くすのがみなユダヤ人であるいま、この不幸自体が気づかせてくれるのである。[65]

リンゲルブルムの所見のいくつかは誇張である。それはとくにワルシャワのイディッシュ語人口についてあてはまる。しかし、それでも彼が指摘していることの大部分は、同時代の資料によって裏付けられている。ゲットーの五つの劇場のうち、イディッシュ語で上演していたのは二館だけである。さらに、ポーランド語劇場の公演は、俳優たちの多くが戦争前にポーランドの劇場で仕事についていたことから、その質は明らかに高かった。やがて多くの俳優がイディッシュ語からポーランド語による舞台へと移っていくと、結果的にポーランド語の劇場の水準がしだいに下がることになった。有名な「ミレレ・エフロス」を含むイディッシュ語の何本かの芝居は、原語によらず、ポーランド語に翻訳したうえで上演しさえしている。[66] これは、とりわけウーチやヴィルナにおけるように、その文化活動がユダヤ的な性格を保持したいくつかのゲットーとは著しい対照をなしている。[67]

その一方で、イディッシュ語やヘブライ語を使った活動を振興するための特筆すべき努力もなされている。文化水準を引き上げ、イディッシュ語の評価を高めることを目的とした秘密組織であるイディッシュ文化協会が設立されたのは一九四〇年十二月である。彼らは講座や講演会を運営し、大きなユダヤ図書館を開設した。また、芸術的な出し物を上演したり、メンデレ・モイヘル・スフォリム、I・L・ペレツ、ハイム・ナフマン・ビアリク、ショーレム・アッシュ、あるいはショーレム・アレイヘムといったユダヤ文学の代表的な人物を記念する討論会を企画したりした。トゥクマ（再生）と呼ばれたヘブライ文化団体は、ゲットーの著名なシオニストたちによって結成されている。多くの活動的な会員をかかえ、詩人のイツハク・カツェネルソンもその一人であった。[68]

同化主義者にはゲットーのユダヤ文化を振興する運動に加わる者さえいた。よく知られているのが孤児院長ヤヌシュ・コルチャクであろう。[69]彼は子どもたちのために企画した文化活動に終始、ユダヤ的な要素を組み入れる努力をした。孤児院ではいくつかの演芸プログラムが披露され、当時の関係者によると、そのなかにはイディッシュ語の歌や典礼曲、ユダヤ的な主題の器楽曲の演奏があった。また、コルチャクの近くで働いていたミハエル・ズィルベルベルグは、この教育者がイディッシュ語をどうにか話せるだけであったにもかかわらず、演奏会ではイディッシュ語が有益であると力説していたことを明らかにしている。[70]

ゲットーの音楽活動のなかでもっともユダヤ性を強く意識させたのは、おそらく宗教者たちによって歌われていた歌であろう。このうち二つを戦後、カチェルギンスキが収集している。それが「ワルシャワ・ゲットーの敬虔なユダヤ人の歌」［譜例1・2］と「もし私に信仰がなければ」［譜例1・3］であるが、戦禍によって断片的にしか残されていない。「わたしは信じる」の題名でむしろ知られる「ワルシャワ・ゲットーの敬虔なユダヤ人の歌」は、意味深長にも戦後のユダヤ人の意識のなかで断然、有名なワルシャワの歌ともなって、ホロコーストの記念式典によく登場することになった。
双方とも信仰の重要性を謳った歌である。どちらもゲットーに触れていないが、その関連性は明白である。マイモニデスの「信仰の十三箇条」からヘブライ語の句を借用したこの「ワルシャワ・ゲットーの歌」は、最終的な贖い〔救い〕の到来が確かであることを言明する。

私は信じる、私は信じる
確たる信仰において、
メシアの到来を
私は信じる……
そして、彼が遅れても
それでも、私は信じる……71

これは明らかに励ましの歌を意味する。しかし先に示唆されているように、犠牲者たちが経験し、多くの者がそれについて言及している希望は、なにより自分たちに迫る運命を受け入れることができないか、理解できないことから生じていた。言い換えれば、彼らが希望をもったのは、他者に起こった出来事であっても自分には起こらないと思うことが彼らの生来の本能であったからである。以上の条件を念頭においたうえで、筆者はつぎのように指摘したい。つまり、こうした歌は犠牲者たちの苦しみをまずは昇華された意味をもつような文脈におこうとする努力であった、ということである。その簡潔ながらうら悲しい旋律と、静けさのなかに決意を秘めた歌詞とによって、「ワルシャワ・ゲットーの歌」は難局に直面しても信じ、信仰にとどまろうとする不屈の意志をあらわしている。歌の音楽的な強調箇所がこの解釈を補う。旋律の進行とリズムの拍子がもっとも盛り上がりをみせるやま場に「確たる信仰において」の詞が重なる。また、それほどのやま場でないところに「そして、彼が遅れても」の詞があてられている。換言すれば、歌と現実との乖離がもっとも鮮明な箇所に感動の高まりが来るのである。同じことは、「もし私に信仰がなければ」についてもあてはまる。

もし私に神への信仰がなければ
その御方はほむべきかな、
私がなしている
すべては何の役に立とうか。

もし私に神への信仰がなければ
神の贖い〔救済〕への――
生きることに意味はない
一瞬たりとも。[72]

この歌のレトリカルな質問には明確な答えがある。それは、信仰がなければ私の行いは無意味であり、し

譜例 1・2 「ワルシャワ・ゲットーの敬虔なユダヤ人の歌」. Kaczerginski and Leivick, 422

譜例 1・3 「もし私に信仰がなければ」. Kaczerginski and Leivick, 425

たがって、いまは自分の確信に迷いがあってはならない、さもなければ生は意味をもたなくなるということである。旋律は典礼様式で、短音階を中心にした単純な進行である。「贖い」という詞だけが、五度跳躍させた音程と長めの音価によってきわだつようにされている。こうして、曲が歌う者にとってもっとも急を要する望み、すなわち救済を強調する。ゲットーのユダヤ人たちが信仰のために苦闘したことを知らなかったとしても、われわれはこれらの歌詞を、ゆるぎない信仰の確実な証拠としてそのまま受け取ることはできない。というのは、とりわけ同時代のほかの文書が、歌を含めて懐疑的な視点をとっているからである。これらの歌は、独得な仕方で状況に対処することを主張している。それはよそに向けられる疑問や絶望、怒り、あるいは諦めの態度よりも、忍耐と穏やかな解決を伴う対応なのである。

後世のために記録する

われわれはこれまでに、ゲットーのさまざまな社会階層を彩り、活気づけた音楽のもっとも重要ないくつかの側面を考察した。とりわけ新たにつくられた歌がどのようにユダヤ人共同体の心情的な世界への窓を開き、ゲットーに閉じ込められた人びとが自分たちに起きていることをどう理解したのかについて、何かしらを明らかにした。

ユダヤ人共同体の経験した出来事を物語る歌は昔から存在した。十六世紀以降、数十節あるいは数百節の長さにさえ及ぶ歌が、ポグロムや疫病、蜂起といった特定の出来事を記録している。[73] ほとんどがユダヤ人を襲った運命を絵巻のように描写し、戦争が招いた塗炭の苦しみと不幸を謳っている。その長さや詳しさの点で、これらの歌に比肩するゲットーの歌はまずない。それでも、いくつかがその伝統を意識的に継承している。その一つが「トレブリンカ」という題名の歌である。一九四二年の夏、大量移送されていく人びとの運命にワルシャワ・ゲットーの住民が気づきはじめたときに書かれた。この歌は何が犯されていたのかを彼らが知っていただけでなく、それらの事柄を彼らがどう理解しようとしたのかも明らかにしている。

夜が明けてまもない、ある小さな集落《シュテットル》、
騒がしい音、悲嘆、泣き叫ぶ声が聞こえる、
なかば裸の人びと、非常な恐怖、
「ユダヤ人ども《ジデス》[74]」——彼らは叫ぶ——「家を出ろ！」
憲兵、警察官、多くのウクライナ人、
ユダヤ人を殺すことが彼らの目的。
彼らは殴打し、銃を撃つ、それは恐ろしい、身の毛のよだつ光景、
ユダヤ人は列車に連れていかれる。
回転する車輪を
どのようなペンも描けない、
車両は満杯、
神の聖なる名のもとに[75]ユダヤ人が連れられていく——
トレブリンカ、トレブリンカに。

だが、海の向こうの同胞たちは
この苦い味が分からない、
このつらい苦難の声が聞こえない
毎時間、われわれは死を待ち受けているのに。
戦争もまたいつの日か終わるだろう、
だが、世界は残酷な恐怖に襲われることになる、
苦悩に満ちるユダヤ人の心。
われわれの痛みをだれが感じとれようか？
涙が河となって流れるに違いない
いつの日か
この世でもっとも大きな墓穴がみつかるときに――
そこには何百万ものユダヤ人が横たわっている、
神の聖なる名のもとに――
トレブリンカ、トレブリンカに。

トレブリンカにはどのユダヤ人にも居場所がある、
そこにやってきて、そこに留まる、
二度来ることはない、心がうずく、
われわれの兄弟と姉妹が毒殺されたことを

人びとは3キログラムのパンと引き換えに移送の列に並んだ

人が思い起こすとき、
トレブリンカで、トレブリンカで。

ユダヤ人警察、彼らはわれわれにもっと速く歩くよう命じた。
お前たちはそこで苦しむことはない。
パンが三キロ与えられる。
心がうずく、子どもが母親に向かって泣き叫ぶのは。
「どうして僕をあとに残していけるの？　一緒に行こうよ
トレブリンカに、トレブリンカに[76]」

この歌の由来は知られていない。しかし、ワルシャワからさらに東ヨーロッパのほかのゲットーにも伝えられたのは確かである。はるかルーマニアのキブツにさえ到達し、カチェルギンスキのアンケート協力者の一人がそれを耳にしている[77]。この歌を歌った人びとが、起きた出来事を証言しようとし、彼らの苦しみを感じないですむという幸運に恵まれた「海の向こうの同胞たち」に最終的にあてていたのは明らかである。これらの人びとは、自分たちがもはや生きのびることがないことをはっきりと悟っていた。彼らが知らずにいたのは、自分自身の死期だけなのである。
「トレブリンカ」のなかで、人びとは自分たちを呑み込んだ絶滅の行程を記録するだけでなく、彼ら自身がとった悲痛な行動についても証言しようとしている。なによりも、この歌は彼らが抱いた恐怖心と圧倒的な喪失感を物語っている。彼らは世界から隔絶し、同胞の警察官に追い立てられ、しかも確実な死と向かい合った。彼らのこの悲劇に、どのような慰めも無意味であった。

それにもかかわらず、受容のプロセスは、犠牲者たちが自分たちのおかれた状況と向かい合うことになんらかの形で役立ったと思われる。彼らは自分たちにおきた出来事を理解していると言明しているのである。くわえて、それは彼らが自分たちの死を、より幅広い、とりわけユダヤ的な、歴史的な文脈に位置づけることを可能にした。戦後、彼らが忘れ去られることはなかった。彼らが投げ込まれた墓穴はみつけだされ、「涙が河となって」彼らの死を悼んだ。しかも、彼らは無名の犠牲者としてではなく、「神の聖なる名のもとに」、彼らの宗教の聖なる殉教者として死んだのである（この句も、曲のなかではっきりと強調されている）。この歌は、ユダヤ人犠牲者と、彼らの記憶を守る責務を推測によって引き受けてくれるであろう離散《ディアスポラ》の同胞とを結ぶ絆を重ねて強調する。記憶の重視は歌自体の動機のなかにあり、この歌を歌う者に少なくともいくばくかの慰めを与えたと思われる。

しかし上述したように、慰めは音楽がワルシャワ・ゲットーの住民にもたらしたものの一部にすぎない。ある面で、音楽は永続性とか親近感の感情をユダヤ人共同体に取り戻させ、別の面では、ゲットーの社会状況が急変するなかで新たな展開を見出し、それを説明したり、明確に表現したりすることに同時に役立った。社会活動としてみれば、音楽は地位のしるしであり、ある者にとっては権力の、ほかの者にとっては無力を象徴した。新しくつくられた歌の創造的な面は、人びとがゲットーをどう体験したのかについて、すなわち彼らがなにを目にし、どう感じ、そして喪失や不確かさに対処するために彼らがとったさまざまな方策の一端について明かしていることである。

ゲットーにはまた、社会の最下層におかれ、どのような音楽をも自分から聴くことのなかった人びとがいる。彼らは肉体的生存の絶え間ない闘いのなかで、音楽を娯楽として楽しむだけの機会や気力をまったくもたなかった。人間の感性は疑いなく、必要最低限の健康や栄養状態を必要とする。それゆえに、社会福祉団体やゲットーのそのほかの組織が無償で提供する娯楽でさえ、特定の範疇に入るゲットーの住民が享受していた。彼らは住む家をまだもち、また少なくともある程度まで「普通」の生活に耐えられる人びとであった。

ほかの場所では状況がまったく異なっていた。次章でとりあげるヴィルナ・ゲットーの場合、人びとは生起していた出来事をいっそう明確に自覚していた。彼らがたとえ労働生産性をあげることが一部の者の命を救うことになると信じていたとしても、共同体の人口のほとんど三分の二にも及んだ特別行動部隊《アインザッツグルッペン》によるそのころの殺戮は、彼らの思考と行動に無情な影を落とすのである。そうでなくても彼らは、ナチが踏み切ろうとしていた「ユダヤ人問題」の解決までの期間にたいして敏感であった。ゲットーの指導者たちは、自分たちの共同体が負った心的外傷《トラウマ》に対処しなければならないと痛切に感じており、文化活動がそのもっとも効果的な策の一つなのであった。しかしここでさえも、音楽活動はさまざまな政治の動向やゲットーの流動的な状況、そして生みだす人びとの多様な個性に少なからず左右された。次にそうした活動に目を向けることにしたい。

第二章　ヴィルナ――政治家とパルチザンたち

リトアニアのエルサレム

一九三九年、ヴィルナ〔今日のリトアニアの首都ヴィリニュス。ポーランド語ではヴィルノであり、ヴィルナはおもにユダヤ人による呼称〕に住むA・I・グロヅェンスキは、この都市のユダヤ人の生活にかかわる年鑑の編纂にとりかかっていた。彼が収集した文書には、文芸団体やスポーツ、宗教活動、社会事業団体、あるいは音楽活動にかんする報告があった。その多くは、ヴィルナのユダヤ共同体にたいする評価が、地元のユダヤ人社会にとどまらず、ポーランドの主要な都市や遠くパリやニューヨークでも高まっていることを誇らしげに強調している。九月に戦争が勃発したため、刊行されることはなかったが、戦後になって共同体の一員であったイサアク・コヴァルスキによって再発見されることになる。異なる状況下であれば、年鑑がとりあげている記録文書は、この種の凡庸で無味乾燥な報告書にたまったほこりと同じように、めでたい運命をたどっていたかもしれない。ところが、この年鑑は戦前のユダヤ人の都市ヴィルナの姿を伝える最後の史料の一つとして、共同体で営まれていた活動的でいきいきした生活と、とりわけヴィルナのユダヤ人がさまざまな創造活動に価値をおき、重視していたことを示す、無比の証拠となったのである。[1]

ヴィルナのユダヤ人共同体は、東ヨーロッパでかならずしも最大規模ではなかった。第二次世界大戦前夜の人口はわずか約六万人である。この数字は、移民と難民流入の波が同時に生じたことから、一九四一年にドイツ軍が侵攻するまで大きく変わっていない。それにもかかわらず、町の人口に占めるユダヤ人の割合は、一九三一年に実施された第二次世界大戦前のものとしては最後の人口調査でも約三〇パーセントに達しており、大きな比重を占めていた。[2]

ヴィルナはまた、歴史的にもっとも活動的で活気に満ちた東ヨーロッパのユダヤ人共同体の一つであった。十七世紀半ばにトーラー研究の重要な中心地となり、偉大なユダヤ人思想家やラビ教義の研究者たちを輩出している。十九世紀までにイディッシュ語とヘブライ語による世俗文化の中心となって、もっとも著名な作家や芸術家のなかにはここに居を構える者もいた。そして、ヒバット・ツィオン（シオンの愛）運動や文芸のペンクラブを含む、シオニストやイディッシュ語研究者の多くの団体の本拠地であった。その文化活動のきわだった質と広がりとによって、ヴィルナは敬愛の意を込めて「リトアニアのエルサレム」と呼びならわされ、その呼び名でユダヤ人世界に知られていた。両大戦間の時期も、ユダヤ人の暮らしぶりは目を見張るほどであった。子どもの大半がイディッシュ語かヘブライ語で教える学校に通っており、それらはシオニスト教育機関の「タルブート」（文化）のもとで運営されるすぐれた学校組織であった。また、青年運動や演劇集団、いくつかの意欲的な出版社、そして有名なメフィツェ・ハスコレ図書館やイディッシュ学術研究所（のちのＹＩＶＯ〔ユダヤ調査研究所〕）といった研究機関や文化施設があった。[3]

ユダヤ人の町ヴィルナの名を高らしめていた活気あふれる文化活動は戦時中も特色を保ち、ゲットーが存続した一九四一年九月から四三年九月までの二年間は、芸術活動が花開いた。そこには時事風刺劇《レヴュー》の舞台や交響楽団の演奏会、独唱会、室内楽、美術展、合唱、コンテスト、そして盛んな青少年クラブがあった。作家芸術家協会（ＦＬＫ）が結成されたのは一九四二年はじめのことである。この団体は、さまざまな具体的な支援策をつうじてゲットー内の創作活動を促し、文芸の夕べや講演会、あるいは討論会を定期的に組織した。数多くの才能ある音楽家や俳優、芸術家、そして作家たちが、ゲットーが解体される最後の日々まで創造的な活動をつづけた。

これらの活動の大部分は、戦前のヴィルナの文化状況のなかから芽吹いたのであった。ゲットーの傑出した文化人の大多数は、その昔から町の知的活動、芸術活動の熱心な推進者として名高かった人びとである。ゼリグ・カルマノヴィチ、ヤアコヴ・ゲルシュテイン、アヴラハム・スレプ、ヴォルフ・ドゥルマシュキン、ヘルマン・クルクらである。シュメルケ・カチェルギンスキ、アヴラハム・スツケヴェル、そしてヒルシュ・グリクといったゲットーのもっとも重要な作家は、文芸サークルの「若きヴィルナ」やそこからわかれた「若き森」で数年にわたって活躍した人びとであった。このようにゲットーにおける文化活動の歴史は、ユダヤ人共同体が戦前の活動や組織を新たな状況下でどのように再建し、適応させ、あるいは変えることができたか、という物語の一部なのである。

一九四一年九月にゲットーが建設されると、まもなく強烈な新しい政治状況が猛威を振るうことになる。本書ではそうした状況が共同体の創造活動の性格や発展をどう方向づけたのかについても取りあげた。問題の組織はとりわけヤコブ・ゲンスが率いていた一九四二年半ば以降のユダヤ人評議会と、その年の早い時期に結成された地下組織の統一パルチザン機構（ＦＰＯ）である。両者は数か月間、平和裏に共存していた。しかし、ゲットーの状況が不安定化するにしたがって、双方のあいだの緊張はしだいに高まっていった。ゲットーの音楽状況を見ていくわれわれの行程は、両者が文化活動に与えた多大な影響や、自分たちの身におこった出来事について人びとがどのような考え方をとるよう促されたかを明らかにするものである。

戦争、そしてゲットーへの強制移住

赤軍〔ソ連軍〕がヴィルナに侵攻したのは一九三九年九月十九日のことである。数週間後に町はいったんリトアニア側に返還されるが、ソ連によるリトアニアの併合にともなって、一九四〇年六月に再度、その支配下におかれた。権力のあいつぐ変更は、とくにユダヤ人共同体に影響を及ぼすことになる。というのも、主権を喪失したリトアニア側の挫折感は、反ユダヤ主義的な暴力の連鎖となってあらわれたからである。くわえて、ユダヤ人の経済と社会生活はソ連体制下で抑圧された。ユダヤ人が所有する商店や工場の多くは国有化され、宗教教育やラビ〔ユダヤ教の律法学者〕の組織は解散させられた。出版は停止され、すべての学校は政府の管理下におかれた。イディッシュ語による教育は許されたものの、ヘブライ語やユダヤ史、聖書の研究は禁止されている。

一九四一年六月、ナチ・ドイツ軍がソ連へ侵攻すると、ヴィルナはドイツの占領下に入った。リトアニア人の反ユダヤ主義はこの町でいぜん活発であった。とくに大量殺戮がはじまったときは、リトアニア人の兵士や警察官らがドイツ当局を手助けし、犠牲者のユダヤ人にしばしば不当な暴行を加え、凌辱した。ドイツの行政当局は、それまでの反ユダヤ的な措置をいっそう強化した。ユダヤ人全員がいまやそれと分かるように黄色の印をつけるよう強制され、公共交通機関やいくつかの通り、そして公共施設への立ち入りが禁止された。夜間外出禁止令が出され、食料を購入できる場所と時間が制限された。また、住居から電話が取り外され、しかも財産は無差別に略奪ないし没収されたのである。[4]

ヴィルナのユダヤ人大量殺戮がはじまるまで、それほど時間はかからなかった。第九出動分遣隊《アインザッツコマンド》が町に到着したのは一九四一年六月末である。射殺は七月四日に開始されている。それは森と市民の娯楽施設のあるポナリ〔ポナルイ〕で行われた。ヴィルナから南に約八マイル〔約一三キロ〕離れ、道路と鉄道が通る交通の便がよい場所である。そこにはソ連当局が燃料庫用に掘った深い穴があり、それがそのまま巨大な墓穴として使われた。このポナリで一九四一年七月四日から二〇日のあいだに、五〇〇〇人ほどのユダヤ人が殺されている。ゲットーの建設に備えて、八月三十一日には第二弾の、最大規模の大量殺戮がはじまった。数千人のユダヤ人がルキシュキ刑務所に拘禁されたのち、順次、ポナリに連行された。こうした作戦行動《アクツィオーネン》で、ドイツの殺人者を支援したのは熱狂的なリトアニア人の志願者たちであった。[5]

一九四一年九月六日、ヴィルナのユダヤ人は二つのゲットーに強制居住させられた。彼らの居住先は当初、それまで住んでいた町の地区を参考に、恣意的に決められていた。ところがまもなくして、二つのうち大きいほうの第一ゲットーが職人や労働許可証をもつ「生産的」なユダヤ人用であり、残りの住民を閉じ込めておくのが第二ゲットーであることが明らかとなる。ゲットーの封鎖から一週間ほどのち、孤児や病人、老人が第二ゲットーに、そして労働許可証をもつ者とその家族が第一ゲットーに移されはじめたのである。九月七日、それぞれのゲットーにユダヤ人評議会が設けられた。第一ゲットーのユダヤ人評議会がおもに公人や知識人によって構成されたのにたいして、第二ゲットーでは任意に選ばれた庶民であった。第一ゲットーのユダヤ人評議会がまず手がけたことの一つが、のちにヤコブ・ゲンスが指揮することになるユダヤ人警察を創設することであった。[6]

両ゲットーがつくられるまでのあいだに、すでに約二万人にのぼるユダヤ人が殺されていた。これは住民のおよそ三分の一にあたる。一九四一年九月から十二月にかけてのつづく数か月には、それまで以上の作戦行動が実施されている。十月一日の贖罪の日《ヨム・キプール》には、四〇〇〇人ちかくが殺された。同じ月のうちに行われたさらにいくつかの作戦行動によって、第二ゲットーに残っていた約七〇〇〇人の住民は一掃され、同ゲットーは一九四一年十月二十一日に閉鎖された。[7]

一九四一年十月末から十一月はじめにかけて実施された、もっとも悪名高い作戦行動はイディッシュ語で「黄色のシャイン」と呼ばれた。シャインとは公共職業安定所《アルバイツアムト》が発行する正式の労働許可証のことで、色刷りの紙に印刷されていた。その所持者と家族三人、すなわち妻と一六歳以下の子ども二人までが、移送を一時的に免除されるのである。こうした許可証だけが身の安全を保証した。第一ゲットーで一九四一年十月に発行されたシャインは三〇〇〇枚であるが、このうち四〇〇枚はユダヤ人評議会に割り当てられている。許可証を得た労働者は、認可された工場や作業場、あるいは社会事業、教育や医療の仕事に配属された。許可証を入手するために、人びとは必死に縁故を利用し、賄賂を贈り、家族関係を偽り、あるいは書類を偽造した。それでも多くの人びとが有効な許可証をもてず、当局がそれ以上を発行することはなかった。ゲットーの全人口およそ二万八〇〇〇人は、一万二〇〇〇人（許可証の保持者三〇〇〇人とその扶養家族九〇〇〇人）に削減されることになっていたからである。こうして、ゲットーの住民一万六〇〇〇人が死を宣告されていたのである。[8]

最初の大規模な「シャイン・アクツィオーン」は、一九四一年十月二十四日に実施される。許可証の配布は十月二十三日に完了し、深夜にゲットーは重装備のドイツ軍部隊とリトアニア人の補助部隊によって包囲された。許可証をもたない四〇〇〇人ちかくの人びとがポナリに連行され、射殺された。作戦行動は、その後も十月二十九日と十二月二十一日のあいだに何度か実施される。ドイツ占領下における犠牲者の総数は、一九四一年末までに三万四〇〇〇人にのぼると推定される。数千人がベラルーシに逃亡するか、ゲットーの外に逃れて潜伏した。ゲットーに残ったのはわずか二万人である。このうち約八〇〇〇人が隠れ家に身をひそめていた。[9]

嵐のあとの静けさ

こうした作戦行動が一九四一年十二月二十一日に終息すると、ゲットーは長い比較的安定した時期をむかえ、それは一九四三年四月までつづくことになる。高齢者や病弱者が取り除かれた結果、残された住民は東ヨーロッパのほかのどのゲットーよりも若く、政治を志向する傾向があった。その反面、ゲットーの権力構造に大きな変化はなく、とくにユダヤ人評議会やユダヤ人警察とのつながりをもつ者は、どの収容者よりも権勢を振るった。また食料の大規模な非合法取引にかかわる者が共同体の富裕な成員であった。[10]

もとの三分の一になった共同体は、ゆっくりとではあったが、失ったものをみつめ直すようになっていく。その存立基盤があまりにも激しく破壊され、いぜん恐怖が支配し、不安定な状態であっても、迅速に再生しはじめたのである。文化活動はそのなかでもっとも重要な事柄の一つであった。ゲットーのユダヤ人共同体は驚くほどのはやさで、大切な施設のいくつかを再開させている。作戦行動から数週間後には、すでにそのいくつかが新設されていた。

最優先事項は子どもと教育であった。学校が開設され、一九四一年末には通常の授業を再開している。わずか数か月後、司書のヘルマン・クルクは、ゲットーに二つの学校があり、毎日七〇〇人以上の生徒が通っていると日記に記した。その一年後に、彼はある種の自負とともに、いまやゲットーに三つの小学校、中学校と実業学校、託児所が一つずつ、そして孤児のための寄宿学校が複数あると書いている。またユダヤ教の正統派もヘデル（ユダヤ教の伝統的な初等学校）を一校、イェシヴァ〔ユダヤ教学院〕を二校、開設した。一九四二年末には教科課程が定められ、イディッシュ語とヘブライ語、宗教、ユダヤ史と一般史、科学と地理、算数が履修五課目であった[11]。

ゲットーのもっとも重要な文化拠点の一つとなったのが、シュトラシュン通り六番地にあった戦前の名高いメフィツェ・ハスコレ図書館である。クルクは、ゲットーの開設から数日も経ずして、図書館を再建する仕事を引き受けている。記録では、図書館は荒らされ、蔵書の一部が四散していた。まもなく人びとは群がるようにして本を借り、閲覧室で時間を過ごすようになる。一九四二年八月には、会員登録者数が最多の四〇〇〇人ちかくに達している。図書館の建物にはゲットーの文書庫と統計調査室、それに博物館が併設されていた。文書庫と博物館は、ヴィルナのユダヤ人生活を証す数百件の貴重な資料文書や手工芸品を所蔵し、そのなかには後世に残すべく地中に埋められたものもあった[12]。

音楽関係の施設もすみやかに再建されている。アヴラハム・スレプとタマラ・ギルショヴィチの陣頭指揮で音楽学校が創設され、ピアノやヴァイオリン、歌唱、のちには音楽理論が教えられた[13]。一〇〇人をこえる生徒が学校に入学し、演奏会が定期的に開かれた[14]。著名な指揮者として知られていたヤアコヴ・ゲルシュテインは、戦争前から評判の高かった学生合唱団の活動を再開し、引き続き大成功をおさめた[15]。ヴォルフ・ドゥルマシュキンのもとで小さなオーケストラが結成されたのは一九四一年十二月である。彼はワルシャワ出身の、将来を嘱望された若い指揮者であり、伴奏者であった。第一回公演は二〇人の奏者によって一九四二年三月に行われている。楽員の数は一年もたたないうちに倍増する。オーケストラの存続期間中の公演回数はおよそ三五回にのぼる。レパートリーの一部はコンサートの定番のベートーヴェンやシューベルト、ショパン、モーツァルト、チャイコフスキーの独奏曲や交響曲であった。ワルシャワの場合とは異なり、アーリア人作曲家の作品にたいする公式の規制はなかった。しかも、プログラムにはしばしば民謡や「軽」音楽、ジャズが含まれ、詩の朗唱をともなう小曲や時事的な話題を扱った寸劇が織り交ぜられている。戦前のヴィルナ交響楽団やユダヤ人のオーケストラでは多くのユダヤ人が演奏していたが、彼らが新しいアンサンブルの楽員の大半を占めることになった。ゲットーの元住民たちによると、その演奏は納得できる水準であったという。[16]

ゲットーではユダヤ教やシオニズムを扱った文化活動も盛んであった。ヘブライ同盟《ブリット・イヴリット》の後援で、一〇〇人あまりの団員をかかえるヘブライ語合唱団が同じくドゥルマシュキンのもとで結成されている。この合唱団は、先駆者の歌、聖書本文にもとづく歌や歌劇の抜粋、ハシディズムの歌、民謡を歌っていた。もう少し小さな団員一五人のヘブライ語合唱団もあって、こちらはヴィルナ・シナゴーグ合唱隊のシュロモ・シャルフが率いていた。双方とも、シオニズムの歴史やユダヤ人問題をとり上げた講話の夕べの最後にいつも合唱し、ドゥルマシュキンのオーケストラが伴奏した。ヘブライ同盟はヘブライ語で上演する劇場も運営し、一九四三年六月にデイヴィッド・ピンスキの激励調の「永遠のユダヤ人」（勝利を収めたユダヤ人）を上演している。スレプの率いるイディッシュ合唱団はイディッシュ民謡をたいていオーケストラの伴奏で歌い、宗教的な合唱団は典礼曲を歌っていた。[17]

ゲットーの新しい文化活動のなかでもっとも論議を呼んだのが、劇場開設の是非であったことは確かである。一九四二年一月、詩人のアヴラハム・スツケヴェルも出席し、演劇関係者が主として集まったこの会合で、ヴィスキンドという名の若い演出家がその新事業を提案したのである。スツケヴェルによると、多くの者がこの提言に面食らった様子であったという。しかしヴィスキンドは、劇場が共同体に大きな希望を与えることになると主張して、彼らを説得した。この劇場は二〇か月間、存続する。その間に行ったイディッシュ語による完全版の劇場公演は四回を数える。その最初が「緑野」である。イディッシュ系アメリカ人の劇作家ペレツ・ヒルシュバインのよく知られた牧歌的な恋物語で、一九四二年八月に公開された。ハンガリー人オットー・インディヒの戯曲をイディッシュ語に翻訳した「橋の下の男」は、同年十一月に初演されている。デイヴィッド・ピンスキの喜劇「財宝」が一九四三年三月に上演され、さらに、ヘニング・ベルゲルの原作をイディッシュ語に訳した「濁流」は一九四三年の夏、つまりゲットーが解体される直前の、最後の数週間に公開された。ショーレム・アレイヘムの「牛乳屋テヴィエ」の公演準備中にゲットーは解体された。役者たちはこれらの公演の稽古を通常、仕事を終えて帰宅した夜にしかできなかった。彼らのなかでもっとも人気のあった役者は、ヤアコヴ・ベレゴルスキ、マクス・シャドフスキ、エステル・リポフスキ、シャブサイ・ブリャヘル、イエクスィエル・ルーテンベルグ、ドレ・ルビン、そして「ゲットーのスター」ハイエレ・ロゼンタルであった[18]。

その後まもなく劇場は、著名な作家であり知識人であったゼリグ・カルマノヴィチがカリスマ的な運営を行う作家芸術家協会の施設となった。この組織はゲットーで創造力が発揮され、ユダヤ芸術や文化を振興することを目的としていた。芸術家たち自身が創設し、幅広い政治的な支持もとりつけていたことから、文芸の夕べや講演会、討論会を定期的に主催していた。ゲットーの一流の名士が講演を引き受け、演題はバルーフ・スピノザから画家シャガールの作品、I・L・ペレツやメンデレ・モイヘル・スフォリムといったイディッシュ語の作家、あるいはユダヤ音楽にわたっている。会合はしばしばヘブライ語かイディッシュ語の歌で締めくくられた。協会には当初、音楽家も参加していたが、彼らは一九四二年二月十日、五〇人の会員で独自の組織を結成した。作家芸術家協会はゲットーで文学と音楽、そして絵画の三つの部門のコンテストも実施し、多くの参加者とゲットーの住民双方から熱狂的に支持されていた。[19]

作家芸術家協会はこれらの行事を催す以外にも、ゲットーで孤軍奮闘する芸術家に物質的な援助を行うため、大いに尽力している。労働許可証の取得を手助けし、ときには彼らの妻を同様に支援することができた。協会はヴィルナのユダヤ人の作品保存にも関与しており、殺害された者とゲットーで制作を続けている者の双方を対象にしていた。作品は戦後に発表する目的で収集されたが、仕事の途中でさえも手当を前払いされていた芸術家もいた。

ユダヤ人のアイデンティティを抱いて

初期のゲットーの爆発的ともいえる文化活動は、ユダヤ人共同体が創造活動に長らく価値と重要性を見出してきたことを鑑みるとき、道理にかなうものである。三分の一に縮小したユダヤ人共同体は、彼らの目撃した惨劇に打ちのめされていた。心的外傷《トラウマ》を負った共同体は、受けた衝撃を中和し、生活再建のとっかかりをつかむために、自分たちの豊かでもっとも信頼のおける資質の一つに目を向けることになる。ここにゲットーの開設直後につくられた一つの歌がある［譜例２・１］。この歌は、新たな現実をより受け入れやすくするために、生起する事態についての思いが日常化という枠組みのなかでどのように形作られていくのかを理解させてくれる。「それは夏の日だった」をつくったリクレ・グレゼルは、このとき一八歳であった。

それは夏の日だった、

いつものように晴れて、麗しい日、
そして、そのときの自然に
うっとりさせられた。
鳥がさえずり、
そこいらに陽気に飛び跳ねていた。
わたしたちはゲットーに移るように命じられていた。

ああ、わたしたちを襲った出来事を少しでも想像してほしい！
わたしたちは悟った、すべてを失ったのだと。
懇願は無意味だと
誰かがわたしたちを救わなければならないと——
わたしたちは黙って家を出た。

道はどこまでも続いた。
歩くのがつらかった。
こんなわたしたちの姿を見て、
小石も急に叫びだすのではないかと思った。
年寄りも子どもも歩んだ
いけにえにされる牛のように、

通りに人の血の花が咲いていた。

いまみなが閉じ込められている、
さいなまれ、人生に裏切られて。
父親を失った者、母親を失った者、
父母がそろっている者はめったにいない。
敵はその壮大な目標を達成したのだ。

その数は余りにも多かった——
征服者は
この地域のユダヤ人を連行し
ポナリで撃ち殺すよう命じた。
家は空になり、
墓穴はあふれた。
敵はその壮大な目標を達成した。

いまポナリの路上にちらばるのは
服、雨にぬれた帽子、
犠牲者［いけにえ］のもの、

Es iz ge-ven a zu - mer-tog, Vi shten-dik zu - nik-sheyn, Un
di na-tur hot dan ge-hat In zikh a-zoy - fil kheyn, Es ho - bn fey - ge-lekh ge-zung-en,
Frey - lekh zikh a - rum - ge-shprung-en, In ge - to hot men undz ge-hey - sn geyn.
Akh shtelt zikh for vos s'iz fun undz ge - vo - rn! Far - shta-nen ho - bn
mir: s'iz alts far - loy - rn. S'hot nit ge - hol - fn un-dzer be - tn,
Az s'zol e - mit - ser undz re - tn Far - lo - zn ho - bn mir dokh un - dzer heym.

譜例 2・1 「それは夏の日だった」. Kaczerginski and Leivick, 364

聖なる魂のもの。
土が彼らを永遠《とわ》に覆った。

でもいまは再度晴れ、とても気持ちのよい天気、
まわりのすべてが芳しく香る、
それなのに、わたしたちは苦しめられ
みなが押し黙って耐える。
世界から切り離され、
高い塀に囲まれたなかで、
小さな希望さえ抱けずに。[20]

こうした細かな描写をするゲットーの歌は少ない。グレゼルは自分の目撃した出来事を、悲痛な思いで伝えている。ゲットーに追い込まれるユダヤ人たちの姿であり、助けを求めるむなしい哀願、通りでの虐殺、そしてポナリで行われていた大量殺戮の光景である。それによって彼女はヴィルナのユダヤ人の心情を余すところなく表現している。彼らはただ単に「世界から切り離されて」いるのではなく、痛ましいまでに欺かれたのである。彼らだけが残され、助けもなく、家や家族から切り離された。自分たちのなかでもっとも弱い者が通りで「牛のように」いけにえにされるのを、彼らは守ることさえできない。屠殺のために率いられていく動物のイメージは、この時代に頻繁に使われているが、それはしばしば犠牲者が無抵抗であったことを責める表現であった。この歌は、計り知れない流血を目のあたりにした者を覆う諦念と無力感にみちてい

る。グレゼルのことばに曖昧なところはない。敵は自分たちの掲げた目標を達成したのであり、「すべてが失われ」、彼らの未来に「小さな希望」さえほのみえないのである。

グレゼルの歌はユダヤ人共同体の崩壊とその負った深い心的外傷を証言しながらも、そこにはなれ親しんだ慰めとなる言い回しや心象も登場する。ヘブライ語からの派生語である akeyde や korbones といった言葉を通して、彼女は受難の語り《ナラティヴ》を明らかにユダヤ的な文脈においている。双方とも「いけにえ」を意味し、まぎれもなく聖書と関連している（前者はとくに父アブラハムによる息子イサクの奉献をさす）。さらに heylike neshomes（聖なる魂、neshomes はヘブライ語から派生）という言葉の使い方は、彼女が犠牲者たちを信仰による無実の殉教者としてとらえていることを示唆する。[21] こうした宗教的な含意が、人びとが自分たちを襲った出来事を受け入れるための共通の概念的枠組みを用意したのである。この時期の歌は、それぞれ同じような理由から、聖書時代からロシア帝政支持者による集団虐殺《ポグロム》にいたる、ユダヤ民族の長い苦難の歴史のなかで生起した以前の事件に目を向けて、しばしば作詞されている。そうした言い回しが慰めをもたらしたのは、たとえばポナリにおける理解不能な殺戮が聖なるいけにえ akeyde とされたように、伝統という文脈のなかで出来事に何らかの意味を与えたからだけではない。悲劇的な歴史にもかかわらずユダヤ民族がつねになんとか存続してきたという、かすかではあっても一つの主張がそこにはあったからなのである。

またグレゼルはこの歌を個人の哀歌としてではなく、共同体の哀歌としてつくっている。一人称複数の「わたしたち」という語り方はゲットーの歌によく使われる。自分たちが体験を共有しているという思いは、明らかに人びとにある種の慰めを与え、個人の孤独感を和らげた（たとえ共同体が孤立していても、である）。しかも、この歌のなかの「わたしたち」は、グレゼルがこれを生起した出来事にかんする一種の記録として捉えていることを示すものであり、集団が負った苦しみの証言となっている。「高い塀」の向こう側

ヴィルナからナポリに移送され銃殺されるユダヤ人．目隠しをされ，並ばされている

にいる不特定の者に語りかけながら、その語る声は犯された犯罪について述べているだけでなく、共同体がとった対応についても後世に向けて記録しているのである。

最後に、「それは夏の日だった」が歌われていた状況を考えておかなければならない。それが戦後の証言のなかに数多くあらわれる事実からみて、ゲットーで人気があったのであろう。しかも、（劇場用の時事風刺劇《レヴュー》のような）特定の上演のためにつくられた歌ではなかったので、青少年クラブや作家芸術家協会の集会、あるいはそれに類した機会に内輪で歌われていたものと推測される。

この歌には「煙草《パピロスン》」の節がつけられている。当たりをとったイディッシュ劇の曲の一つで、一九二〇年代にヘルマン・ヤブロコフが書いたものである。原曲は、ヨーロッパの名もない町の路上で品物を行商する孤児のみじめさを描いている。孤児はひどい物不足の時代（おそらく第一次世界大戦の時期であろう）を生きぬくために一人で苦闘している。[22]「煙草」はゲットーのユダヤ人たちのあいだで流行り、少なくともこのほか二つの歌のもととなった。一つは、「配給切符はもうない」という題名のウーチの歌で、ゲットーの食糧不足にたいする不満と、ルムコフスキ〔ユダヤ人評議会議長〕への怒りを歌っている。もう一つはワルシャワでつくられた、「パン売り」という題名の、飢えた孤児を歌った歌である。[23]聞きなれたその旋律によって、グレゼルは「わたしたちを襲った出来事」をきわだたせている。同時に、それはなんらかの感情の座標を設けることで、恐ろしい新たな現実が、ことによるとそれほど決定的な破断ではないかもしれないと思わせるのである。人びとに親しまれたそうした旋律は、新たな事態にたいする理解を以前起こった出来事の文脈のなかに置きなおすことによって、共同体のアイデンティティを再確認させたのであろう。

パルチザンと若者たち

ゲットーのユダヤ人は、自分たちに起こっている事態を過去と完全に切り離しては考えていなかった。というか、より正確を期せば、考えることができなかったのである。それは恐ろしく、予期することができず、しかも理解しにくかったが、それでもなおユダヤ人の苦難にかんする広範な語りのなかに、その意味を見出すことができた。デイヴィッド・ロスキーズは、ユダヤ民族の追悼の長い伝統の本質は、同時代の事件を聖句の観点から理解することであり、また過去の表象を使って現在に意味をもたせることであったと論じている。彼はさらに、ユダヤ人共同体が破局に対処するさいは、自分たちの立脚点をほとんどいつも民族の歴史の継続性に見出してきたと考えている。[24]生起する出来事にたいするこの考え方は、ゲットーの作品では明白であった。しかしながら、さまざまな人びとがそれを文化活動の枠組みを通じて組み立て、発展させるやり方は、彼らの政治的な信念と目的にしばしば左右されたのである。

ゲットーでもっとも有力な政治勢力の一つは、地下組織の統一パルチザン機構〔FPO〕であった。一九四二年のはじめに創設された統一パルチザン機構はソ連のパルチザン運動と連携して、おもにヴィルナをとりまく森で武装抵抗活動を展開した。構成員のほとんどが二〇代の若い男女である。彼らの政治思想はまちまちであるが、青年衛兵《ハショメル・ハツァイル》やシオニスト青年団《ハノアル・ハツィヨニ》、あるいは修正主義運動ベタルを含むシオニスト青年組織の出身であった。こうした運動は若者たちが上の世代の消極性に反抗することを促し、両大戦間の東ヨーロッパのユダヤ人社会において重要な役割を演じた。戦時中、彼らはワルシャワをはじめビャウィストクやクラクフ、その他の都市のさまざまな武装組織のなかで積極的な役割を担うようになった[25]。

統一パルチザン機構とヴィルナのユダヤ人評議会の関係は、ゲットーの状況が比較的平穏であるうちは良好であった。しかし一九四三年春になると、事態が切迫していることは誰の目にも明らかとなる。比較的平穏な長い期間の後、ヴィルナ周辺の小ゲットーや労働収容所に残っていたユダヤ人がポナリに連行されはじめ、作戦行動が夏を通して実施された。森を拠点とするパルチザンとの接触や武器の密輸がゲットー住民の脅威になるとゲンスが確信するようになると、ユダヤ人評議会の姿勢が変わった。ゲンスは統一パルチザン機構の指導者たちを遠くの労働収容所に送り込もうとし、これが両者の確執に火をつけることになる。一九四三年七月、ゲシュタポによって逮捕されていた統一パルチザン機構の初代指揮官イツハク・ヴィトンベルグを統一パルチザン機構の活動家が救出すると、対立は深刻となった。ゲシュタポは、その身柄が引き渡されなければゲットーの全住民を殺害すると威嚇し、ゲンスも彼らを脅迫した。圧力をかけられたヴィトンベルグは自ら出頭し、二日後に殺害されている。このヴィトンベルグ事件は、戦闘員はゲットー内での闘争よりも森へ展開するべきであると主張する者たちの論拠となり、事件の直後に何人かの統一パルチザン機構の活動家が作戦基地をつくるためにナロチの森に脱出した[26]。

統一パルチザン機構の力は結局、パルチザンによる森での戦闘で発揮された。しかしながら、活動家のイデオロギーと信念は同様にゲットーにも顕著な痕跡を残している。そのもっとも重要な領域の一つが文化活動である。実際、統一パルチザン機構の活動家にはゲットーの著名な作家もいた。アヴラハム・スツケヴェルをはじめ、シュメルケ・カチェルギンスキやアッバ・コヴネル、ヒルシュ・グリク、そしてレイブ・オペスキンである。これはたんなる偶然ではない。戦前の青年運動は長らく創作活動を奨励し、多くが文芸同好会や演劇集団を有していたからである。戦前の重要な若い作家の一部は、「若きヴィルナ」や「若き森」に所属していた者を含めて、政治活動にも積極的であった。この政治と文芸活動との連携がゲットーではより緊密であった。

パルチザンの作詞家には、歌を自分たちの主張を訴える効果的な手段と考える者がおり、積極的な抵抗運動を鼓舞し、果敢な抵抗精神と共同体の闘志をかきたてていた。抵抗運動と結びついた歌の大半は、一連の共通する主題、すなわちパルチザンの勇気、ユダヤ民族の底力と忍耐、そして報復の必要性をとり上げている。意味深いことに、これらの歌は、戦後のユダヤ人社会がゲットーと結びつけて考えるもっとも有名ないくつかの歌にもなった。とりわけ二人の青年がパルチザンの音楽遺産に貢献したことできわだっている。その一人がヒルシュ・グリクである。情熱的な詩人であるとともに、青年衛兵《ハショメル・ハツァイル》の活動家であり、ドイツ占領時には弱冠一九歳であったグリクは、戦時下のゲットーや各地の労働収容所で、驚異的な数の作品を書き続けた。パルチザンを賞賛したり、ユダヤ人の未来にさらなる希望を託そうとしたりする歌や詩がほかにも数多くあるなかで、彼はみなが口ずさんだ「断じて言うな、最後の道を歩んでいるのだとは」の作者であった。この歌は一九四三年に書かれ、ただちに統一パルチザン機構の公式賛歌となっている。二人目はシュメルケ・カチェルギンスキである。ナチがヴィルナに侵攻したとき彼は三〇歳代前半で、すでに革命詩や革命歌の作者として広く認められていた。戦前は主に地下組織の共産党青年運動で活動し、ゲットーでは統一パルチザン機構の創設に加わっている。

「断じて言うな」はゲットーの歌のなかでおそらくもっとも典型的な、よく知られる歌である［譜例2・2］。グリクの作品は、同時に起きた二つの事件の影響を受けている。その一つは一九四三年にヴィルナの近くの森で発生した、ユダヤ人一五名が死亡したユダヤ人のパルチザン部隊とナチ親衛隊の分遣隊との戦闘である。もう一つが、そのころ伝えられたワルシャワ・ゲットー蜂起の情報である。それは彼の心を激しく揺さぶることになる。この歌は、有名なロシア系ユダヤ人の作曲家ドミートリー・ポクラスの旋律を下敷きにしている。短音階の、熱烈で律動的な行進曲のメロディである。その挑戦的で、激励調の歌詞は次の通りである。

断じて言うな、最後の道を歩んでいるのだとは、
鉛色の空が重苦しい日々を覆っていても。
われらが長らく切望してきたその時はそれでも来る、
われらの足音はとどろきわたろう——
われらはここにいる！

青いヤシの国から遠くの雪国に、
苦しみと悲しみを負って、われらはたどり着く、
そしてわれらの血のほとばしりがこぼれ落ちたところに、
われらの力、勇気が芽吹こう。

われらのきょうを朝日が金色に染めよう、
そのとき昨日という日は敵とともに消えうせる、
しかし、日の出と夜明けが遅れるなら——
合言葉のように、

Zog nit keyn-mol az du geyst dem let-stn veg, Khotsh him-len
bla-ye-ne far-shte-ln blo-ye teg; Ku-men vet nokh un-dzer oys-ge-benk-te
sho, S'vet a poyk ton un-dzer trot mir zay-nen do!

譜例 2・2 「断じて言うな、最後の道を歩んでいるのだとは」. Kaczerginski and Leivick, 361

この歌は世代から世代へと歌い継がれよう。
この歌は、鉛によらず、血によって書かれている、
自由な鳥を歌った歌ではない。
壁が崩れ落ちるなかで、一つの民族が、
拳銃を手にこの歌を歌ったのだ。

だから、断じて言うな、最後の道を歩んでいるのだとは、
鉛色の空が重苦しい日々を覆っていても。
われらが長らく切望してきたその時はそれでも来る、
われらの足音はとどろきわたろう──
われらはここにいる！[27]

戦争から数年後、カチェルギンスキはこの歌がつくられたときのいきさつを次のように述懐している。

「ワルシャワ・ゲットーで、生存者たちがユダヤ人の殺戮者にたいする武装レジスタンスに立ち上がった。ゲットーが燃えている！」［パルチザン組織の地下ラジオ放送は速報した］……大ニュースは二行で短く伝えられた……詳しいことはそのときなにも分からなかった……だが、われわれの目には、突如としてワルシャワ・ゲットーに燃え上がる炎と、おのれの尊厳と矜持のために武器を手にして戦うユダヤ人

たちの姿が鮮明に浮かんだのである。休みのない日々。眠れぬ夜。われわれは武装したのである。蜂起のニュースは気持ちを高揚させ、われわれはそれを誇りとした……それが一方的な戦闘であることに苦悶したとしても……われわれは救われた思いがし……気持ちを舞い上がらせていた……

われわれは五月一日に「イディッシュ文学における春」を演題とした夕べを企画した……どの講演者、そして高吟されたどの詩にも、ワルシャワ・ゲットーの戦闘精神が染み透っていた……ヒルシュケ〔グリク〕がそっとそばに寄ってきた。「やあ、どんな調子？　ヒルシュル〔ヒルシュケの愛称〕」――「新しい詩を書いたよ。聴くかい？」――「あのような？　じゃ、読んでよ！」――「いや、いまでなく、明日もってくる。歌われるための詩なんだ」

翌日の早朝、ヒルシュケが私の部屋にやって来た。「じゃ、しっかり聴いてくれ、いますぐ歌おう」と彼は言った。彼は静かに、しかし興奮を隠せない様子で歌いだした。目は小さなきらめきを放っていた……「われらが長らく切望してきたその時はそれでも来る」……彼はそうした確信をどこで得たのだろうか。彼の声は決然とした調子を帯びるようになる。靴で床をコツコツと打ちながらリズムをとり、あたかも行進しているかのようであった……「壁が崩れ落ちるなかで、一つの民族が、拳銃を手にこの歌を歌ったのだ」……われわれは四月の精神とワルシャワ・ゲットー蜂起を生きていた。ヴィルナ・ゲットーのパルチザン参謀は、この歌を戦闘員たちの賛歌とすることを決めた。しかし、人びとはこの決定が下されるのを待たなかった。歌は各地のゲットーに、強制収容所や労働収容所に、そしてほかのパルチザン部隊のいる森へと、すでに広がっていた。[28]

グリクが歌にこめたメッセージが大胆な楽観主義と鼓舞とであるのは論をまたない。それはカチェルギンスキがかくも熱く語っているワルシャワ・ゲットー蜂起の精神に満ちている。そうした精神と、当時だけでなく過去とおそらく来る時代にも連綿とつづくユダヤ人の苦難をためらわずに認めることとを、グリクが両立させえたのはことさら重要である。軍事組織の部隊歌としては意外なことだが、「断じて言うな」は戦いの鬨《とき》の声であるより、ユダヤ人の試練にたいする挑戦的な主張となっている。グリクは歌の背景についていくつかの暗示を与えている。それはゲットーの「崩れ落ちる壁」であり、歌が「民族が……拳銃を手に」する人びとによって歌われたという事実、あるいは「鉛色の空が重苦しい日々を覆っていて」という漠然とした認識である。それにもかかわらず、彼の作品にはなによりもユダヤ人の苦難と生存という、より大きな背景が強く志向されている。

グリクの楽観主義の秘密は、個人よりも集団としての生き残りに歌が果たす役割のうちにある。歌のなかの「われら」は、ただちに明かされているように、パルチザンをさしているだけではない。むしろユダヤ民族を包含する「われわれ」なのである。ユダヤ民族は「青いヤシの国から遠くの雪国」という異国の地を放浪し、ただ「苦しみ」と「悲しみ」を負って、たどり着くたびに新たに血を流してきたのである。ユダヤ人の長い苦難の歴史を想起させるのは、むろんグリク独自のことではなく、当時のほかの多くの歌詞にも共通する。しかしここで興味深いのは、パルチザンたちが、自分たちの個別の体験に漠然としか言及しておらず、もっぱら一般的なメッセージを伝える歌詞に、もっとも強く共鳴したことである。グリクは、第四連ではじめて「この歌は、鉛によらず、血によって書かれている」と聴く者を納得させ、挑戦的な激励が誇張として受け止められないように計らっている。たとえ個々の人間は死に、夜明けが「遅れる」（その漠とした節は、歌詞がもつ意味あいをユダヤ民族の普遍的な運命にまで高めている）としても、ユダヤ民族はいつも誇りをもって「われらはここにいる！」と断言することができる。グリクの信条はそうした決定的な事柄に立脚している。

「われらはここにいる」は、カチェルギンスキの歌にもくりかえしでてくる句である。グリクのように、彼もユダヤ民族の受忍という観念をしばしば反逆と抵抗の精神を通して強調する。自作の歌「ユダヤ人、お前はパルチザン」のなかで彼は、束縛を脱し、武器を手にとるとき、ユダヤ民族の存続が実現することを示唆する。[29]彼は「われらはここにいる」という断言をくりかえし用いることによって、パルチザンが行動に踏み切り、匿名のまま運命に服するのを拒んだことを強調している。この句は一九四三年八月、数多くのパルチザンが森に向けて出征した時につくられた「パルチザン行進曲」のなかで、文字通り鬨の声としてあらわれる［譜例2・3］。

聞け、ＦＰＯ！　〔統一パルチザン機構〕
われらはここにいる！
大胆に、勇敢に戦おう。
きょうパルチザンは
敵を撃破しよう、
労働者の権力を樹立する闘争で。[30]

譜例２・３　「パルチザン行進曲」. Kaczerginski and Leivick, 416

グリク同様、カチェルギンスキがパルチザンのためにつくった歌は、主としてソ連の曲をもとにしている。興味深いことに、一九二〇年代と三〇年代に好評を博したソ連の歌のなかで、もっとも重要な作曲家の幾人かがユダヤ人である。よく知られているのはドミートリー・ポクラスや、彼と同時代のマトヴェイ・ブランテルとイサアク・ドゥナイエフスキーである。彼らの歌にはユダヤ民謡の影響がみられ、重要な特徴は「イデオロギー的な歌詞」（通常は民族主義的なもの）とソ連の革命歌の伝統にそった分かりやすく律動的な音楽形式である。[31]「断じて言うな」やカチェルギンスキの「イツィク・ヴィトンベルグ」（イツィクはイツハクの愛称形）といったパルチザンの歌のいくつかは、革命歌の旋律をそのまま用いている。新たにつくられた歌でさえ、人を元気づける行進曲風の節や頻繁に登場する付点リズム、あるいは短く覚えやすいデクラメーション唱法（「パルチザン行進曲」はその例）に、その影響をはっきりみてとることができる。パルチザンによる歌詞は、ソ連の革命歌に表現された「決意と英雄的行動の心構え」[32]を思わせるのである。

カチェルギンスキの歌が軍歌として用いられ、パルチザンの若者たちの戦意を高揚させたのは明らかである。そのいくつかはゲットーで犯された出来事に直接触れ、「ヒトラー」とか「ファシスト」にずばり言及してさえいるが、一般的にはパルチザンの英雄的な活動を伝える内容である。そうした実録的な歌のなかでもっともよく知られる曲が、彼の「イツィク・ヴィトンベルグ」とグリクの「静かな夜空は満天の星」である。「イツィク・ヴィトンベルグ」は統一パルチザン機構指揮官の拘束から逃亡、そして投降の決断にいたる物語を伝える歌である。「静かな夜空は満天の星」は一九四二年にイツィク・マツケヴィチとヴィトケ・ケンプネルが敢行し、成功させたパルチザンの陽動作戦にかんする記録となっている。[33]

パルチザンの歌はゲットーの歌とはいくつかの点で異なる。第一に、主題を一般にそれほど慎重に扱っていない。もっぱら報復と武力行使を呼びかけ、英雄的なパルチザンによって敵が最終的に打ち負かされる顚末を色鮮やかな絵巻に仕立てている。歌の一部がゲットーの外、つまり森でつくられ歌われたという事実は、当然ながら作詞する者が題材を扱うさいに多くの裁量を与えたのである。二つ目の重要な相違点は、ゲットー生活の精神的な側面のとりあげ方である。パルチザンの歌はたいてい断定的で、激励調をとり、ユダヤ人の勇敢さや英雄的行為を強調する。しかし多くの場合、それらとは異なる種類の反応、たとえば劇場や文芸クラブで歌われた歌に特徴的なためらいや疑問、恐れ、絶望、寂しさなどをとり上げていない。そうしたテーマをめぐる議論がパルチザン運動に役立つこともなかったのであろうから、見当たらなくても不思議ではない。最後に、この二曲からすでに明らかなように、パルチザンの歌の特徴はその譜面にも見出すことができる。既存の旋律を下敷きにしている場合はたいてい、イディッシュ語の歌よりもソ連の歌が使われたことが、両者のイデオロギー上のつながりをはっきりと物語る。パルチザンの歌は通常、集団で歌うものであったため、覚えやすく歌いやすい旋律がつけられた。

唯一、パルチザンの歌と共通点をもつ一群の歌は、主として戦前のドイツの収容所でつくられ、戦時中に収容所で歌われたドイツ人政治犯収容者たちの歌である。ザクセンハウゼン〔強制収容所〕をあつかう次章でみていくとおり、それらの歌は同じように激励調の精神を取り入れ、聴き手を奮起させ、その士気を高めることを目的としていた。しかし作詞をするユダヤ人にとって、自分たちのおかれた状況が収容所の非ユダヤ人の収容者と比べてはるかに厳しかったのは明らかである。彼らの歌詞は暗く、反抗的であり、近づく死と復讐の必要性をよりあらわに表現している。

パルチザンたちの積極的な精神は、若者というとりわけ重要なよりどころを通じてゲットーの一般住民の血に注ぎこまれた。青少年クラブは活気に満ちた親睦の場であった。十代の若者たちが演劇や音楽に専心し、ゲットーの第一級の教授陣の指導のもとでさまざまな教科を勉強した。また、晩に誘いあって来て楽しむ場でもあった。ゲットーの歴史を記録する集まりがつくられ、ゲットーでの言い習わしや歌、冗談、あるいはゲットー生活のなかで生まれた物語を収集した。特別に指定されたクラブのホールで授業が行われ、図書閲覧室や集会室もあった[34]。

カチェルギンスキやスツケヴェルといったパルチザンたちは、クラブで積極的に活動している。学習指導や文化・教育活動を組織し、ひろく子どもたちに希望と刺激を与えた。戦後の記録資料のなかでスィマ・スクルコヴィッツは、クラブの集会がみなを鼓舞していたと回想している。彼女はそこでイディッシュ語の歌を歌い、音楽や作文のコンクールに参加した[35]。ドイツの侵攻時には一四歳の少年であったイツホク・ルダシエフスキは日記のなかで、自分が参加したクラブのさまざまな活動を熱い思いとともに書き記している。演劇の上演やクイズの夕べ、自然観察会、歴史研究会、読書会、それにパーティがあった。その記述からは、彼らがほとんど一日中、一緒に過ごしていたことがわかる。ルダシェフスキの報告は、そこに育まれていた楽観主義と快活な精神、そして人生の謳歌を伝えている。

一九四二年十二月十一日　仲間を見渡した。思いやりのある先生たち、友人、親友のみなを。とても居心地よく、温かく、楽しい。今晩、ぼくらは自分たちが何をし、何ができるかを示した。クラブの会員は歌や詩を用意してきた。夜遅くまで、青春と希望を語る大人の歌を歌った……ぼくらはちょっとさびしい食卓につき、焼きプディングとコーヒーを口にしたが、とても、とても楽しかった。歌が次から次へと大声で歌われた。すでに一二時である。かつてもそうであったように、ぼくらは青春の喜びに酔いしれている。家に帰りたくない。歌が飛び出しつづけ、もはや止まらない。夜遅く解散しよう……きょう、ぼくらは三本の狭い通りに挟まれた場所にいても、若者らしい情熱をもてることを示した。心の病んだ若者がゲットーから出ないことをぼくらは立証したのだ。ゲットーからは、たくましくて快活な強い若者が現れるだろう。[36]

このルダシェフスキの日記は、青少年の養成や指導が重視されていたことを示している。青少年クラブにおけるパルチザンの強い影響力は、その指導がしばしば楽観的で大胆な精神にもとづいて行われ、実地の抵抗運動に若者を備えさせるものであったことを意味する。カチェルギンスキ作の「若人の歌」はクラブのためにつくられ、公式の集会で歌われていた。この曲は、統一パルチザン機構の目的とイデオロギーが若者向けに修正され、つくり直されたことをはっきり示している［譜例2・4］。

われらの歌は悲しみに満ちている、——
われらの元気な歩調は恐れを知らない、
敵が門で警備に立っていても、——
若者は歌いながら突き進む。
　若者は全員、全員、そうありたいと望む者はみな、
　年齢は意味をもたない、
　老人はできる、できる、
新しい、自由な時代の子であることも。

通りをさまよう者はだれであっても、
足を踏みしめて立つ者はだれであっても、
若者はその人を出迎える
ゲットーからのあいさつとともに。
　若者は全員……

われらは敵をみな覚えている、
われらは友をみな覚えている、
われらはいつも思い出すだろう
われらの昨日を、きょうとともに。
　若者は全員……

ともに肩を寄せ合おう、
そして再度、隊列を固めよう。
建築工が行く、鍛造工が行く——
全員、彼らと一緒に行こう！
　若者は全員……[37]

歌詞も、ゲットーの住民であったバスィエ・ルビンの

ヴィルナのパルチザンたち．ユダヤ史研究所の資料より

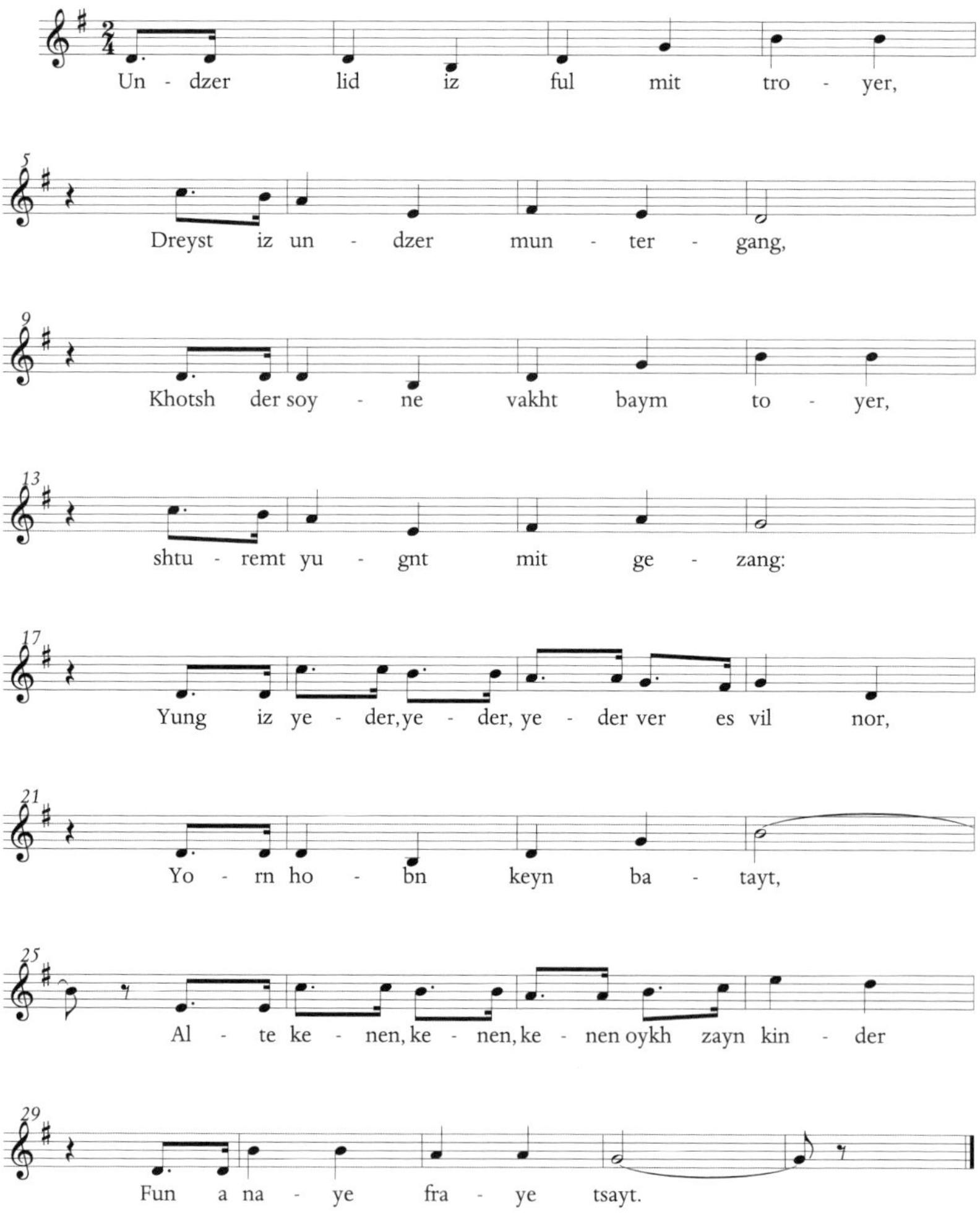

譜例 2・4 「若人の歌」. Kaczerginski and Leivick, 427

作曲した旋律も、パルチザンの歌にみられる楽天的な精神を映し出す。カチェルギンスキが自分に託された若者たちに言わせていることばは、彼らが「恐れを知らず」、「元気」であり、しかも集団から力を引き出すよう彼らを励ます。同じような歌詞や感情が、彼の同志の戦闘員を鼓舞した。集団とその活動が重視されていたことに、われわれはあらためて思い至る。若者たちは勇敢な歌を口ずさみながら「突き進む」よう鼓舞され、勇気を出してみなが「新しい、自由な時代」に生きるよう励まされていた。カチェルギンスキにとっては、「昨日」が若者たちの「きょう」の不可欠な一部として、彼らの思想と行動を形成しなければならないという考えを植えつけることも重要であった。

彼の歌はこうした考え方や原則が若者にとって魅力をもち、若者にふさわしいものであるように入念につくられてもいた。「敵が門で警備に立っていても」、「若者は歌いながら突き進む」という表現は、明らかに未来の行動を暗示している。にもかかわらずここには戦闘とか武器への言及がまったくない。ゲットーの後期になると、クラブは事実上、地下活動の重要な拠点となっていった。この歌もまた、ルダシェフスキが日記に書き記した「若者らしい情熱」や、子どもを「新しい、自由な時代」の力強く誇らしい担い手とみる集団意識に明確な影響を与えた思想を讃える。その旋律はめずらしく長音階で、パルチザンの歌の行進曲形式を踏襲しているが、それらに特有の荘重さや緊張感を帯びていない。

ゲンスとゲットーの劇場

パルチザンの歌で謳われる希望と抵抗の精神は明らかに、彼らのまぎれもない政治目標の喧伝を目的としていた。歌は仲間同士か集会で歌われ、戦闘員を行動へと奮い立たせ、結束を固めさせるのである。しかし、パルチザンの歌はゲットーの大多数の住民の体験を表現したものではなかったことを想起したい。しかも、それらの歌は一般に歌われていたもののごく一部にすぎなかった。ゲットーの解体に先立つわずか数か月でさえ、そうであった。

音楽活動のもっとも重要な舞台は、むしろゲットーの劇場であった。劇場では、劇の全篇上演をはじめイディッシュ語やヘブライ語による合唱、あるいはオーケストラの演奏のほかに、歌と劇を中心としたバラエティ・ショーを上演し、成功を収めている。一九四二年一月十八日に挙行された劇場のこけら落としには、以下のプログラムのいずれかが上演された。ヤアコブ・ゴルディンの「ミレレ・エフロス」とI・L・ペレツの「黄金の鎖」の一部、ハイム・ナフマン・ビアリクの「私は泣きたい」のデクラメーションによる朗唱、エイデルソンとリューベ・レヴィツキ夫妻が主唱する民俗歌謡「わが神、わが神、なぜ私を見捨てたのですか」と「砂と星」、そしてソニャ・レフティクの演奏によるショパンの「夜想曲」ロ短調〔変ロ短調〕である。[38]

劇場での最初期の数回の音楽会は第一回を踏襲し、つながりのないさまざまな曲や芝居の小品からなっていた。それぞれ一回限りの公演であった。しかしたいへん好評であったことから、一九四二年夏からはレヴュー定期連続公演が始まった。それらはゲットーでおそらくもっとも重要な音楽イヴェントであった。劇場監督のイスラエル・セガルが芸術監督を務め、一九四二年半ばから四三年九月までに、四つのプログラムのレヴューが公開され、どれもが何度も上演された。これらのレヴューは、初期のプログラムと同じく、おそらくコンセプトは統一されていなかったが、主としてイディッシュ語の新作の歌で構成され、ゲットーの生活に関連したさまざまな主題をとり上げていた。

レヴューの制作にかかわった中心的な人物は、カスリエル・ブロイド、ミシェ・ヴェクスレル、そしてレイブ・ロゼンタルである。開戦時に三〇代の前半であったブロイドは、ヴィルナのユダヤ人社会で著名な作家、俳優そして監督であった。彼はゲットーで上演されたほとんどのレヴューの制作責任者となっている。九歳年下のレイブ・ロゼンタルは、ブロイドについでもっとも多作なレヴューの脚本家であった。彼の歌の多くは妹のハイェレのために書かれ、彼女によって歌われている。作曲家のミシェ・ヴェクスレルは、ブロイドとロゼンタルの書いた脚本の多くに曲をつけ、劇場専属のオーケストラを指揮した。最初のレヴューとなった「穀物の季節、悲嘆の時代[39]」は、一九四二年の六月か七月に初演されている。二つ目の「決して分かるまい」は、同じ年の十月に公開された。しばらく間をおき、三つ目のレヴューとなったのが「ジェシャから来たペシェ」で、一九四三年六月に初演されている。四つ目の、そして最後のレヴューが「モイシェよ、頑張れ」である。一九四三年九月にゲットーが解体される直前の開演であった。

劇場のこけら落としの音楽会はゲットーで最初の公演でもあったのだが、ゲットーのユダヤ人警察とその長官ヤコブ・ゲンスが後援した。そもそも劇場の開設構想には、ヴィスキンドが一九四二年一月はじめに提案したころから反対の声が少なからずあった。クルクはこの音楽会の前日に記した日記のなかで、公演開催にたいする彼の嫌悪感を書き留めている。彼はほかのゲットーで文化活動が行われることは認めていたが、ヴィルナでは、そのユダヤ人共同体を襲った最近の出来事を思えば、まったく時宜を得たものではないと考えるのである。わずか一月前に作戦行動《アクツィオーネン》が終わったばかりであった。彼をいっそう憤慨させるのは、観客層のエリート的な性格であった。招待客の大半を占めることになったゲットーのユダヤ人警察やユダヤ人評議会の面々とともに、ナチの将校も幾人か招待されることになっていたのである。（歌手のリューベ・レヴィツキが、求められた場合に備えてドイツ語の歌を何曲か用意していたことを、クルクは皮肉って書いてさえいる)。こうした人びとがゲットーの生き残りの者たちが喪中であるときに祝典を挙げるというのは、不道徳かつ無礼であり、彼には許せなかった。こみ上げる怒りとともに、「舞台公演は墓地で行うものではない」と記した。クルクがその有力な活動家であった社会主義団体ブンド〔ユダヤ人労働者総同盟〕は、ほかのいくつかの政治団体とともに音楽会のボイコットを決めた。そして、これをスローガンにした小冊子をゲットー中に配布したが、特別配備された警察の派遣隊の手でほどなく片づけられてしまった。[40]

音楽会はユダヤ人警察副長官ヨセフ・グラツマンの釈明のような開会の辞で始まった。それはこの数か月のあいだに殺害された約三万四〇〇〇人の犠牲者を追悼する弔詞であった。演奏会がゲットーの服喪を冒すものであるかどうかをみるために送り込まれた者たちは、細かい気配りがなされていて共同体の感情を決して傷つけなかったと報告した。また、当夜は醜聞になりかねないと憂慮していたラザル・エプステイン博士は日記のなかで、それが杞憂に過ぎず、「人びとは笑い、そして泣いた。心にのしかかる憂鬱を払いのけようとしていた[41]」と、感想を記した。

音楽会の売り上げがゲットーの社会福祉団体の一つに寄付されたことで、クルクの気持ちもいくらか収まったようである。「ゲットーに飢えた者が一人もいてはならない」と書かれた一文が会場の入口に掲示されていた、と彼は記している。彼は音楽会が成功であったと伝えている。その後も何度か、劇場の出し物が腹立たしいと苦言を呈しているものの、しぶしぶとではあったがしだいに受け入れるようになった。当初、劇場に反対していた者も、抗議しつづけている意味がないと思うようになった。というのも、一月二十五日の二回目の音楽会にドイツとリトアニアの高官が来場しており、そのなかにヴィルナのユダヤ人虐殺に関与したよく知られた者たちがいたにもかかわらず、公然とは異議を唱える者がいなかったからである。[42]

実際のところ、音楽会はまもなくゲットーの住民に広く受け入れられるようになり、劇場が重要な社交の場となっていった。一九四二年三月八日、クルクでさえ次のように認めるのであった。

だが生活がすべてに打ち勝った。ヴィルナ・ゲットーにふたたび生活が脈動する。ポナリという覆いの下から、より良い明日を求めて奮闘するいのちが芽吹きつつある。最初は排斥された音楽会だが、受け入れられはじめている。会場は混みあっている。文芸協会の夕べは聴衆で満席である。[43]

最初の音楽会は、ユダヤ人評議会が事務所を置いているルドニツカ通り六番の、元のイディッシュ語中等学校の講堂で行われた。ところが入場希望者が多く、じきにこの会場では足りないことが明らかとなる。その結果、コンスカ通りにあった元市庁舎の小さな建物が改修されて、ゲットーの公式の劇場がつくられることになった。この二つ目の劇場のこけら落としは、ユダヤ人評議会文化局の後援で一九四二年四月二十六日に行われている。ここでも聴衆の大多数はユダヤ人評議会と警察官であった。[44]

劇場公演は当初から、ユダヤ人評議会とその警察局によって管理されていた。そのため、はじめの数か月間は、上述したように、公演を楽しむことができたのはゲットーのエリートがほとんどであった。クルクは、演奏会やレヴュー、あるいは芝居の小品が、警察やときにはドイツ当局のために上演されたことを、一九四二年一月から四月にかけて何度か記している。[45]

しかしながら劇場が一般住民にとって有用であったのと同様に、ユダヤ人評議会にとっても役立つことがまもなく証明される。ゲットーの状況が一九四一年十二月末から比較的平穏な時期に入ると、評議会は「生きるための労働」という政策を導入した。それは、住民の持続的な生産力がゲットーを存続させ、その後の彼らの生存の可能性も高まる、という主張である。[46]一九四二年七月十五日に行った住民向けの演説で、ゲンスは次のように宣言している。彼はいまやユダヤ人警察の長官職に加えて、ユダヤ人評議会の議長にも任命されていた。「ゲットーが存続するための基本は労働、規律、秩序である。労働が可能なゲットーの住民一人ひとりが、われわれの生存を支える大黒柱である」（強調は原文）[47]。この政策の重要性とその基本的な考え方は、ゲンスの代弁機関であった「ゲットー・ニュース」の一九四三年六月の記事が明らかにしている[48]。

産業の興隆は、ゲットーの生活のもっとも注目に値する新たな局面である。昨年はまだきわめて小規模であった。しかし、今日ではゲットーの雇用を支える土台となっている。現在、およそ三〇〇〇人がゲットーの産業に従事している。そして、その数をさらに四〇〇〇人あるいは五〇〇〇人にさえ増やす努力がなされている。ゲットーの産業と小さな職場の双方において、われわれがいかなる業績もあげられないに違いないとする一般の見方とは逆に、われわれが実際はきわめて有能であり、われわれにとって代わる者を彼らが見つけることができないことを、実証してみせなければならなかった。目下の戦況下で、仕事全般、とりわけドイツ国防軍の仕事は無条件に喫緊の課題である。とりわけ、このところ垂れ込めていた雲が散りはじめており、経済という要因だけがそれを左右するのは事実であると、ゲットーの議長は述べている。そうであるからこそ、われわれは将来とも、生産計画を落ち込ませてはならない[49]。

ゲンスは、その在任期間をつうじてたえず雇用者数の拡大を追求した。ユダヤ人労働者の数は一九四三年四月には一万人以上に達している。ほとんどがゲットーの外にある工場で働いており、主に大型木材を扱う林業および金属産業であった。ゲットー内では、約三〇〇〇人が工作場と軽工業での労働に従事していた。この政策を推進したゲンスが、労働可能な者を救うために、犯罪者や老人、そして病人といった「好ましくない者」を引き渡すことに積極的であったことは、彼を少なからず異論の多い人物にしている。[50]

ゲンスはまた「生きるための労働」という政策を進めるうえで、ウーチのユダヤ人評議会議長ハイム・ルムコフスキのために劇場が果たしていたのと同じくらい重要な役割を劇場が担うことができることに、まもなく気づくのである。[51] 彼は幾度か音楽会の終了後に演説した。ときには労働の意義にかんする自説の宣伝をプログラムに組み入れることもしている。レヴューの「決して分かるまい」について記した一九四二年十月十一日発行の「ゲットー・ニュース」の記事からは、出し物のうち少なくとも一つが、明らかに生産性が重要であることを強く訴える内容であったことが読みとれる。[52] 一九四二年十月に開かれた一連の日曜音楽会は、平日に劇場公演を観にいくことのできない労働者向けであった。それはゲットーでよく知られた実業家であるとともにゲンスの側近であったダヴィド・カプラン＝カプランスキの発案であった。この公演のプログラムは、たいていカプラン＝カプランスキの開会の辞、文化にかんする講演、そしてヘブライ語かイディッシュ語による詩の朗唱ないし歌唱からなっていた。[53]

劇場の開設一周年を祝って一九四三年一月十五日に行われた住民向けの演説で、ゲンスはこの施設を援助する正しさを力説している。彼はユダヤ人共同体におけるその役割について、自分の考えを次のように披歴する。

彼らは去年、劇場が私のたんなる思いつきだと言っていた、「ゲンスは自分で楽しんでいる」と。一年を経て、われわれは何を目にしているだろうか。ゲンスのただの気まぐれなどではなかった。それは絶対に必要であったのだ……ヴィルナの歴史ではじめて、教科の履修課程がすべてヘブライ語になった。すぐれたユダヤ人作家協会をもち、大きな児童養護施設、老人を昼間預かる立派な施設、豊かなユダヤ人の生活がある。保育の水準は、ヴィルナのユダヤ人社会がこれまで経験したことがないレベルに達した。われわれの精神的生活も大いに高まり、すでに文芸コンテストを催した。数週間のうちには音楽コンクールが開催されるであろう。それらはすべて芸術家たちによって準備され、実現したものである。なぜ、そうしようと思ったのだろうか。それはひとえに、ゲットーの現実から逃れることのできる数時間を人びとに与えるためである。われわれはそれをかなえた。暗く、きびしい昨今である。身体はゲットーにあっても、われわれの魂は奴隷ではない。今日、身体は労働と規律を理解する。それは身体を維持してくれるからである。魂はいっそう厳しい使命を理解している。音楽会がはじめて開かれたとき、墓地で音楽会を催してはならないと彼らは言った。それはそうである。しかし、われわれの生活全体がいまや墓場と化しているのだ。神はわれわれが魂を崩壊させることを禁じておられる。われわれの魂と身体は、堅固でなければならない。[54]

劇場公演によって住民を慰安し、ゲットーの現実から彼らが一時的に逃れられるようにすることがまちがいなくゲンスの意図であった。しかし、彼の動機は演説の内容以上に実利的でもあった。公演はゲットーの観客の気持ちを和らげたことから、広範な統制と増産を保証する方策となった。しかも、積極的な抵抗運動にとりくむ気持ちを萎えさせ、代わりに感情的な堅忍の価値を高める助けになったのであった。ゲンスが文化活動を支援し、いくつも創設したのはまさにこの目的のためであるとの指摘が、同時代の文書に数多くみられる。たとえば一九四二年十一月中旬、ゲットーで広まっていたうわさが広範な不安と動揺を引き起こしたことがあった。多くの人びとが隠れ家で洋服を着たまま寝るようになった、とクルクは記している。事態に対処するためゲンスは、うわさを広げたとおぼしき者たちの逮捕を命じ、それだけでなく劇場の公演で住民を楽しませ、安心させるように指示したのである。クルクは、ゲンスとその施策をいつものようにひどく軽蔑しながら「要するに、この悲哀に満ちた時代に面白がっているのだ」と応じている。[55]

ゲンスのとった施策はルムコフスキの場合ほど荒っぽくなかった。ウーチでは、文化活動のもっとも重要な舞台のいくつかがルムコフスキの工場であり、とりわけヘウムノ〔絶滅収容所〕に向けた最初の大量移送が行われた一九四二年以降はそうであった。職場の生活を陽気に描いた寸劇や歌からなるレヴューが上演されていた。フラムは、明らかに組織的な宣伝を目的としていたと思われる歌を少なくとも二曲、工場から収集している。それらは人びとがこなすことを求められていた日々の労働にたいする意気ごみを表現し、「議長閣下」が自分たちの仕事を援助してくれることへの感謝の念を歌っている。[56] ゲンスが劇場で時折しか演説しなかったのにたいして、ルムコフスキは文化劇場でのほとんどすべての音楽会で閉会の辞を述べている。ルムコフスキはまた公的な行事を検閲したほか、ナチの犯罪やユダヤ人犠牲者の絶望をあまりに直截に描写した歌を頻繁に禁止した。[57] ヴィルナの劇場で歌われていた歌のほとんどは、加害者については一切触れていないが、ゲットー生活でのもっとも過酷ないくつかの社会的、精神的な側面をゲンスに反対されることなく取り上げていた。ユダヤ人評議会議長の主たる関心は、むしろ統一パルチザン機構とつながった挑戦的な主張に向けられていた。彼らが状況にたいする唯一有効な対処として積極的な抵抗を呼びかけていたからである。その主張はゲンスの「生きるための労働」政策を危うくするものであり、彼はあらゆる手段を講じてこれと闘おうとした。

このように劇場公演の歌の多くはゲットーの住民が直面する現実をそのまままとり上げる一方で、ユダヤ人評議会の方針と一致する取り組みや行動を奨励した。ある場合は堂々と擁護している。たとえばブロイドの「その時が来た」は、その楽観的な歌詞と、とくに行進曲風の旋律は、ある意味でパルチザンの歌にそっくりである［譜例2・5］。しかし、この作詞家は決然とした「われらはここにいる」の意味を、行動を促すことによってではなく、希望と辛抱が勝利の時を最終的にもたらすと示唆することで和らげるのである。

その時が来た、
われらはここにいる、
われらは遠くを眺める。
再び青空が戻りつつある、
新しい時代が訪れようとしている。
今は真っ暗であったとしても、
われらは辛抱強く待つ、
その日は来るだろう、その時が来た――
そのとき罪ある者が滅びる。[58]

ほかの歌は、もう少しあいまいな形でこのイデオロギーを鼓舞する。あるものは陽気な風刺やユーモアによってゲットー生活をとり上げ、あるいは事の重大性から一時的に目をそらす方便なのであろうが、難題に目をつぶる。なかには強い精神力と毅然とした態度で逆境に立ち向かうことができると示唆するものもある。しかし、絶望しようが、忍従しようが、快活で陽気であろうが、これらの歌を支配するのは受容の感情である。

ゲットー生活の暗い側面を頻繁にとり上げるのは、後期よりむしろ初期のレヴューである。しかしこの場

譜例 2・5 「その時が来た」. Kaczerginski and Leivick, 429

合も、人びとが体験する事柄についての表現はたいてい穏やかで、ときにはゲットーについてただ漠然と触れるにすぎない。ブロイド作詞、ヤンクル・トルピャンスキ作曲による「若枝は木に成長する」は、初期のレヴューの一部として歌われた［譜例2・6］。最初は導入部として、のちには終曲としてであった。これはゲットー生活のとり上げ方の典型的な事例である。

なかなか信じることができない――
ぼろ服をまとい、寒い
そんな冬が過ぎ去ったのを。
わたしの窓から射した
一条の日差しが氷を溶かし、
世界からのあいさつを運んだ。
一つの世界が花開き
白い花盛り、
そして鳥たちが歌を歌った。
　わたしたちにだけ
　灰色で暗い、
　苦しみがあの壁にまといつく、
　弱い日の光が差し――
わたしたちは両手でかき集める。

それは指先を暖めてくれる、
わたしたちはわずかな日の光を家にもち帰り、
それでいくらかしのぎやすくなる、
わたしたちは歌いたい、自由に跳ねまわりたい。

少しばかりの風が
壁の割れ目を抜けてきて、
わたしに小声で秘密をささやいた。
きょう
木の柵の裏で
バラ色の五月〔サンザシ〕がすくすくと伸びた、と。
そして、いとしい風は言っている
かわいい緑の草が
あいさつし
手招きしている、と。
　わたしたちにだけ……

父さんは行った
町で働くために、

はるか遠くまで行かなければいけなかった、かわいそうに。
きょう父さんは持ってきてくれる
美しい緑の葉のついた
元気のよい小さな若枝を。
そう、それは澄んだ水にじっと立っているだろう
そして、若枝は木に成長する。
わたしたちにだけ[59]……

ブロイドの歌詞は、ゲットーを外部世界と並置することによって描いている。「木の柵」の向こう側がみずみずしく、自然が美しい世界であるのにたいして、内側は寒く、陰鬱で、そして暗い。トルピャンスキは独唱部を快活な八分の六拍子にし、合唱部をもう少し憂いを帯びた四分の四拍子とすることで、その対照をきわだたせる。初回と二回目のレヴューで上演されたロゼンタルの「夕闇」やブロイドの「われわれはいつも陰鬱」および「あこがれ」のような歌はどれも同じように、ゲットーにおける孤独感と外の世界からの孤絶を表現している。狭い部屋に閉じ込められた「しおれた」人びと、そして終わりのない霧と夜に包まれた世界を描くのである[60]。

これらの歌に自然界を模した表現が使われるのは、ゲットーの空気を伝えるさいの一般的な手法であった。月はたいてい「おぼろ」であり、花は「しおれ」、そして日差しは「弱い」のである。しかし、死と絶滅の鮮烈な描写やひどい傷心を歌ったグレゼルの「それは夏の日だった」〔一〇二―一〇五頁参照〕の危うい領域に劇場の歌が迷い込むことはめったにない。その代わりに、それらはしばしば「若枝は」と異ならない形式

譜例 2・6 「若枝は木に成長する」. Kaczerginski and Leivick, 368

をとる。すなわち、ゲットーで希望がもてないでいることについての（さまざまな長さの）描写ではじまり、多少は希望がもてて、勇気を与えてくれそうな歌詞で締めくくられるのである。楽観主義は、物事はいつもこうだとは限らない、つまりこの過酷な時代は「いつの日か」終わりのときがくるという事実においては慰めを与えた。ブロイドの「美しい緑の葉」のはえた若枝のように、劇場で歌われた歌の多くは、より明るい未来への希望がやがて灰色の重苦しいゲットーを越えて、大きくて強いなにかに成長することを暗示している。

ゲットーでの生活が不安を増すにしたがって、レヴューはいっそう激励調となり、楽観的になった。ほかの場合もそうだが、そうした変化は住民が受けたあいつぐ精神的な衝撃と、それにたいする順応の各段階とに直接結びついている。すさまじい出来事の直後に受けた衝撃は、しばしば直截な描写によって表現された。順応のほうは、自己防衛的な適応《コーピング》・行動《ストラテジー》にじょじょに立ち戻っていくなかにみられた。状況が悪化するにつれて、希望や慰めにたいする欲求が当然のことながら強まる。「ジェシャから来たペシェ」が上演されたのは一九四三年六月である。このころ、ヴィルナの郊外にあった労働収容所の多くが閉鎖され、収容者の一部がゲットーに戻されていた（ジェシャはそうした収容所の一つである）。その主題歌は心底から明るい一人の少女の物語である。少女は住む家を失い、一人になっても悲嘆にくれない。劇場の観客は勇敢で威勢のいいゲットーの子どもを扱ったいくつかの歌を喜んだ。なかでも人気があったのが「ぼくはコルホーズから来た」や「運び屋少年」、そして自分の悲惨な運命を「口笛と歌」で忍ぶ煙草行商をする孤児を歌った「イスロリク」である。[61]

最後のレヴューとなった「モイシェよ、頑張れ」は、残るユダヤ人がエストニアの労働収容所に移送されていたゲットーの末期に上演された。ショーを演出していたブロイド自身も逮捕され、公演準備が行われているさなかに移送された。レヴューの主題歌は、兄のモイシェを気遣う一人の少年によって歌われる。モイシェは、ゲットーで身を隠せなくなったり、逃げ出せなくなったりすることにおびえている。歌は激励調で、気迫に満ちており、モイシェが諦めず、胸を張り、自由が訪れることを信じるよう励ましている。[62]「より良い明日に向かって、ぼくらは大手を振って歩く」は、これまでよりも明るい未来が訪れつつあるという希望を表明する。またロゼンタルの「われわれは永遠に生きる」は、とりわけ苦難と苦しみの時代におけるユダヤ民族の不屈の精神と強さを謳っている。[63]

劇場のレヴュー公演は明るい未来が近づきつつあると確信をもって人びとを慰めるほかに、純然たる娯楽の機能も果たし、現下の困難から一時的にせよ人びとの気を紛らわした。それがレヴューの最終的な目的であることを、「モイシェよ、頑張れ」の序幕と終幕とに使われた「干しぶどうとアーモンド」が明らかにしている。

というこことで、これでおしまい――
ちょっとは楽しい思いをしたし、
終わりがくることを願おう
この苦しい夜にも。

きょう、ぼくらは君に与えた
なにより大切なものを、
ぼくらを豊かにしているすべてを

君に、じかに与えた。

干しぶどうとアーモンド――
なかなかいい
勇気をわかせ、元気づけてくれる、
同感かい。

干しぶどうとアーモンド、
君の健康に良いはずだ、
ぼくらの苦しみと痛みを
きょう少しばかり忘れるのは。[64]

「干しぶどうとアーモンド」の句は、すでにあった同じ題名の子守唄と関係がある。その子守唄は昔からのイディッシュ語の愛唱歌で、近代イディッシュ演劇の創始者であるアブラハム・ゴルドファデンがオペラ「シュラミス」の一部として一八八〇年に作曲した。原曲の洗練された歌詞は揺りかごで眠る男の子を歌っており、そばにいた子ヤギが市場に出かけて、干しぶどうとアーモンドを持ち帰ってくるというお話である。[65]このゴルドファデンの名曲は、いくつかのゲットーの歌の元歌となっている。ウーチでは、イサヤフ・シュピグルとダヴィド・ベイグルマンが心を打つ悲歌「干しぶどうはない、アーモンドもない」を作詞している。ここでは父親は市場に行くのではなく、家を出て、世界の果てに消えゆく話となっている。ゴルドファデンの旋律にもとづいた「スロヴォトカのタルムード学院にて」という題名をもつ別の歌は、コヴノ〔リトアニア第二の都市カウナス〕におけるユダヤ人の苦しみとゲットーでの死の記憶が未来の世代に伝えられることを絶望的に訴える。[66]「干しぶどうとアーモンド」の句自体がユダヤ民族の伝統の豊かさを喚起させ、新たな状況下で歌われたこの歌は、なれ親しんだ共同体生活から遠く引き離されてしまったユダヤ人の様相をきわだたせる。同時に、とりわけヴィルナの場合は、大切な文化の原型を暗示することで、文化遺産の継承に慰めを得ることへと人びとを向かわせた。

劇場で歌われた希望は、けっして単純なものではない。また、身近な現実に向かい合うことを拒否することから生まれているのでもない。むしろ、その現実を少しでも耐えやすくするための方途であった。演者や作詞家たちは、ささやかな喜びが観客を励まし、元気づけ、たとえ束の間であっても「苦しみと痛み」を忘れさせることを願っていた。しかしながら慰めは、状況を一時的に忘れることから得られるだけでなく、集団という枠組みのなかで状況に立ち向かい、たとえ抑えた言い方ではあっても状況について語ることで得られたのは明らかである。レヴューの歌は、不安や宿命についての問いかけ、過去へのあこがれ、世界からの弧絶感といった、状況にたいする一連の感情にもとづく応答を理解し、是認する。またグレゼルの「それは夏の日だった」のように、孤立した個人の体験を叙述するかわりに、集団への帰属をあらわす「われわれ」が頻繁に使われる。こうしてレヴューは、苦難のなかにある人びとに集団の一員であることを実感させるという重要な役割を果たした。最後に、レヴューの歌は身近な観念や判断を通してゲットーの生活を理解することで、なんらかの意味や慰めを与えようとするものであった。それはほとんどの場合、ユダヤ的アイデンティティにこだわり、過去何世紀もそうであったようにユダヤ民族の存続を確信することによって、成し遂げられたのである。歌は、ユダヤ民族が過去にも苦しんだこと、そしてもっともつらい出来事の終わりを彼らがつねに生きて見届けてきたという事実に慰められるように人びとを励ました。

劇場の先に

ユダヤ人評議会がレヴュー作家の書いた作品に及ぼした影響を正確に見きわめることは不可能である。ゲンスがゲットーの住民を安心させ、自分のプロパガンダを流布させるために劇場公演を利用したのは明らかであるが、もっぱら皮肉にとらえるのも無理がある。人びとがレヴューを楽しんでいたことは知られているとおりであり、公演はしばしば満席なのであった。また、劇場が重要な社交の場として機能していたことも明らかである。人びとはある種の日常的な感覚を取りもどし、共同体という枠組みに心の支えを求めて、誘い合わせて自らの意志で来ていた。当初、劇場に反対していた者たちは、強要されて沈黙したのではない。むしろ、住民の反応が肯定的であったゆえに計画を受け入れるようになったのである。

レヴューの作詞作曲家が主題を選ぶ自由をある程度もっていたことを示す証拠はある。しかし同時に、彼らの歌の上演をかなえていた状況そのものが、彼らがとり上げない選択をした事柄に多大な影響を与えていた。劇場という枠組みの外でつくられた歌の多くが、死の恐怖や信仰の危機、あるいは死と移送にともなう家族の崩壊といった重々しい事象をとり上げていたのである。それらはまた、目撃されたことが重大であり、切迫しているとの観点から、歴史の責務として記録することに注意を払っていた。フラムは、ウーチでも同じような状況であったことを認めている。ウーチではルムコフスキの検閲をかわしながら歌が歌われ、街頭の聴衆の求めに応えて「無力感と希望の喪失」がいっそう公然と表現されていた。[67]ところが劇場音楽がゲットーの生活を描く場合は、そうした重苦しい調子が敬遠された。それがゲンスの関与による意図的な規制によるのか、それとも、観客を励まし楽しませようと本心から思うむしろ作詞家側の自己規制の問題であったのかは、はっきりしない。いずれにしろ、演目にたいするゲンスの統制が絶対的なものではなかったにもかかわらず、劇場で上演された出し物のほとんどにまぎれもなく彼の影響の跡がみられるのである。

劇場の外で歌われた歌は、ゲットーで起きたもっとも痛ましいことの一部である。たとえば「新しい命令がヴィルナに出された」という歌は、ヴィルナ周辺に散在した集落《シュテットル》が一九四三年の春に一掃されたときの出来事を記録している。秘密国家警察《ゲシュタポ》は、それらの集落の住民をヴィルナとコヴノに運ぶように見せかけて列車に積み込み、ポナリに移送した。自分たちに何が起きているのかを理解した犠牲者の幾人かが自然発生的に抵抗し、何人かの警備兵を殺害しさえした。歌は、これらの出来事の詳細を抑制した感情表現とともに描いている。[68] このほかにも、作戦行動によって親を失った子どもたちの出来事を証言する新たに作られた子守唄もいくつかある。「鳥が枝でまどろむ」［譜例2・7］は、一九四三年四月の大量移送で両親を殺された三歳の男の子にレア・ルドニツキが捧げた歌である。

鳥が枝でまどろむ、
眠れ、かわいい子よ。
お前の小さな揺りかごのそばで、お前の巣で、
見知らぬ者が座って歌う。
ルル、ルル、ル、と。

お前の小さな揺りかごが置かれてあった
まるで幸せを織ってつくったみたいな。
だがお前のお母さんは、ああ、お前のお母さんは
もはや戻ってくることはない。
ルル、ルル、ル。

私はお前のお父さんが走っているのを見た
小石の雨が降るなかを、
野に舞っていた
孤児になった子の泣き声が。
ルル、ルル、ル[69]。

イディッシュ語の歌のなかで、子守唄はもっともよく歌われてきた歌謡形式の一つであり、十九世紀半ばにはじまったイディッシュ演劇の伝統の一部をなしてきた。その多くが同じ形式を踏襲している。すなわち母親は来るべき幸せな時をわが子に歌い、子に託す夢を思い描く。父親はしばしば子どもの教育に必要な食べ物や金を稼ぐために町に働きにいっているのである。ルドニツキの子守唄ではこの形式が転倒される。これはゲットーでつくられたほかの多くの子守唄にもあてはまる。母親は「もはや戻って

Drem-len fey - gl oyf di tsvay-gn, Shlof, mayn ta - yer kind.
5
Bay dayn vi - gl oyf dayn na - re Zitst a frem - de un zingt Bay dayn vi - gl
10
oyf dayn na - re Zitst a frem - de un zingt Lu - lu, lu - lu, lu.

譜例 2・7 「鳥が枝でまどろむ」. Kaczerginski and Leivick、387

くることはない」。そして、父親は「孤児になった泣き声」だけとなった子のもとから姿を消すのである。[70]「鳥がまどろむ」はイズィ・ハリク作詞、レイブ・ヤンポルスキ作曲の「家にパンはない」のイディッシュのメロディを下敷きにしている。破滅を描く歌詞と聴きなれた穏やかなメロディとのあいだの張りつめた緊張が、見知らぬ者が子どもを寝かしつけなければならないという胸を刺す、苦悩に満ちた新たな現実を、いっそうきわだたせている。

ゲットーで創作された一連の歌は、ルドニツカ通りのカフェにあった小さな芸術劇場「ディ・ヨゲニシュ・イン・ファス」（大樽への殺到、古代ギリシャの哲学者ディオゲネスの名との語呂合わせ）でも初演されている。ここはユダヤ人評議会の統制の対象からはずれていたようで、上演された出し物は劇場の歌に比べると、しばしばゲットーにたいするいっそう身にしみる、苦悩の感情を映し出していた。なかでももっとも心を打たれるのは、スツケヴェルの「君の白い星のもとで」と一九四三年四月に妻バルバラが死んだあとに書かれたカチェルギンスキの「春」であろう。

前述のとおり、音楽活動は劇場やパルチザン集団のなかだけでなく、青少年クラブをはじめ作家芸術家協会の集会や私的な集まりでも行われた。このため劇場用に新たに作られた歌のいくつかは、レヴューの公演が終わったあとも、こうした場所で歌われている。気持ちを高揚させるブロイドの「きっと奇跡はおこる」と「決して分かるまい」は、劇場の外でもよく歌われた。三つ目のレヴューに登場するレイブ・ロゼンタルの「一、二、三」や「モイシェよ、頑張れ」の一連の楽観的な歌も同様であった。[71]

新たに作られた歌に加えて、人びとは自分たちが戦争前に口ずさんでいた調べを愛唱した。また古い民謡やシオニストの歌を新たに再評価した。愛する町を襲った運命に多くの者が心を騒がせるなか、アメリカのV・L・ウォルフソンとA・オルシャネツキーの有名な「ヴィルナ、ヴィルナ」のような郷愁に駆られる歌が流行った。「わが神、わが神、なぜ私を見捨てたのですか」や「砂と星」、「戯れよ、戯れよ、不吉な風」といった歌に込められた情感は、新鮮な意味と心に訴える力をもった。子どもたちのサークルが、ビアリクの「私は泣きたい」やペレツの「人はみな兄弟」を合唱していた。ソ連やシオニズムの歌は、どちらもより希望がもてそうな未来を提示していたことから広く歌われた。ソ連の歌は、とりわけ一九三九年から四一年にかけてのソ連による占領時代に若者たちのあいだで人気があり、多くの曲がイディッシュ語に翻訳された。ヘブライ語で歌う合唱団によって歌われてもっとも人気を博した歌には「われわれは愛す、祖国よ」や「エルサレム、エルサレム！」がある。また、モルデハイ・ゲビルティグの予言的な挽歌「燃えている」[72]や一連の有名な郷愁の歌や恋の歌も評判を呼んだ。[73]

本書は統一パルチザン機構の活動とユダヤ人評議会の後援のもとで行われた活動とを区別して焦点をあてたが、実際は両者の関係は複雑かつ流動的であり、そのあいだに厳密な線を引くことはできない。たとえば、パルチザン活動家のスツケヴェルは劇場の初代の文芸顧問として登用されている。くわえて、パルチザンたちが事実上代表していた作家芸術家協会の事業を、ユダヤ人評議会がたびたび助成していたのである。[74]

結局、一人もしくは絶対的な人物が、ゲットーの文化生活を代表することはなかった。ある面では、戦前の社会制度が人びとにとって身近な座標軸をよみがえらせ、共同体がそのアイデンティティや意義をとりもどすことのできる環境を整えた。同時に、新しい音楽作品がゲットーのさまざまな出来事や、社会的、政治的活動を特徴づける新しい動向をとらえた。それらはまた、一連の判断や感情表現を積極的に受け入れ、人びとを呑み込もうとしていた新たな現実についての共通の語りを創造するように促したのである。

一九四一年十月以降のこのゲットーをめぐる状況は、総督領やヴァルテガウ〔ヴァルテラント帝国大管区〕[75]

とはまったく異なっていた。ゲットーの開設に先立って実施された殺戮の結果、おもに若い世代と壮健な者が残されたが、約二万人のわずかな人口である。ゲットーに住むほとんどの者が身寄りの誰かを失っている。しかも、何度もの作戦行動《アクツィオーネン》を目撃して、彼らは自分たちを待ち受ける運命をはっきりと理解していた。だからこそ彼らにはことさら楽観主義と共同体の支えが必要であった。そのなかで政治的な者が、さらに士気の高揚や積極的な抵抗運動の重要性を喧伝した。

われわれは音楽活動に安心とか永続性とかを求めようとしても、それがかなう可能性がわずかであることも知っている。音楽が建設的な役割を果たしたとしても、結局のところ人びとの身体的な欲求が精神的な欲求に勝った。それにもかかわらず、これまでみてきたように、ゲットーでは肉体と感情の耐える力がなおも比較的密接に結びついていた。人びとは、心理的にも肉体的にも文化活動の恩恵に浴することができる状況にあった。そして彼らは、普通の生活がいつの日か再びはじまることを想定して、自分たちの共同体の維持に全力を集中し、とりわけ若者を援助し、育成したのである。

以上とは対照的に、収容所はこれより限りなく過酷な状況の総体であった。後述するように、そこでは肉体的な欲求が、もっとも基本的な感情や道徳の役割をもしばしば圧倒した。つづく二つの章では、人間存在とあらゆる面で対立するそれらの施設で、音楽がどのような姿をとったのかをみていくことにしたい。

第三章　過去と向き合う歌――ザクセンハウゼンの生活

収容所の歴史

ナチ親衛隊〔隊長〕兼強制収容所監督官のテオドール・アイケがベルリンの北三五キロのオラニエンブルク近郊にザクセンハウゼン強制収容所の建設を認可したのは一九三六年四月のことである。強制収容所監督局が一九三八年にベルリンからオラニエンブルクに移されると、強制収容所の統治機構のなかでザクセンハウゼンは重要な位置を占めることになる。ヒムラーの一九四一年の区分では、ザクセンハウゼンはダッハウやアウシュヴィッツIと同じ「穏健な」カテゴリーの収容所に分類された。[1]

ザクセンハウゼンの開設は、収容所の統治機構が抜本的に再編されていた時期と重なる。それまでの収容所は、ベルリンの新政府によって一元的に組織されることはなく、諸官庁もしくは地域政党の権限下にあって、一部の施設にいたっては国の監督権がまったく及んでいなかった。収容所は一九三四年から三六年のあいだに拡充強化され、その官僚組織は統一的な基準にもとづいて中央集権化され、組織された。収容規定もある程度まで標準化された。一九三六年にザクセンハウゼン、三七年にブーヘンヴァルト、三八年にフロッセンビュルクとマウトハウゼン、そして三九年にラーフェンスブリュックが新たに建設され、大戦が終わるまで維持された。これらは集約化によって大きな収容力をもつようになり、収容者は通常、親衛隊が経営する事業体に労働者として送り込まれた。初期のすべての収容所はダッハウ（創設時から国の監督下にあった）を除いて解体され、収容者たちは再配置された。[2]

ザクセンハウゼンの最初の収容者は、一九三三年に設立された北西ドイツのオランダとの国境に近いエスターヴェーゲン収容所から移送された者たちである。一九三六年六月末、収容者三人が敷地内の事務所で仕事をさせられることになり、七月十二日に追加の五〇人が到着すると、建物の建設がはじまった。九月末までに、さらに九〇〇人が投入されている。十一月五日にコロンビア・ハウス強制収容所（ベルリン）が閉鎖され、そこにいた収容者がザクセンハウゼンに移された。一九三七年には、ドイツ国内の刑務所や収容所からさらに政治犯収容者たちが移送されている。[3] ナチが政権を掌握してからの数年間、保護拘禁《シュッツハフト》の主要な標的としたのは、対立する政治運動の支持者であった。しかし、その対象はまたたくまに親衛隊が有害かつ反社会的とみなす集団、すなわち、とりわけ同性愛者や犯罪者、ユダヤ人、そしていわゆる「反社会分子」に広げられた。[4]

ザクセンハウゼンには、日常のあらゆるところに格差が存在した。収容者たちは収容理由（政治犯、刑法犯など）[5]や国籍、職能、収容所での履歴、そのほかの偶発的な要因によって大幅に異なる取り扱いを受けた。扱いの差がもっとも大きいと思われていたことのなかには、食事の配分量や配給品、部屋、労働部隊の選定、自由時間の割り当て、手紙や小包を受け取る許可、そして肉体的な扱われ方があった。すべての者が拘禁の試練に苦しんだが、主としてロマとシンティ、エホバの証人、同性愛者、そしてユダヤ人といった特定の集団がとりわけ残虐な扱いを受けたことがはっきりしている。それとは対照的に、ドイツやスカンディナヴィア[6]の収容者ははるかに優遇され、娯楽活動や収容所の外とのやりとり、必要なものを「組織化」[7]する自由をもっていた。

収容者は親衛隊の課した階層秩序《ヒエラルヒー》によっても分断されていた。これは大きな収容所のほとんどにみられたことである。この階層秩序はほとんどをドイツ人政治犯収容者と刑事犯収容者が占める補助要員の組織によって支配された。補助要員にはさまざまな序列があり、収容所責任者《ラーガーエルテステ》、ブロック責任者《ブロックエルテステ》、収容棟責任者《シュトゥーベンエルテステ》、そして労働部隊班長《カポ》や管理事務所《シュライブシュトゥーベ》での従事者がいた。その役職によって、彼らは同じ収容者を監督し、当局もしくは少なくとも他の補助要員の集団と連絡をとることができた。また、居住するブロックや労働部隊の構成員を入れ換える権限をもち、有用な情報や必需品を入手できたのである。その職権はさまざまな形で行使された。たとえば、ブロック責任者のなかには、自分の管理下で収容者が食料を「組織化」するのを助けたり、比較的軽い仕事の労働部隊に配置させたりする者がいた。逆に、自分たちが生き残るために親衛隊にすすんで手を貸す者もいた。元収容者たちの報告によると、刑事犯は後者、政治犯は前者であることが多かった。収容者の階層秩序がその時、「緑」〔刑事犯〕か「赤」〔政治犯〕のどちらに傾くかは、どちらの側の補助要員が相対的に多いかにかかっていた。それによって収容所生活の様相は一変した。

ザクセンハウゼンでは通常、収容者の大半が仕事から解放された夕刻の自由時間か日曜日にだけ余暇をもつことができた。その時間に、彼らは雑談や休息、読書のほか、洗濯や靴磨きといった雑事、あるいは創作にかかわる活動を行った。しかし、そうした形で余暇をもつことがいつもできた収容者はごく一部である。つまり、その機会をもてるかどうかは、収容者が階層秩序のなかに占める位置が大きく影響した。後にみていくが、音楽活動にもまたいくつかの前提条件があった。すなわち、自由時間をもてること、健康に問題がないこと[8]、ブロック責任者か収容棟責任者が寛容であること、そしてときには警備兵が寛大である必要があった。

もっとも充実した自発的な音楽行為は一般に、国籍や政治信条、帰属する宗教で結びついた集団内で行われた。ロシア人とフランス人収容者もまた多彩な内容と幅をもつ音楽活動を行っているが、本章ではドイツ人とチェコ人、ポーランド人およびユダヤ人の収容者の活動をとりあげる。[9]

ドイツ人政治犯、チェコ人芸術家、特権の諸段階

ザクセンハウゼンではドイツ人政治犯が力をもち、重きをなしていた。とくに政党の党員である者は、収容所に到着した時点ですでにいくつかの利点があった。つまりドイツ全国の党員仲間とのつながりがあり、組織で働いた経験を有し、そして明確な政治目標のもとで団結できることである。彼らの多くが一九三〇年代末以前にすでに何年か拘禁されており、抵抗活動を組織する経験をもっていた。ともにナチズムの反対勢力として、自分たちの政治運動を前進させるためにしばしば収容所内で協働していた。共産党の政治犯収容者であるとともに元収容所責任者のハリー・ナウヨックスは、収容者の集団が政治戦略を話し合い、最近の国際情勢について情報交換するために、どのように極秘裏に集まっていたのかを事細かに語っている。[10]だが、ロマやシンティ、同性愛者やユダヤ人の収容者たちは、効果的な抵抗運動を行うための集団的な枠組みを欠いていた。彼らはイデオロギーではなく、その存在自体のために拘禁されていた。彼らがナチ体制に憤ったとしても、その感情を行動に移す手立てを持ち合わせていなかった。くわえて、より重要なことは、彼らが収容者の階層秩序のなかで政治犯たちの強力な組織網とのつながりをもたず、しかも補助要員の役職につくことを許されていなかったことである。[11]

ザクセンハウゼンで音楽活動の機会をもっとも享受したのは、こうした政治犯収容者たちであった。これ

はほとんどの大収容所についてもあてはまる。ただしダッハウでは、必ずしも政党に属していなくても、「特別囚」のドイツ人収容者であればよかった。[12] くわえて、収容所内での組織的な音楽活動は、ドイツ人政治犯がほかの収容者の催しを手助けするつもりがあるかどうかに大きくかかっていた。彼らの支援はいろいろで、楽器や会場の確保、もっとも安全な演奏会の時間帯にかんする情報の提供、あるいは規律違反の行為をただ見て見ぬふりをすることなどがあった。ナウヨックスの証言は、力をもつ収容者がいれば、音楽の上演がどれほど容易であったかを明らかにしている。第一に、収容所責任者が催し会場にいるだけでたいていの場合は親衛隊から「安全」でいられた。彼は親衛隊員がのぞきにくるのをやめさせる力をもち、また危険でも脅威でもない活動であることを首尾よく説得できたのである。政治犯でない収容者は、政治犯のブロック責任者が承知していれば規律違反の音楽活動を行うことができたが、刑事犯の補助要員の管理下にいる収容者の場合は密告される危険があった。娯楽活動にかんする限り、親衛隊当局の寛大な扱いをほとんど期待できなかった収容者は、階層秩序の上に立つ収容者に強く依存せざるをえなかった。[13]

この点で、政治犯収容者の恩恵にもっとも浴したのは、一九三九年十一月にザクセンハウゼンに収容された一二〇〇人のチェコ人学生である。彼らは、ナウヨックスをはじめとする階層秩序の高位を占めた共産党員たちと当初から緊密な関係を築いていた。彼らは第五〇、五一、五二、そして五三ブロックに収容されていたが、そのブロック責任者のなかに「特別囚」のエドガー・ベンナート、パウル・グマイナー、クリスティアン・マーラー、フリッツ・マイスナー、マルティン・シェーラーがいたのである。[14] ブロックのこれらの統率者のおかげで、学生たちはある程度、文化的で知的な生活をおくることができた。学生たちは芸術活動に精をだし、収容所の図書室から本を借りる許可を得、また測量技師や建築家、医師の仕事を割り当てられた者もいた。[15]

一九四〇年一月、チェコ人たちのブロックで猩紅熱が発生したため隔離措置がとられた。疾病がくりかえし再発したことから、収容所司令部は隔離期間を数か月延長した。彼らの収容棟は封鎖され、ほかの収容施設との連絡が絶たれた。ところがナウヨックスと何人かの政治犯収容者は、禁止されていたにもかかわらず、学生たちといくらか連絡をとることができた。実はこの隔離された時期がとりわけ創造的な活動という点で、彼らに著しい自由と自律をもたらしたのである。政治犯収容者に支えられて、彼らは幅広い音楽活動を展開する。学生たちは数多くの公式、非公式の演奏会を開き、評判になるアンサンブルを三つ立ち上げた。[16]

最初の合奏団は、管理事務室で働く政治犯の補助要員の手助けを得て、一九四一年初頭に結成された弦楽四重奏団である。その第一ヴァイオリン奏者は著名な巨匠ボフミール・チェルヴィンカであった。残りの奏者は、カレル・シュタンツル（ヴァイオリン）、ヤン・シュコルピーク（ヴィオラ）、そしてドイツ人の収容者エベルハルト・シュミット（チェロ。チェコ人にチェロ奏者がいなかったため加えられた）である。収容棟内に楽器を持ち込むことは一九四二年まで許されていなかった。このため、補助要員たちが学生のために抜け道を準備した。[17]チェルヴィンカのヴァイオリンを家から送ってもらう手はずが整えられ、ほかの楽員たちは楽器を入手することができた。曲はフランチシェック・マルシャンによって演奏用に特別に編曲された。のちにはベートーヴェン、ブラームス、シューマン、ボロディン、グリーグ、そしてドヴォジャークの作品の楽譜を手に入れている。[18]最初の演奏会は一九四一年の復活節にシラミ駆除棟で開かれた。弦楽四重奏団は思いがけない人気を博し、その後の演奏会はもっと広い会場を用意しなければならなくなった。彼らはシュコルピークがほかの収容所に移されるまで、約三年間演奏した。[19]

二つ目のアンサンブルは四〇人からなる合唱団で、おそらくチェコ人のブロックでのみ上演されていた。マルシャンによって第五一ブロックにつくられ、チェコの作曲家スメタナやドヴォジャーク、ヤナーチェク、クシーシュコフスキー、ネシュヴェラの作品などが合唱団のために編曲された。その水準は高かったといわれている。[20]

アンサンブルのなかでもっともよく知られていたのが、ミレック・ピラルの発案で第五二ブロックにつくられたアカペラの八声部合唱団「ザ・スィング・スィング・ボーイズ」である。[21]当初のレパートリーはおもに戦前の曲であった。ダンスの歌や映画の流行歌、民謡、そしてとりわけジャズの作曲家ヤロスラフ・イェジェックの曲である。歌い方はジャズ風で、即興的であった。彼らは楽器の音を声でまねるのが上手なことで有名であった。持ち歌はしだいに増え、やがてドイツやポーランドのダンス・メロディ、あるいはスペイン、イギリス、フランスの歌が含まれるようになる。[22]

ドイツ人政治犯収容者たちは「ザ・スィング・スィング・ボーイズ」の公演を頻繁に聴きに行っていた。二つの集団のあいだの緊密な関係は、「沼地の兵士たちの歌」や「緑の隊列」、「思いは自由」といった政治犯のあいだでもっともよく知られた歌が合唱団のレパートリーに含まれていることに裏づけられる。相互主義の観点から政治犯もまたチェコの歌を習い、自分たちの音楽会の演目に含めていた。チェコ人の歌い手たちは、夕刻と日曜日の午後の自由時間にブロックを巡って、収容者のために歌っている。彼らは誕生祝いにしばしば歌い、ときにはナウヨックスの求めに応じて、士気を高めるために特定のブロックに立ち寄ることもした。[23]バスを歌い、のちに「ザ・スィング・スィング・ボーイズ」を指揮したカレル・シュタンツルによると、彼らは自分たちの役目を真摯に受け止めていたことが分かる。

われわれのうち一人として芸術を職業として学んだ者はいない。しかし、みなが共通の運命と、音楽と歌を愛するという共通の気持ちによって一つにまとまっていた。それと、われわれを取りまく獣的行動や退屈さにたいする侮蔑の念と抵抗の意志も表したいと思っていた。恒常的な虐待や収容所生活の悲しさ、みじめさにたいして「なにかをする」こと。有刺鉄線を張りめぐらした壁に抗して日々胸を張ろうと努めることにわれわれは専心していた。みな坊主頭で、縞模様のぼろを着、木靴をはいて、上着の胸とズボンに収容者番号をつけて特別記念演奏会を上演する自分たちの姿がいつも脳裏に浮かぶ。われわれの歌唱がどれほど訴える力をもち、そして非人間的な環境と非人間的な時代にありながら、それがどれほど人間的な絆を取りもどさせたのかは、ほとんど信じられないほどである。[24]

チェコ人の学生たちにとって音楽は、戦争前の国民的アイデンティティと収容所における共同体意識を確認する手段であった。彼らは戦前に流行っていた若者の曲を歌っただけでなく、隔離がとけて少し自由に動けるようになると、他国の集団とも接触した。ただ、この点についてシュタンツルは、音楽がなにかしらの意味をもったとしても、収容所生活においてその重要性を誇張してはならないと強調する。この指摘は、音楽を介したそうした機会が大半の収容者にはない特権であることを、同じ立場にあるほかの者たちと同様に、彼が承知していたことを示唆する。そうであったので、彼は自己表現することが許されている自分たちの境遇を心に留め、自分たちがいだく侮蔑感を示し、そして彼らが目にする状況にたいして「なにかをする」ことが大切だと感じていた。[25]

ドイツ人政治犯収容者は、ほかの集団にたいする有益な支援にとどまらず、自分たちが催す定期的な音楽会のなかでザクセンハウゼンの音楽活動をさらに発展させた。その常設化に道を開いた最初の集まりは、共産党員のベルンハルト・ベストラインによって一九三六年のクリスマス・イヴに催されている。大勢の政治犯収容者がそのようにして集まるのは、収容所が開設されて以来初めてであった。当初はハンブルクのドイツ共産党員のための集会であったものが、最終的には共産党のほかの地方支部の党員も多数加わった。ベストラインの簡単なあいさつのあと、熱唱がつづいた。のちには国際戦没者記念日から誕生祝いにいたるさまざまな機会が、同じように士気を鼓舞するための集まりとなった。[26]

これらの音楽の夕べにかんする記述は、証言文献のなかにくりかえし出てくる。[27] 収容所が存続した期間を通して、収容者は自分たちの士気を鼓舞することを一番の目的とした定期的な歌唱の夕べ《シャラーアーベンデ》を企画している。夕べはいつも簡単な演説ではじまり、詩の朗読と歌がつづくのである。ナウヨックスによれば、収容所で落ち込むことや絶望することは危険なのであり、こうした行事を企画する立場にある者は収容者が数時間「スイッチを切る」ことができるようにして、みなの気持ちをなごませたいと願うのであった。個人参加の歌唱は人気があった。というのも、これであれば技術的に誰もが参加でき、事前の準備やきまった練習、読譜の能力が求められることもないからである。また楽器やそのほか隠匿しなければならないような摘発対象の品物も不要だった。とはいえナウヨックスが強調しているように、ザクセンハウゼンの収容者でこうした集まりに参加できた者はごくわずかだった。[28]

歌唱の夕べは明らかに政治的な催しであり、収容所では非合法であった抵抗組織の活動の重要な一角を担っていた（もっぱら共産党員が組織）。政治的な議論や教育は小集団で行うことができるのにたいして、歌唱の夕べはより大きな集団のなかで収容者が「抵抗運動の力に目覚め、強化する」ことを手助けする。その人気によって、歌唱の夕べは結束を固める手段となっていく。ナウヨックスは一九三九年四月十六日に行われた重要な歌唱の夕べについて記している。約二五〇人の政治犯を含む一四〇〇人の収容者の釈放が伝えられた直後のことであった。それは収容所を出ていく者と残って収容所内で地下活動に従事する者との絆を堅固にするために利用された。また一九三九年のクリスマスに催された歌の夕べのなかで、国際的な連帯の強化を目的として、反ファシズムのドイツ人と非ドイツ人とのはじめての集会がもたれた。[29]

歌唱の夕べは収容所という場で人びとがみせた意気込み、そしてもちえた自由という点で例外的であった。しかしながら、おそらくそのもっとも貴重な遺産は、そうした夕べのために特別につくられた数多くの歌集に見出される。それは政治犯収容者がもった影響力のしるしでもあった。こうした歌集はチェコ人の学生たちが隔離されていた一九四〇年一月から編まれるようになり、その多くが戦禍をのがれた。学生には時間的な余裕とある程度の自由があり、しかもなかには多くの芸術家がいたことから、ナウヨックスは彼らに歌集をつくるようもちかけたのである。彼は政治犯たちが歌っていた歌詞をもってゆき、挿絵を依頼した。ナウヨックスは当初、もっぱら自分用の歌集を考えていたが、非常に多くの収容者から感心されたため、追加して制作した。[30]

いまに残る歌集は、政治犯収容者たちの音楽生活を生きいきと伝えている。[31] 大きさはおおむね一二×一〇センチで、小さいもので八曲、大部のものは一五〇曲かそれ以上の歌を載せている。無地に格子縞、もしくは罫を引いた手帳は、おそらく管理事務室で働く収容者によって「組織化」されたものであろう。より巧みで、ほかより音符が注意深く記されたものもあるが、あきらかに収容者はその制作に全力を傾注している。ほとんどが巧みに手書きされたもので、曲名と歌詞の最初の文字には装飾字体が使われている。色鮮やかなぼかしや細かな模様のついた欄外飾りがほどこされたものや、精巧で美しい挿絵が別丁で付けられたものもある。絵のテーマは風景や家、船と航空機、戦車、兵器、動物、あるいは収容所生活の光景など多様である。

歌集の曲目は少なくとも二八五曲をかぞえるが、大方は一九三六年以前からあった歌であって、ザクセンハウゼンとは無関係である。その多くが学校や軍隊、とりわけ労働組合の青年運動で収容者が慣れ親しんでいた歌である。これは音楽活動にかんするかぎり、ドイツ人政治犯収容者が当局の許容する自由を享受しただけでなく、音楽を団体活動に活かす昔からの伝統も継承していたことを物語る。われわれはすでに、ゲットーで音楽がどのように住民に戦前の生活との連続性をしばしば保たせ、また彼らの伝統の諸要素を、その役割や意味するものが変わっても維持させたかに触れた。ドイツ人政治犯収容者は、この過程を収容所においてほとんど同じように実行できた数少ない集団である。彼らのほとんどの歌に、よく似た、判別しやすい音楽上の特徴がある。それは、歌詞の各節が同じメロディのくりかえしで歌われること、一音節に一音をあてること、そして直進的なリズム形式である。そして通常は全音階的長音階の、しかも音域が絞られた歌いやすい旋律をもち、大人数の集団で歌うのに適している。

歌は主題別に見出しをつけて分類され、歌集の構成にもその一部が見てとれる。兵士の歌（軍事的な勝利や部隊の連帯感を強調）、ハイキングと旅行の歌、鼓舞する歌（収容所と直接に関係がなくても、それらは特別な意味をもった）、青春賛歌、愛の歌、春や自然の歌などである。ほかの収容者集団の歌と対照的なのは、批判的な歌詞がまったく見当たらないことである。憤りや報復への呼びかけがなく、ナチ党への言及もなく、悲劇や悲嘆をとりあげることもしていない。ドイツ人政治犯の生活環境がほぼ間違いなくほかのどの収容者の集団よりも芸術的な創作に向いていたにもかかわらず、彼らが誇れる創作曲は実のところ少ない。歌の夕べの目的を考えれば、その選曲になんら驚くべき点はない。歌は精神を高揚させ、士気を高め、また収容者と故郷や共同体との絆を保つ一助なのであった。

歌集には、沼地の収容所[32]やその他の強制収容所、あるいはザクセンハウゼンで書かれた歌も数多く収められている。ザクセンハウゼンにはほかの収容所から収容者が大量に移送されてきており、とくに開設当初の数年間が顕著であった。そして、それらの人びとが自分たちの創作した新しい歌の多くを携えてきたのである。ほとんどの場合、歌集の冒頭におかれたのはこれらの歌であり、「沼地の兵士たちの歌」をはじめとして、「鋤をかついで」や「緑の隊列」「エスターヴェーゲン」「われらは沼地の兵士」「みな、奮起せよ！」「ザクセンハウゼン収容所の歌」「ザクセンハウゼンの森で」「ブーヘンヴァルト収容所の歌」「灰色の隊列」「そしてわれらが行進するとき」、あるいは「リヒテンブルク収容所の歌」などであった。これらの多くはブーヘンヴァルトやラーフェンスブリュックなどの政治犯収容者のあいだでもよく歌われていた。[33]

これらの歌は人びとを鼓舞し、励ますことで人気があった。とりわけ「沼地の兵士たちの歌」と「そしてわれらが行進するとき」は非公式の収容所の賛歌として、集会の終わりにしばしば歌われていた。多くの歌が凱旋調で、快活な行進曲の旋律をもち、歌詞は次に転載した「緑の隊列」のように、楽観主義や同志愛、団結を謳いあげている［譜例３・１］。

ここで何に直面しようとも、
われわれのモットーは同志愛！
誰も本当は調子よくない
だから結束せよ！
緑色の隊列が行進していく
晴れの日も、雨の日も、大嵐のときも。
そしてわれらが有刺鉄線をくぐり抜けるとき、
元気を出せ、沼地の兵士よ！……[34]

これらの歌の多くが収容所生活の情景を包み込み、行進する隊列、強制労働、生活環境、孤独もしくは郷愁の念を描写する。しかし、その描写はほとんどいつも抑制がきいており、激励調の反復句とつり合っている。「沼地の兵士たちの歌」が一例である［譜例３・２］。

目をどこにやっても
周りはすべて沼地と荒野。
慰めとなる鳥の鳴き声は聞こえず、
オークの木がむき出しのまま、ねじれ立つ。
　われらは沼地の兵士たち、
　鋤を手にして行進する
　沼地のなかへ！

この不毛な荒野に
収容所は建っている、
喜びとはまったく無縁なところで、
鉄条網の背後に押し込められている。
　われらは沼地の兵士たち……

……

譜例３・１　「緑の隊列」. Lammel and Hofmeyer (eds.), Lieder aus den fashistischen Konzentrationslagern, 21–2.

しかし、不平を言うまい、
いつまでも冬がつづくことはないのだから。
陽気に、こう言える日がいつか来よう、
わが祖国、再びここにあり、と。
　そのときは、沼地の兵士たちが
鋤を手に行進することはもはやない
沼地のなかへ！[35]

　新たにつくられた歌の大半は既存のメロディを下敷きにし、収容者たちはしばしば特定の政治団体の曲を利用した。たとえば「緑の隊列」は、一九二〇年、三〇年代にもっとも流行った労働歌の一つで、共産党のアジプロ隊〔宣伝・扇動部隊〕「左縦隊《コロンネ・リンクス》」によって有名になった「苦しい生活を送る労働者よ」をもとにしている。収容所のレパートリーのなかで人気のあった労働歌をもとにしてつくられた歌もある。「灰色の隊列」は「たくましき同志」を手直ししたもので、歌詞を変えてはいるが、「われらに日は沈まない」という激励調の反復句は元の

譜例3・2　「沼地の兵士たちの歌」. Lammel and Hofmeyer (eds.), Lieder, 18

ままである。同じように、「われらはガイアーの黒色部隊」（親衛隊第八騎兵師団の歌。十六世紀のドイツ農民戦争の指導者フロリアン・ガイアーにちなむ）をはじめ「フィヒテ行進曲」（哲学者ヨハン・ゴットリープ・フィヒテの名をとった曲名）、「思いは自由」「海賊の歌」といった古くから変わらずにあった労働歌は、挑戦や抵抗の意味合いが付け加えられた。よく知られたこれらの歌は、レパートリーのなかでももっとも人気を博した。[36]

新たにつくられたもっとも重要な歌の一つである「ザクセンハウゼン収容所の歌」［譜例3・3］は、労働歌「農夫らは自由たらんとした」を下敷きにしている。一九三六年から三七年にかけての冬に、収容所のヴァイセンボルン隊長は公式の収容所歌をつくることを決めた。これを受けて、共産党員収容者ベストラインとカール・ヴロッホ、そしてカール・フィッシャーたちが書いたのが次の歌詞である。

われらは歩幅をそろえ毅然と行進する、
苦難と不安をものともせず
われらには希望がある
自由と明日への。

過ぎ去ったことは忘れられ、
なくなり、消えてしまった。
未来は自分のすべてを投げうつことを人に求める、
われらの歌を未来に捧げよう。

われらは気楽に行進しながらエスターヴェーゲンを離れた、
そこは荒涼とした沼地であった、
そして、ほどなくザクセンハウゼンに着くと ——
門の扉は再び閉じられた。

われらは鉄条網の背後で働く
たこのできた手で
全力をあげるが、そのうち苦しくなる、
終わりのない労働。

多くがやってくるが、出ていく者はめったにいない、
歳月は過ぎ去る、
その間に収容所の建設が完成する、
白髪になる者もいる。

生が鉄条網ごしに手招きする、
われらはそれを自分の手でつかみとりたいと思う、
そのとき、のどがひりひりし

Wir schrei - ten fest im glei - chen Schritt, wir trot - zen Not und
Sor - gen denn in uns zieht die Hoff - nung mit auf Frei - heit und das Mor - gen, denn
in uns zieht die Hoff - nung mit auf Frei - heit und das Mor - gen.

譜例 3・3 「ザクセンハウゼン収容所の歌」. Lammel and Hofmeyer (eds.), Lieder, 51

思いはたゆたう。

われらは歩幅をそろえ毅然と行進する、
苦難と不安をものともせず
われらには希望がある
自由と明日への。[37]

歌の作者たちは、歌が収容者の団結を強めるものでなければならないとする点で思いは同じであった。戦後、ヴロッホはそれが楽観主義や「苦難に挑戦」する決意、そして未来への希望であるという意味で、「反ファシズムの精神」をそのまま反映するものであったと指摘した。そして彼は、親衛隊がこの精神を見過ごすことが不可能であったにもかかわらず、そうした使い方を理解するには「あまりにもお粗末」であり、したがってヴァイセンボルン隊長は当初、なにも異議を唱えなかったと断言するのである。しかしながらハンス＝ルドガー・クロイツヘックが明らかにしたように、大規模な収容所の多くで親衛隊はこうした公認された歌を意図的に利用していた。歌の大半が同じように挑戦と自由を求める精神を謳っていた。親衛隊はそうした歌を、収容者を統制していることを示したり、労働現場へ行き来するときの行進や強制的な歌唱教練で人びとを愚弄したりするための手段としていたのである。[38]

ヴロッホはまた、歌詞が書かれるにあたって抵抗精神から「農夫らは自由たらんとした」が意識的に選択された、と述べている。ベストラインにとっては、それがよく知られたメロディであるとともに戦闘的な性格《カンプフカラクテル》をもち、しかも労働歌であることが親衛隊に見破られてはならないという作者たちの必要条件を満たすものであった。しかしくりかえしになるが、その選択は作者たちが考えたほどには危険ではなかった。実際に、収容所が開設されるはるか以前から、この歌を含め多くの歌が左翼政治集団の専売特許ではなくなり、一九三〇年代以降のナチの出版物に登場していたのである。[39]

レパートリーのこうした重複は、敵対する政治集団が十八、十九世紀のドイツ民謡の定番を共有していたという事実から容易に説明がつく。しかし歴史家のヴァーノン・リトケが明らかにしたように、ナチは政敵を攻撃し、労働者を自分たちの陣営に引きつけるために、一九三〇年代をつうじて社会民主党や共産党の歌を故意に流用していた。[40] 政治犯収容者にもっとも人気のあった歌のいくつかは、収容所で歌われていたのとほぼ同じ時期にナチの歌集にも掲載されていた。「そしてわれらが行進するとき」「われらはガイアーの黒色部隊」「たくましき同志」「思いは自由」「われらは若い」「同志よ、太陽へ、自由へ」「ともに肩を並べて行進するとき」ならびに「労働が終わるとき」がこれに該当する。それらの大半がわずかな修正を施すだけでナチのイデオロギーに適合し、それ以外はもとのままでよかったのである。たとえば、「同志よ、太陽へ、自由へ」の冒頭の歌詞は、政治犯収容者の歌集とまったく同様に、ナチの歌集のすべての版に登場する。同じ歌の旋律が、人気のあったナチの小曲「炭鉱と鉱山の同志」にも使われていたし、「行進するとき」にいたってはずっと以前からナチによって元の形のまま歌われていた。[41]

自分たちの目的にあわせて歌を流用するというナチの慣習は戦時下もつづく。政治的な歌も民謡もともに、おそらくは強い共同体色や政治的意味合いを取り除くことで「ナチ化」された。強制的な歌唱教練やそのほかの懲罰のさい、収容者たちはよく知られている民謡の一つを歌うようにしばしば命じられたが、そのすべてが歌唱の夕べの歌集にも載っている。収容所の公式賛歌と同様に、明るくのんきな主題を強制的に歌わせることで、この種の歌は収容者の過酷な現実を嘲笑するものになった。そのなかで、もっともよく歌われたのが「黄色の貨車で空高く」や「森のなかの小屋」「ヘーゼルナッツはこげ茶色」、そして「歌うたいのあいさつ」である。

いらっしゃい、陽気な歌うたいさん、
幾千のあいさつで
このきょうに敬意を表そう
われらの歌を大声で歌おう、
トララ、トララ、トララ、トララ、
こんなふうに歌おう、陽気に[42]……

ナチと共産党が同じ種類の歌を用いる傾向があったことは、音楽の社会的、政治的な役割をめぐる彼らの考え方がみごとに一致していたことを物語る。イデオロギー論的には双方が「市井の人」の音楽を特別視していた。実践論的には彼らは音楽、とくに参加型の歌唱が基礎的な政治思想を伝え、集団をまとめるのに役立つと理解していたのである。戦前の双方の歌集を比べてみると、とりわけ軍事的な観点から、ともに同志愛や連帯を強調し、共通の敵について触れているのは明らかである[43]。

ヴロッホは政治犯たちの活動がもつ工作的な性格と、それを理解できない親衛隊の無能ぶりを強調するが、その見解はほかの人びとからも支持された。ヴィルヘルム・ギルヌスは、殺されたソ連の戦争捕虜たちにささげられた一九四一年のクリスマス会で、収容者が「不滅の犠牲者」の主題をどのように変えて歌ったのかを述べている。彼は、親衛隊が愚鈍すぎて歌に隠された意図を理解できなかったと主張している。カール・

シルデヴァンは、親衛隊が催しにしばしば顔をだし、楽しんでいたにもかかわらず、おめでたいことに、いくつかの歌の奥にこめられた意味を察知することがなかったことを確認している。ハインツ・ヘンチュケも歌を流用することで逆の方向に作用したと主張する。すなわち収容所の一部の歌が昔の軍隊やナチの旋律で歌われたのはたいてい偽装するためであったが、挿話的ないしはひっくり返された歌詞が反体制的な意思表示になっていたという。一例として、ヘンチュケは「われらは沼地の兵士」をあげている。この曲は作者不明のナチの曲に歌詞をつけたものであるが、それとは別に、結びの箇所には二つのヴァージョンがある。一つ目は歌集に載っている「公認」版であり、もう一つは政治犯のあいだでだけ歌われていたものである。[44]

詞1

われらは図太く生きる
勇気をもって耐え抜く
日々は過ぎゆく、
われらもまもなく家に帰るのだ

詞2

われらは図太く生きる
そうせざるをえない限り、

力が湧きしだい、
闘う、ヒトラーを打倒するまで[45]

こうした指摘はいずれも、歌唱の役割にたいする政治犯収容者たちに共通した考え方を示している。彼らは自分たちの音楽によって耐え抜き、危険な抵抗活動に身を挺したのである。親衛隊の取り扱いにどれほど耐えなければならなかったとしても、彼らの政治的な信念と自由にたいする希望が失せることはなかった。これらの主張は、ある種の回顧的な道義的勝利を犠牲者たちにもたらすことができた。しかしながら、前述したレパートリーの重複は、政治犯たちが歌っていた歌の少なくともいくつかが、現実的にはナチにもなじみが深かったことを意味した。したがって、親衛隊が多くの音楽活動にたいして寛容でありつづけたことを、ただの能天気に帰することはできないであろう。

政治犯が秘密裏に活動する必要は実のところなかった、とする指摘が数多くある。親衛隊は定期的に催されていた歌の夕べのことを知っていながら黙認していたという。収容所で政治犯たちが選ぶ娯楽を親衛隊がたいてい大目に見ていたのは、おそらく政治犯たちが収容者の人種的な階層秩序のなかに占めていた位置と収容所の運営において彼らが果たしていた特別な役割のためであろう。多くの証言が、親衛隊の隊員が政治犯たちの行事に姿を現しながら、懲罰せずにそのまま続けさせていたことを伝えている。くわえて、少ないながら収容者やブロックの番号を記載した歌集があることは、隠すことがそれほど重要でなかったことを示している。[46]

このように親衛隊は政治犯たちの活動を知っていて、ときには歌の内容に通じていたにもかかわらず、禁止はおろか規制する必要さえも認めていなかった。この事実からは、政治犯の活動がなんらかの価値をもつ役割を果たしていたことがわかる。少なくともそうした活動は、収容者たちを静め、夢中にさせておく方策であった。どの収容所でも、こうした歌の夕べは音楽活動のなかでもっとも熱心に行われた。規模について知られていることや元収容者による多くの報告から、歌の夕べが士気と集団意識を高める役割を担ったこと、そしてある程度までは地下抵抗組織の運動を支えたことが分かっている。しかし、もし親衛隊が政治犯たちの活動を深刻な脅威として受けとめていたならば、彼らはその自由を享受できなかったはずである。この点を理解することは肝要である。統制していたのは最終的にはナチなのであり、したがって工作が可能となるのは、その方法にナチが同意したときに限られる。後述するように、彼らはほかの収容者集団の自由を完全に否定することができたし、彼らにとって工作活動を摘発することはなんら難しいことではなかった。たとえ存在しなくても摘発できたのである。元収容者G・ヴァッカーナーゲルの見方は、音楽が収容所においてもちえた意味にかんするわれわれの理解を補正してくれる。彼は、歌の夕べが明らかにより高い士気と反ファシズム運動への取り組みを促したことを認めたうえで、それがまずは収容所における日々の生活の重圧を和らげる手段であったということ、そして反ファシズム闘争に果たした役割も、結局のところ限定的なものでしかなかったことを力説するのである。[47]

冷笑、ナショナリズム、ポーランド人の体験

ドイツ人政治犯収容者は、娯楽活動ができるほどに、収容者の階層秩序のなかで相当な力と自由を与えられていた。それによって、彼らは音楽を自分たちの建設的な目的に向けることができた。これとは対照的に、

ポーランド人収容者が接した音楽はより限定されたものであり、しかも劇的に様相を異にしていた。ポーランド人がザクセンハウゼンに到着しはじめたのは、一九三九年九月の戦争勃発から数週間もたたないうちのことである。移送されてきた最初の集団は、ドイツ国内に住むポーランド国籍の少数民族であり、そのなかに九〇〇〇人のユダヤ人が含まれていた。一九四〇年に到着した大量の移送者のうちポーランド人は七〇〇〇人以上を占めている。その多くが聖職者、知識人、軍の将校、そのほか著名な公人であった[48]。

その一九四〇年に、新参のポーランド人の音楽家アレクサンデル・クリシェヴィチの書いた歌が「強制収容所」である。このなかで彼は、ザクセンハウゼンの収容者たちが享受する「平等」を、あてこすりや辛らつなことばを用いて描いている。収容所が「悪魔の巣窟」であるにもかかわらず、皮肉にもそこは誰もが平等なところなのである［譜例3・4］。

強制収容所、むかつくような、ぞっとするような犬、
その評判のひどいこと、
ああ、死体はなぜ親切なしぐさを求めるのだ、
収容所の上着を着ていればみなくそ平等！
ここでは免状は不用、司教が便所を掃除する——
民間人であろうが将軍であろうが、あんたは世界の中心でない！
ラ・ララ、ララ、ララ、ラ、そして司教は便所を掃除する……
おれも掃除している！　ユンパで　ディディダで　ディディダで　ディディダで　ユンパで！
民間人であろうが将軍であろうが、あんたは世界の中心でない！[49]

Kon - cen - trak wre - dny, wre - dny pies, dia - bel - ska je - go
sła - wa, Ach, na cóż tru - pom pań - ski gest, w pas - ia - ku
wszy - stko cha - ła! Dy - plo - mu tu nie trze - ba i
bi - skup scheiss-haus za - mia - ta Czyś ciu - ra, czy ge - ne -
rał, nie bę - dziesz pę - pkiem świa - ta! La - la - la - la - la - la - la,
la, i bi - skup scheiss - haus za - mia - ta!

譜例 3・4 「強制収容所」. 米国ホロコースト記念博物館, RG-55.004.18

戦後、「地獄の深淵からのコラール」を歌う
アレクサンデル・クリシェヴィチ
United States Holocaust Memorial Museum,
courtesy of Aleksander Kulisiewicz

クリシェヴィチの歌のほとんどは、収容所の体験を同様の怒りと冷笑によって描いている。その手法はまた、ザクセンハウゼンにおけるポーランド人のほとんどすべての歌と、内容と形式の両面で通じている。ドイツ人の歌とは異なり、ポーランド人の歌は収容所生活の非情な出来事をとりあげる。そこには、死や苦しみの記述がたびたび登場し、ナチの体制とそのイデオロギーの執拗なまでのパロディ化、そして特定の人物にあてた批判がある。それらは皮肉とブラック・ユーモアを駆使しながら、体制にたいする侮蔑の念をあらわにし、復讐の思いを公然と表現する。そしてたいていの場合、チャールダーシュ〔ハンガリーの民族舞踊〕やタンゴ、フォックストロット〔四拍子のダンス曲〕といった大衆のダンス曲あるいは行進曲の既存の旋律を下敷きにしていた。[50]

ドイツ人収容者たちの持ち歌のほとんどはザクセンハウゼンの開設以前につくられていたが、収容所でつくられた曲も、調子はそれ以上に穏健で、政治的にもより気配りがなされていた。なにも意外なことはない。というのも、彼らが不都合な行為を犯して自分たちの比較的安全な状況を危うくするようなことはありそうになく、彼ら自身が過度に戦闘的になろうとするような環境にもおかれていなかったからである。これとは対照的に、ポーランド人は収容者の階層秩序のなかで低い地位におかれ、ほとんど力をもたず、辛酸をなめていた。このように、ポーランド人収容者には動機があっただけでなく、自分たちの言語で自分たちの運命にかかわる感情を発散する、ある程度の自由を手にしていたのである。

ドイツ人の歌とポーランド人の歌の根本的な違いは音楽の背景にあった。政治犯収容者の歌唱は、団結と士気を高めるためにほとんどつねに集団で行われた。それに比べて、ポーランド人に与えられた機会は限られていた。通常、一人もしくは少人数で催しに行くか、ときおり自分たちが自然発生的に集まって歌うしか

整列するザクセンハウゼン収容所の収容者たち．1938 年
United States Holocaust Memorial Museum, courtesy of
National Archives and Records Administration, College Park

点呼の風景．1940 年

なかった。密かに上演していた者は、たいてい夕刻か週末の自由時間にブロックを巡るのである。そして、貴重な交換品である特別な食料や煙草と引き換えに、収容者仲間の小さな集まりで歌っていた。彼らはいつも親衛隊の警備兵を警戒しなければならず、かてて加えて、見逃してくれそうにない刑事犯の補助要員を避けなければならなかった。この種の秘密裏の上演は、ほかの収容所では日常茶飯事であった。ザクセンハウゼンにかんする知見は限られているとはいえ、その基本的な目的はやはり報酬を得ることにあったようである。たとえ、それが歌い手の動機の一部にすぎなかったとしても、である。その結果として、ポーランド人の歌は、それが収容所の状況やポーランドにたいする愛国心、あるいは自由への希求といった収容者が共有する主題を頻繁にとりあげたものであっても、ドイツ人の場合とは異なって、より個人的な表現をとることになった。

「強制収容所」のなかで熱く主張しているにもかかわらず、クリシェヴィチ自身は収容者の取り扱いが平等とはほど遠いものであることをじゅうぶん承知していた。実のところ、クリシェヴィチが一貫して怒りをぶつけたのは収容所の「特別囚」にたいしてであり、特別囚の収容棟の一つでそうした歌をあえて初めて披露することもしている。[51] クリシェヴィチの歌と収容所における文化活動を論じた彼の戦後の著作に貫かれた挑発的な調子は、一九七〇年代にドイツ人政治犯収容者たちから非難されることになる。彼らの多くがベルリンの芸術アカデミーに送った書簡のなかで、彼の痛烈で否定的な調子を批判し、陰鬱で問題の多い歌が聴衆をひきつけるはずがなかったと主張している。ある者はつぎのように書いている。

これらは収容所で上演されるためにつくられた歌ではありません。それらはいかなる道徳的な力も収容者に与えることができなかったから、それらを歌ったり、聴いたりする収容者をひどく脅かすものとなりました。……まったく否定的な内容で、収容所生活の歪められた姿を提示しています。虚偽であり、したがって普及させるのは不適当です。

氏名不詳のもう一人の投稿者は、クリシェヴィチの著作の刊行にたいしてはっきりと忠告し、その記述が事実を歪曲し、主観的であることに苦言を呈している。そのもっとも衝撃的な点は、つぎの事実であるとしている。

ほかの強制収容所と同様にザクセンハウゼンにもあった友愛の国際的連帯、無数の犠牲者を伴ったザクセンハウゼンにおける反ファシズムの抵抗闘争、そして収容所における文化活動についての言及がこの手稿にはありません。とりわけ、ファシズムの暴挙にたいする収容者たちの団結が、各人の世界観や出自、信念を超えて、ザクセンハウゼンではきわめて固かったにもかかわらず、Kはそれを無視しています。

こうした書簡は、クリシェヴィチの描く階層秩序と特権、そして収容者を団結させるよりも分裂させた要因を強調することにたいしてもっとも強く反論している。投稿者たちは、ドイツ人政治犯が収容者仲間を可能なかぎり助け、権力の乱用を抑えるために闘ったと力説する。さらに、抵抗運動のなかで音楽がなくてはならない役割を演じたことをクリシェヴィチが無視していると糾弾する。彼の歌は得意そうに収容者を説教しようとするけれども、「反ファシズム抵抗運動の闘士たちが催す文化行事は、いつも強固な精神力をみなぎらせ、収容者たちに楽観主義と闘志を授けた」[52]のである。

これらの非難は明らかに政治的な含みをもつ。とりわけ、ドイツ人政治犯収容者たちの記憶を脅かすいかなる言明にも過剰防衛的な素早さで中傷という烙印を押すような場合である。しかしそうした非難は、収容所の特定の集団の体験にはあてはまる音楽の概念を反映しているとしても、ポーランド人収容者の場合にあてはまるかどうかは疑問の余地がある。じっさい証言は、ポーランド人による歌唱活動がまったく異なる印象を与えるものであったことを示している。以下は、クリシェヴィチのコンサートを描写した元収容者アンドレ・グイヤールの記述である。

収容所の看護婦二人が、一人の男をわらの大袋で急ごしらえした名ばかりの舞台につれてきた。アレックスと呼ばれていたこの男は目が不自由であった。眼窩は黄ばみ、両目ともうみでくっついていた。わたしは彼を知らなかった。彼は古参のポーランド人収容者の登録番号をもっていたが、みなのうわさではケチケメート出身のハンガリー系ユダヤ人であった。若かったが、ひどくやせ衰えていた。彼が歌った。両手をあげ、威嚇の握りこぶしをつくった。その声は狂気と憎悪に満ち、そのうえ訴えるようで、しばしば病気の子どもの泣き声のようであった。聴衆は、この独唱者をまるで復讐の神像であるかのように凝視していた。虚脱状態になる病人の収容者も何人かいた。わたしには二つのことばだけが理解できた。「コラール」と「注意せよ」である。二度目の「注意せよ」が聞こえたとき……わたしは気を失った。[53]

クリシェヴィチの出身地を「うわさでは」と解説しているのは、人びとが彼のことを事実上知っており、また彼の活動の細部がひろく知られていなかったとしても、彼の歌唱がすでに大いに関心を集めていたことを物語る。それにしても、グイヤールの描写は、歌唱の夕べにかんする記述とは大違いである。明らかに密度の高い上演であり、聴衆を深く感動させている。しかも、聴衆のおかれた哀れな状況がしっかり書きこまれている。ポーランド語の歌はその題材や上演された状況からして、広範な人気や集団的な士気の高揚を目的とするものでなかったことは明らかである。音譜も集団で歌うのに不向きで、ほとんどが比較的広い声域にわたるとともに半音階法が使われ、テンポのゆらぎ（ルバート）を要求する。それらはむしろ受難の体験と向かい合い、しかも反体制を表現する一つの枠組みを用意しているようにみえる。戦後、クリシェヴィチは、自分の意図は収容所の「ヒット曲」ではなくむしろ「苦しみの歌」を歌うことであったと言明している。[54]人びとがさまざまな危険を承知のうえで彼の上演を聴きに通っていたという事実は、そうした気持ちが彼らに一体感を抱かせ、もしくはそれらをつうじて自分たちの共有する体験のなかに慰めを見出すことができたことを示している。

ポーランド人は、ほかのどの集団にもまして収容所生活の恐ろしさを生々しくとりあげて作詞することにこだわりをみせた。彼らの題材には、ガス殺の犠牲者（「焼かれた母親」）や個々の殺害（「十字架につけられた者」）、そしてクリシェヴィチの歌「処刑」［譜例３・５］のように抵抗した収容者の処刑の描写が含まれる。「処刑」にみられる肉体的な拷問の細かな描写は、同じ類型に入るほかの多くの歌にもよく登場する。

絞首台に一人の男の影。
反抗的な両眼が眼窩から飛び出し
そして光っている、二つのボタンのように……
つやつやした、黄色く、細長い頸――

足には見るに堪えない拷問の痕——
どこにあるというのだ、人間の慈悲は?!! ……
だが誰も叫ばない、エッケ・ホモ! と[55]……

聖書に記されている「エッケ・ホモ」は、くりかえし扱われた主題である。「この人を見よ」を意味するヨハネ福音書十九章五節からの引用は、茨の冠をかぶらされたイエスをさすが、この句にクリシェヴィチの怒りが集約されている。ナチの非人間性と、彼らの犯罪にたいして沈黙を守る外の世界にたいする怒りである。これと似た手法、とりわけ沈黙する傍観者に人間的な同情を求めた悲嘆の訴えは、ほかのポーランド人収容者の作品にもみられる。一九四二年、ワルシャワの詩人でありジャーナリストでもあった二四歳のレオナルド・クラスノデンプスキによって書かれた「地獄の深淵からのコラール」［譜例３・６］には、無関心な世界にたいする絶望感が表わされている。

地獄の深淵からのわれらのコラールを聴け!

Na szu-bie-ni - cy cień czło-wie - ka. O-czy prze-
kor - ne wysz-ły z or-bi - ty i świe-cą jesz - cze jak dwa gu-
zi - ki Szy-ja oś-liz - gła, żół - ta, dłu - ga No-gi best-
ial - sko ska - to - wa - ne Gdzie jest-eś ludz - kie
zmi - ło - wa - nie?!! I nikt nie krzyk - nie: Ec-ce ho-mo!

譜例 3・5 「処刑」. 米国ホロコースト記念博物館, RG-55.004.18

殺人者の耳に響くがよい
コラール！　コラール！
地獄の深淵からのコラール
殺人者の耳に、殺人者の耳に響くがよい
われわれのコラールを聴け、
地獄の深淵からのわれらのコラールを聴け！
注意せよ！　注意せよ！
ここで、人びとが死につつある――
ここに、人びとがいる！
ここに、人間がいる！[56]

クリシェヴィチの病棟での上演にかんするグイヤールの報告は、「コラール」に触れており、前述の指摘〔戦後のドイツ人元政治犯収容者たちの投書。一七六―一七七頁参照〕とは逆に、これらの歌が実際に上演され、しかも聴衆から強烈な反応があったことを裏づける。クラスノデンプスキの歌は「処刑」よりもいっそう明確に、聴いてもらいたいという一つの訴えとなってい

譜例３・６　「地獄の深淵からのコラール」．米国ホロコースト記念博物館，RG-55.004.18

る。双方の歌につけられた節は、それぞれ「エッケ・ホモ」と「注意せよ」の句を劇的に強調することで絶望感を表現している。「コラール」の節はとりわけ痛ましく、淀んだ葬送歌調の旋律を、助けを求めるむなしい叫びが二度だけ突き破るのである。ポーランド人の歌の多くがこうした挫折感や無力感を内包する。それらはまた、自分たちの受難を外の世界に知らせることがポーランド人収容者にとっての関心事であったことを示唆する。そうであればこそ頻繁に、そして強烈に表現されたのである。

ポーランド人の歌の多くが収容所社会の情景を辛らつな、そしてしばしば薄気味悪い皮肉によって描いている。たとえば、クリシェヴィチ作の「強制収容所に行ったお母ちゃんの息子」は、若い収容者の苦難を描くのにナチの婉曲語法を用いている。ゲシュタポの「天使」に出迎えられた男は歯を蹴られ、死体を載せた「優雅」な貨車に乗せられて見送られ、その後、骨つぼに収めた灰となって、母親の手元に「静かに、そして諦めとともに」戻るのであった。同じように「エリカ」（ザクセンハウゼンの労働部隊を監督していたオスカー・マウラー親衛隊大隊指導者[57]の娘の名による）と題された歌は、収容者たちにたいする「すてきな」取り扱いと拷問のような行進教練に無関心な態度をとる少女を描いている。クリシェヴィチは、これらの歌にきわめて特徴的な皮肉とブラック・ユーモアが、収容者社会では有用な適応法《コーピング・メカニズム》であると思われていたことを特記している。[58]

よくとりあげられたもう一つの主題は、ナチのイデオロギーと当局者にたいする歯に衣着せぬ批判である。これらの歌を貫く基調は、終始一貫して憎悪、冷笑、そして不遜である。そして題材からして、秘密の集会でしか上演されなかったことが分かる。「ハイル、ザクセンハウゼン」と題された歌は、ナチ・ドイツの人種的純血主義《ラッセンシャンデ》（非アーリア人との性交渉がアーリア人種を汚染するとの主張）を風刺する。「真っ黒の男べーム」では、ザクセンハウゼンの死体焼却炉で働くひとりよがりの責任者がとりあげられている。この男は自分が焼却した死体のことをいつも自慢げに吹聴するのである。「ゲルマニア」は「低能」の総統をもの笑いにし、また「アドルフは世界に別れを告げる」はヒトラーを「鋼鉄の男スターリン」と比べながら、「性的不能者」「無宿者」と形容する。[59]

クリシェヴィチは戦後の著作のなかで、収容所生活をひと時でも忘れさせるような感傷的で郷愁をおこさせる歌、宗教的な歌、あるいは愛をうたう歌が収容者たちにひろく求められていたことを認めている。[60] それにもかかわらず、この範疇に入るポーランド人の歌がほとんどいつも収容所を扱っているという点で、ドイツ人の歌とは異なっている。「ベルリンの近くに川が流れる」といった郷愁をかきたてる歌でも、ザクセンハウゼンの厳然たる現実と故郷の思い出が並置される。「神の母がわたしを訪れた」では、強制収容所における容赦のない現実とともに、ポーランド解放への熱い思いが歌われている。[61] とりわけダッハウの場合にあてはまるが、ほかの収容所の宗教歌が誠実な信仰心の表出であるのにたいして、ザクセンハウゼンのものは、自分の民の苦しみを知りながら沈黙を守る神へのシニカルな批判となっている。[62] 楽天的とされる歌であっても、その視点は明確に異なっている。ドイツ人の歌は、「未来」「帰郷」、あるいは「自由の獲得」といった穏やかな調子の抽象的な概念を用いる傾向があるのにたいして、ポーランド人の歌にみられる鼓舞は通常、ナチの敗北という観念にもとづいており、絶望的で反抗的な激しい心情と結びつけて表現される。「みよ、ベルリンの近くに！」は、一九四四年にフロイント・フォン・マルチネクとズビグニェフ・コッソフスキがウクライナの革命歌の旋律をもとに書いた曲である［譜例3・7］。

われらが大地は血を流して叫び、
死体焼却炉は煙を吐き出す……

われらの腹が満たされることはなく、
――唇は青黒い。
みよ、ベルリンの近くにわれらの太陽が昇る！　……
われらは奴隷服を脱ぎ捨てる――
よく聞け、おまえら悪党ども！[63]……

ポーランド人の作詞家たちが題材をとりあげるときの激しい怒りと冷笑は、彼らの歌にはドイツ人の場合のような共同体的な役割を果たす意図はなかったことを裏書きする。人びとが自分たちの体験や行動を、共同体という枠組みのなかで受け止めることができたことは重要であるが、それを超えて歌がそうした体験を克服したり、楽観的に説明したりするための手段とはならなかった。前述したドイツ人の元政治犯収容者は、クリシェヴィチの作品がもつ容赦のない否定性と、そこに提示された「収容所生活の歪められた姿」を批判する〔一七七頁〕。しかし、「歪められた」とは誰の視点からみてのことだろうか。ドイツ人と異なり、ポーランド人は収容者の階層秩序の底辺にあって、守るべき「特権的」な地位や掲げなければならない政治目標をほとんどもたなかった。彼らの集まりが密かにもたれていたこ

譜例 3・7 「みよ、ベルリンの近くに！」. 米国ホロコースト記念博物館, RG-55.004.18

とと、より決定的にはポーランド語という要因があったことが、彼らがある程度、自由に破壊活動的な主題をとりあげることができたことを意味した。つまり、彼らは直截にヒトラーに言及したのであり、反ファシズムの心情を公然と表現したのである。しかしながら、言語と強烈な民族主義の帰結として、彼らが収容所のほかの集団から孤立していたことは、創造的な活動にたずさわる機会がそもそも限られていたということなのである。[64]

ドイツ人政治犯には、音楽を自分たちの団結に利用するという長年の伝統があった。事実、彼らの山のようなレパートリーは、まさにそうした伝統をつくりあげてきた歌からなっている。抵抗運動の重要性を歌詞によって強調することで、彼らは収容所生活にたいする踏み込んだ言及を避けていた。収容所での体験が一九三九年以降に比べればはるかに平穏であった一九三〇年代半ばでさえ、収容所の歌は新たに書かれていた。その後、彼らが悪化していく状況を描くために歌詞を変えたり、もしくは新たに歌をつくる必要性をまったく感じていなかったことは印象的である。これらすべては、拘禁されている自分たちの状況を彼らが戦前の生活との劇的な断絶としてではなく、もっぱら一時的な中断とみなそうとしていたからなのである。つまりドイツ人政治犯にとって収容所内での闘争は進行中のより大きな闘争の一環として位置づけられ、解放後もつづくものであった。

これとは対照的に、ポーランド人の経験した収容所の世界は、そうした団結や楽観主義によって特徴づけられるものではなかった。したがって、そうした心情をかきたてることが曲づくりの主要な動機とはならなかったのである。実のところ、ポーランド人たちは行動する力も自由もなく、自分たちの窮状が外の世界から忘れられてしまうことを恐れていた。このようにみてくると、歌それ自体が物語っているように、音楽は彼らが自分たちの苦難を記録できる機会であるだけでなく、それをつうじて強い怒りや憎悪、苦しみをぶちまけ、しかも収容所で体験する不快な現実と対峙しようとするための手段なのであった。

オーケストラ、強制された音楽、ユダヤ人

以上のような自発的な活動のほかに、ザクセンハウゼンには親衛隊当局がはじめた音楽活動もあった。その代表格は、軍楽隊のペーター・アダムを指揮者として一九四二年に創設された公認のオーケストラである。[65] こうしたオーケストラはブーヘンヴァルト、ダッハウ、フロッセンビュルク、マウトハウゼン、アウシュヴィッツなどの大規模な強制収容所のほとんどに存在した。[66] どこでも同様であったが、演奏家たちは楽器を収容所で入手（新たに到着した者の所持品を使用）するか、家から取り寄せる許可の下りたものを組み合わせて使っていた。彼らは演奏の報酬として、パンの追加割り当てを受けとる特権に浴し、もっぱら収容所内での労働に就いた。彼らの演奏はほとんどが、親衛隊か重要な来賓のためであった。レパートリーは主としてドイツの行進曲か通俗的な曲であり、演奏者は通常、自らの手で編曲しなければならなかった。このオーケストラはさまざまな国籍の収容者四〇名によって構成されていた。吹奏楽団として発足したが、翌年までに本格的な交響楽団へと発展し、楽員も八〇名にまで増員されている。[67]

オーケストラの任務の一つは、親衛隊の隊員と収容者仲間を慰安するためのコンサートを行うことであった。現存するプログラムや演奏会のチケットは、それらが公式に許可され、格式をもち、しかもよく準備されていたことを示す。コンサートは収容者たちのブロックか、トロッケンバラッケ（通常、収容者の洗濯物を乾かすために使われた建物）で催されていた。一九四三年四月二十五日から四五年四月八日までの日付をも

つ現存する七つのプログラムは、演奏会が必ずしも頻繁、もしくは定期的には開かれていなかったことを示す。そのうち三つが復活祭、残りはクリスマスのときに催されている。[68]

上演はふつう休憩をはさんで二部に分かれ、八つから一〇の短い曲目が演奏された。レパートリーの大半はオペレッタや「軽い」作品で、作曲家はヨーハン・シュトラウス、フランツ・フォン・スッペ、フランツ・レハール、パウル・リンケなどである。半数ちかくが行進曲、オペレッタの序曲、そして舞曲である。「本格派」の作曲家による曲も多数含まれている。ベートーヴェンの「エグモント」序曲やモーツァルトの「アイネ・クライネ・ナハトムジーク」、ビゼーの「カルメン」の一部、ブラームスの「ハンガリー舞曲集」の第六番、あるいは、ドヴォジャーク、グリーグ、ワーグナー、シューベルト、ハイドン、ヴェルディ、そしてチャイコフスキーからのセレクションといった有名な曲がほとんどいつも定番であった。クリシェヴィチは、親衛隊がおそらく目をつぶっていたとはいえ、ユダヤ人やポーランド人の作曲家の曲がオーケストラのプログラムに「潜り込ませてあった」と主張している。レパートリーは、ほかの収容所のオーケストラのものとおおむね同じである。[69]

こうした演奏会に行くことができる収容者は、おそらく階層秩序のなかの上層に属していた人びとであろう。この見方は証言文献によって裏づけられる。というのも、オーケストラの演奏会にかんする記述はほとんどの場合、政治犯収容者か庇護を受けた別の集団に属する者によって書かれているからである。ノルウェー人の収容者であるオッド・ナンセンは、演奏技術に概して感心していないとはいえ、拘禁中にいくつもの演奏会を聴いている。これとは対照的に、ベルギー人の収容者アンリ・ミシェルにとって一九四三年のクリスマス・イヴの演奏会は「忘れられない」ものであった。その演奏の「突出したすばらしさ」は、「聴衆の気持ちを、彼らの多くが何年も経験することのなかった芸術と崇高さ、そして文化の世界へと誘った」[70]のである。

親衛隊当局にとって、オーケストラはある意味で誇りであり、彼らに娯楽を適宜、提供するためにも存在していた。しかし、それは懲罰的な目的にこそより頻繁に使われていた。たとえば、音楽家たちは陽気なドイツのダンス音楽や行進曲を公開のむち打ちや処刑の伴奏として演奏させられている。こうした音楽による懲罰は、ザクセンハウゼンに限られたものではなく、しかも実はほかにも多くの仕方で行われていた。その筆頭は強制的な歌唱教練であるが、そのほかにも多くの音楽を使った拷問があった。[71]

もっとも頻繁にこれらの懲罰の対象となったのはユダヤ人である。彼らは、特別収容区《ゾンダーラーガー》として知られる、収容所の立ち入り禁止区域に収容されていた。ザクセンハウゼンのほかの大多数の収容者とは対照的に、ユダヤ人収容者が経験した音楽は自発的というより強制されたものであって、自分たちで組織できる活動によって埋めあわせができるものではなかった。それらはどうしても制限され、隠密とならざるをえず、しかも発覚の恐怖といつも一体であったからである。状況はほかのほとんどの強制収容所でも似たり寄ったりである。ユダヤ人に与えられた機会はほかの収容者たちに比べると限られていて、たいていは自然発生的な、ひそかに歌を歌う集まりにとどまった。しかも、ユダヤ人はより頻繁に、音楽による拷問の対象となっていた。[72]

収容者エリク・グッドマンは、一九四一年にザクセンハウゼンを出所するとまもなく、強制労働者としての体験記を書き記している。一九三八年十一月九日から十日にかけての水晶の夜《クリスタルナハト》[73]のあと、彼は約一八〇〇人のほかのユダヤ人とともに収容所に連行された。グッドマンにとって忘れられない思い出の一つが、彼の属した集団にしょっちゅう科された特別な懲罰の仕方であった。

夜も遅く、すでに疲労困憊して、残されたきょう一日の時間を少しでも休みたいと思っているとき、われわれは中庭に立ったまま歌わされるという純然たる虐待を受けた。夜の暗闇のなかで、とにかく歌いつづけるのである。同じことは、ときどき誰かが逃亡を企てたときにも行われた。そうしたときは、逃亡者が捕まるまで、夜通しサイレンが不気味にうなり続けるのであるが、同時に収容者全員が大広場に立ったままでいなければならなかった。食事や休憩もなしで、歌わなければならなかった。この歌唱のさいちゅうに多くの者が消耗の極みに達し、死んだ。[74]

ザクセンハウゼンに拘禁されていたユダヤ人の多くが同様の記憶をもつ。基幹収容所の収容者と同じように、彼らは厳しい日課を課されていた。早朝の起床の合図（夏が午前四時半ごろ、冬はもう少し遅かった）、近在の工場での一二時間にもおよぶ強制労働、そして労働に出る前と戻ったあとに行われる朝と夜の厳格な点呼があった。わけても夜の点呼はしばしば悲惨で、数時間におよぶこともあった。収容者の総数が朝と同じであるかどうかを確認するため、日中に死亡した者は点呼広場《アペルプラッツ》に横たえておかなければならないのである。数が朝と一致しなければ、点呼は終わらない。収容者のなかには、逃亡者が捕まるまで二四時間以上も点呼広場に立ちつくしていたのを憶えている者もいる。夜の点呼では懲罰も行われた。そこでは、公開でのむち打ちや抵抗した収容者の処刑、あるいは「体操」もしくは軍事教練のような集団的な懲罰が科された。[75]

こうした点呼広場での出来事のなかで、グッドマンが記したような強制された歌唱教練が行われていた。歌の題名が告げられると、人びとは正しくかつ軍隊調で、しばしばつづけて数時間も一緒に歌うことを強要された。人びとは寒さのなか、食事抜きの日中の重労働の後に歌わなければならないことがよくあった。そうした身体的な苦痛を別にしても、多くの者にとっては、歌うことを強制されたドイツのたわいない陽気な歌に耐えるのがつらかった。その曲目は、基幹収容所の収容者が歌わされていた有名な民謡と同じで、「歌うたいのあいさつ」「へーゼルナッツはこげ茶色」「森のなかの小屋」、あるいは「黄色の貨車で空高く」などがあった。歌唱教練の長さは当日の士官の気まぐれによって決まった。また、しばしば同じ歌を何度もくりかえし歌わされるのである。調子が合っていないとか、気にくわない歌い方をしていると目された収容者は殴打され、処罰された。一同の歌が下手だとみられると、全員が別の懲罰的な教練をこらえなければならなかった。

基幹収容所の収容者もこうした教練をときには体験したが、特別収容区ではより頻繁に科され、しかも、同時に行われた拷問はいっそうひどかった。ユダヤ人を対象とした音楽による懲罰はこれらにとどまらない。とりわけ宗教者は、しばしば詩篇や典礼歌を屈辱的な状態で、ときには殴られながら歌うよう強制された。ナウヨックスは、一人のユダヤ人が自分の大きな鼻を自嘲する歌を歌わされていたのを憶えている。[76]

音楽を前向きにとりあげたユダヤ人収容者の報告は数が少ない。収容所を一九三九年夏に出所した後に書き記したハンス・ライヒマンは、収容所のユダヤ人は命令されないかぎり歌わなかったことを強調する。彼は、一方でハヌカ祭のある夜、アドルフ・ブルクが収容者仲間に伝統的な歌「砦の磐よ《マオッズ・ツール》」を歌ったときのことを回想している。ライヒマンは、その歌にたいする人びとの感動的な反応について、とりわけ最高齢の収容者の一人が四五年前に学んだバル・ミツヴァの一節を自ら詠唱しはじめたときのことを伝えている。また、一九三九年九月にザクセンハウゼンに収容されたレオン・シャレトは、到着直後に迎えた贖罪の日《ヨム・キプール》におきた心を動かす一つの事件について物語っている。親衛隊の警備兵はその日がユダヤ人の収容者にとってなんの日であるのかを知っていて、特別に残忍な扱いをした。シャレトは、警備兵がひとたび立ち去った後の、夜の出来事をつぎのように描いている。

重苦しい沈黙は突然、憂いを帯びた曲によって破られた。それは古来の祈禱文「コル・ニドレ」のもの悲しい節であった。それがどこから聞こえてくるのかたしかめようと、わたしは立ち上がった。それは壁の近くにいた老人であった。月の光がその上向きの顔を照らしだしている。彼は無我の敬虔な心で、悲しみをさそう旋律と聞きなれた深い感動をあたえる句を、静かに自分に歌い聴かせていた……老人の邪魔にならないように、われわれは静かに座りなおした。彼はわれわれが耳を澄まして聴いていることに気づいていない。別世界に運ばれてしまっているかのように、祈りを最後まで詠唱した。それは句を暗唱していない者にはほとんど聴き分けることができないほどに静かな節回しであった。老齢の震え声はわれわれを呪縛した。最後に彼が黙りこむと、われわれは高揚していた。それは人が落ちるところまで落ちたのち、不滅の祈禱の不可思議な力によって霊的な世界に再度目を覚ましたときにだけ体験できるような、精神の高まりであった。[77]

ユダヤ人の祭日の音楽は、信仰のあつい者にとってだけでなく、宗教上の戒律を守る度合いに差のある収容者にとっても明らかに重要であった。シャレトは一九三九年のハヌカ祭での出来事についても記しているが、そこではユダヤ人の賛歌「希望《ハティクヴァ》」が感動的に歌われている。こうした現象は多くのゲットーや収容所でみられたが、それは人びとが戦前の自分たちのアイデンティティを蘇生させ、集団への帰属意識をもとうとしていたからである。逆説的だが、後述するように、犠牲にさせられた体験は多くのユダヤ人を新しく意味づけされた自分たちの原点に回帰させ、自分たちの伝統を再生させる気持ちを呼び覚ましたのである。しかしながら、こうした即興的な歌唱はむしろまれであった。特別収容区に隔離されたユダヤ人は、基幹収容所の収容者よりも残忍に取り扱われ、与えられた基本的必需品は非ユダヤ人以下であった。しかも行動を厳しく制限されていた。[78]

したがって、彼らが特別収容区で規則違反の音楽活動を組織する機会は限られており、催された数少ない行事もほとんどの場合、非ユダヤ人の政治犯収容者があいだに入ることによって実現した。元収容者のヨーハン・ヒュットナーは、特別収容区でときおり歌唱の夕べが開かれていたと報告しているが、一九四一年のクリスマスの直後に行われた、とりわけ思い出深い夕べのことを回想している。プログラムには「緑の隊列」、ベートーヴェンの輪唱曲《カノン》「友情は真の幸福の泉」の歌詞を「友愛、同志愛、連帯」に変えた余興、「そしてわれらが行進するとき」、著名なドイツ人政治犯収容者のあいさつがあった。ユダヤ人と非ユダヤ人の政治犯たちは、レパートリーの一部を共有するだけでなくて、収容所内で明らかに密につながっていた。ヒュットナーによれば、この内密の公演に基幹収容所から約二五〇人が参加しているのである。[79]

ユダヤ人収容者による常設の音楽集団は、ポーランド生まれの収容者ローズベリー・ダルグート（別名マルティーン・ローゼンベルク）が率いた四部合唱団だけである。すでに戦前からダルグートは音楽界の名高い名士であるとともに政治活動家でもあった。一九〇五年にポーランドで革命運動に加わり、ポーランド警察の手を逃れてオーストリアへ、のちにイタリアへ逃亡している。そして第一次世界大戦中にベルリンに居を定めた。そこで彼はいくつかの合唱団、なかでも児童合唱団を指揮して評判をとった。彼は進歩的で実験的な活動でよく知られ、共産党系のドイツ労働者合唱連盟で活躍した。そして一九二〇年代と三〇年代にベルリンの大きな労働者混声合唱団を指揮して批評家から最高の賞賛を浴びるに至る。「ローズベリー・ダルグート歌唱会」は四〇〇人ちかい団員をかかえる巨大な、大いに成功した事業体であった。会は政治運動にも積極的で、とりわけドイツ共産党のデモや集会で公演し、労働者文化組合や国際労働者救済基金、赤色救済基金といった無産階級の機関を支持していた。一九三三年にヒトラーが政権につくと、ダルグートはその歌唱会とともに活動を禁止される。彼は一九三四年にポーランドに戻り、一九三九年までとどまったが、一九三九年九月に私用でドイツに短い旅行をしたさいにゲシュタポによって逮捕された。そして九月十三日、約九〇〇人のポーランド生まれのユダヤ人とともにザクセンハウゼンに連行された。[80]

合唱団は一九四〇年四月に設立され、団員は二〇人から三〇人であった。ダルグートは自由時間に団員とたゆまず練習していたという報告がある。彼が仕事で頭がいっぱいであったのは芸術的な理由からだけではない。彼は合唱団が緊急の政治指令を伝え、反体制を表明する手段であると考えていた。実のところ、合唱団の存続は彼自身の政治活動と基幹収容所にいた政治犯収容者との密接なつながりに依存していた。第三八ブロック（ダルグートのブロック）が刑事犯収容者によって仕切られていたのにたいし、第三九ブロックのブロック責任者と収容棟責任者は合唱団の活動を支援するドイツ人政治犯たちであった。彼らがそのブロックでのリハーサルや上演を許していたのである。しかも、第三九ブロックにはユダヤ人政治犯が比較的多くいて、ダルグートの努力を手助けする用意があった。また、ダルグートは収容所にいる戦前からの知り合いを訪ねることができた。そして合唱団を運営するために幾人かの「特別囚」をあてにすることができたのである。そのなかにはとくにナウヨックス、アウグスト・バウムガルテ、アントニーン・ザーポトツキー（のちのチェコスロヴァキア大統領）、それにポーランド人の収容所医師スタニスワフ・ケレス＝クラウツがいた。

合唱団の活動にかんする情報は乏しい。それを知る者のほとんどが生き残らなかったからである。稽古や上演は規則違反であったので、露見しないためには慎重に機密を守る必要があった。このことは、おそらくその存在をほとんどの収容者が知らなかったことを意味しよう。しかも、少なくとも最初のころはユダヤ人ブロックでしか上演できなかったのかもしれない。非ユダヤ人の収容者であったヴェルナー・ハーフェマンは、到着まもないダルグートに、収容所で合唱団を指揮する気持ちがないかと尋ねたのを憶えている（自分が必要とする新参者を探しだせたハーフェマンは、あきらかに収容者の階層秩序で高い地位にいた）。このときダルグートは断った。ハーフェマンは戦後、ダルグートがのちに創設した規則違反の合唱団をまったく目にしなかったことに驚いている。その理由についてハーフェマンは、合唱団の存在が完全な規則違反であったために知るよしもなかったか、自分が収容所を去ったあとに創設されたかしたためである、と述べている。ハーフェマンは一九四〇年十一月までザクセンハウゼンに拘禁されていた「特別囚」であり、彼が合唱団と出会うことがなかったということは、当時、合唱団が一般の収容者たちにあまり知られていなかったことを暗示する。のちに親衛隊が一九四一年夏から到着しはじめたソ連の戦争捕虜のようなほかの集団への対応に追われるようになると、合唱団は特別収容区以外の収容棟でもさらに自由に上演できるようになる。ヒュットナーは、親衛隊が警戒をゆるめるクリスマスと新年とのあいだの時期に、基幹収容所の「政治犯」ブロックでときおり公演することができたと報告している。[81]

　合唱団のレパートリーにかんする参考文献も限られている。ヒュットナーが憶えているのはわずか二曲、ゲーテの詩をもとにした「トゥーレに一人の王がいた」と、イディッシュ民謡のメロディをもとにしたドイツ語の歌「十人の兄弟」である。収容生活のなかでダルグートとの友情を深めたクリシェヴィチもまた、彼が「ユダヤ人の死の歌」と呼んでいる「十人の兄弟」について回想している。[82]元になったイディッシュ語の歌は、哀れな運命をたどった十人兄弟についての物語である。貨物と亜麻布をあつかう商人で、最後の一人を残して一人ずつ死んでいく。イディッシュ語の歌に特有の悲喜劇的な精神と一つになって、その反復句はいたずらっぽく「ああ、ヴァイオリン《フィドル》のシュメルル、コントラバスのテヴィエ、／通りにいる俺のために短い曲を演奏しておくれ！[83]」と記す。ここに転載したのは、収容所で歌われたドイツ語版である［譜例3・8］。

われらは十人兄弟だった、ワインの商売をしていた
一人が死んで——　九人になってしまった。
ああ《オイ》ーああ！　ああーああ！
ヴァイオリンのイドル［小さなユダヤ人］、コントラバスのモイシェ、
短い歌を歌っておくれ、われらはガスのなかにいかなきゃならないから！
兄弟のなかで自分一人が残された、いまや誰と一緒に涙を流せばよいのか？
ほかは殺されてしまった！　九人全員を思いおこせ！
ああ《オイ》ーああ！　ああーああ！
ヴァイオリンのイドル、コントラバスのモイシェ、
俺の最後の哀れな歌を聴いてくれ、俺もガスのなかに行かなきゃならないのだから！
われらは十人兄弟だった、
われらはだれ一人傷つけなかったのに。[84]

クリシェヴィチによると、ダルグートとその合唱団は一九四二年の末に、まもなくユダヤ人収容者がアウシュヴィッツ＝ビルケナウか、マイダネクに移送されることを知った。予定された移送の三週間前に、ダルグートはこの新しい歌を書いている。「十人の兄弟」の長さを一〇の連《スタンザ》から二つへと短くし、歌詞を一部変えるとともに、多くの収容者が理解できるようにドイツ語に翻訳した。それは、特別収容区のドイツ系ユダヤ人だけでなく、おそらくより重要なこととして、基幹収容所にいたユダヤ人ではない政治犯収容者を想定してのことであった。ドイツ語版の「ガス」ということばには冷笑的な意味がこめられている。新しい歌

では、ユダヤ人の楽士たちはもはや「通り」にいる兄弟たちのために歌うのではなく、いまや彼らが「ガス」〔室〕に送り込まれようとしているから歌うのである。この部分の句は、新しい節回しのなかで強調されている。

よく知られたイディッシュ民謡の原曲を使いながら、それを新たな状況に置きかえることによって、ダルグートは昔からのユダヤ人の伝統を継承した。実のところ、この歌はこれまでに何度も手直しされ、連綿とつづくユダヤ人共同体の変遷を反映してきた。[85] ダルグートはユダヤ教を実践せず、ユダヤ風でない名前に改名までしているが、そのようなダルグートに収容所体験がまさにユダヤ人の哀歌を書かせたことは興味深い。この歌について彼と詳しく話したことのあるクリシェヴィチは、原曲の反復句（「ヴァイオリンのシュメルル……」）にとりわけ手が加えられたことを明らかにしている。それは、この歌になじみのない聴衆に、それがユダヤ人について歌っていることをはっきり分からせるためであった。[86] ユダヤ人の典型的な感嘆詞「ああ《オイ》」を反復句の冒頭におくことによって、ダルグートは戯画化といってよいほどの強調を行っている。ダルグートと彼の仲間の収容者たちが、たとえそのときの絶望的な状況下だけであったとしても、ユダヤ人の運命共同体について歌うことにしたのは、ゲットーでの場合と同じように、ユダヤ人が過去との絆をつむぎ、自分たちの体験をユダヤ民族の歴史的な道程に位置づけることに意味を見出していたことを示している。この出来事はここではいっそう印象的である。というのも、ドイツ系ユダヤ人こそがザクセンハウゼンにいたユダヤ人の大部分を占めていたのであり、ゲットーにおける東ヨーロッパのユダヤ人よりも歴史的に同化が進んでいたからである。

基本資料が不足しているため、合唱団の活動史についてこれ以上詳しく知ることは難しい。とはいえ、ダルグート個人にかんする少なからぬ数の証言記録は、彼が合唱団とともに成し遂げたいと望んでいたことや

譜例3・8 「ユダヤ人の死の歌」. 米国ホロコースト記念博物館, RG-55.004.23

その特徴をはっきりと伝えている。シャレトは、ダルグートの非妥協的ともいえる誠実さについて記している。そしてダルグートが「特権的」な役職についていたにもかかわらず、精神的に堕落したまわりの状況にいっさい屈することがなかったと説明する。生き残ったほかの収容者たちも、ダルグートのことを尊敬の念をもって話し、彼の活力と迫力、そしてとりわけ周囲の者が彼から受けた刺激を回想している。[87]

ダルグートが自分の音楽をみなの士気と団結を強める有効な手段とみなしていたことは明白である。彼はそうした意図を誠実に、確信をもって追求した。そのうえ、「死の歌」は次のことを示唆している。すなわち、ダルグートにとってユダヤ人としてのアイデンティティを再確認することは、ユダヤ人収容者が自分たちに何が起ころうとしているのかを解釈する一つの手だてであり、そしてユダヤ人ではない収容者の共感を得ることが彼にとって同様に重要であったということである。このように、音楽活動は特別収容区にいた集団をただ慰安するだけではなかった。それは自分たちが経験した事柄を外の世界に伝え、またたぶん彼らの苦しんだ出来事が証言され、記憶されることを保証する一つの方策なのであった。

しかし、ザクセンハウゼンの現実はユダヤ人収容者にわずかな息抜きしか与えなかった。彼らは、重労働と不条理な暴力の連鎖のなかで、生存するための闘いがすべてに優先する世界に生きていた。そうした状況ではもはや音楽が営まれつづけることはできない。じっさいに、現存する数少ない歌以上に、歌の不在こそが収容所におけるユダヤ人の体験を雄弁に物語っている。自由意思で音楽を上演する機会はどうしても限られ、収容所の状況の悪化にともなって次第に困難となった。時がたつにつれて、人びとの精神的、肉体的な状態はじょじょに崩壊していった。クリシェヴィチは、ダルグートが収容生活の後期にはベルリン時代の自分の歌唱会について同じ話をくりかえしするようになり、急速に衰弱していたことを回想している。合唱団が一九四二年十月に行った最後のリハーサルにかんする記述は、当局側がユダヤ人の活動に驚くほど不寛容であったことを裏書きする。そして、ナチの統治機構下でユダヤ人に与えられていた自由がいかに限られていたかを思いおこさせるのである。この事件を目撃したクリシェヴィチによると、親衛隊の隊員数名がブロックを強襲し、合唱団の全員を外に追い出して懲罰の教練を科した。彼らは「死の歌」のリフレインを歌わされながら、半裸で「体操」をさせられた。多くの者がその場で死亡し、残りの者は点呼広場に夜通し立たされた。その月に、アウシュヴィッツへのユダヤ人の移送が行われ、ダルグートもそのなかにいた。[88]

ザクセンハウゼンを回想する

ナチの収容所に関連したほかの多くのテーマと同じように、音楽は顕彰の政治学に従属してきた。ザクセンハウゼンの場合、戦後に長らくドイツ民主共和国〔旧東ドイツ〕の主権下にあったことから、当然のことながら公的な記憶は共産主義思想によって形づくられた。音楽にかかわる研究プロジェクトの関心は、他集団の記録資料が（豊富とはいえないまでも）ひとしく入手可能であるという事実があったにもかかわらず、あたかも全体を代表するかのようにドイツ人政治犯収容者の活動に絞られた。ほかの収容者集団の活動について検討された場合も、議論は音楽の役割にかんするドイツ人政治犯収容者の考え方にもとづいて、とかく枠づけされがちであった。つまり、音楽が抵抗闘争の強力な武器であり、士気と集団の連帯を鼓舞する手段と考えられたのである。[89]

収容所内の力学をより正確に理解するためには、こうした硬直した方法論を克服する必要があろう。これまでにみてきたように、国籍、宗教、階層秩序のなかで収容者が占める位置、あるいは職場やブロックへの配置といった変数によって、一個人の日常生活の経験は根底から変わった。音楽の場合、それぞれの集団のなしうることは驚くほど異なっていた。なによりもドイツ人政治犯収容者には、収容所に着いた時点ですでに歴然とした強みがあり、当局が許容する自由を利用できるという有利な立場に立っていた。そうした強みの一つが、とりわけ集団をまとめるために音楽を利用するという伝統的な考え方であった。ほかの集団はそれと比べて無力な状態にあり、音楽が果たしえた役割をめぐっての体験も同様に異なったのである。

ノルウェー人の収容者ナンセンは日記のなかで、気晴らしが収容所で不可欠であったとする娯楽についての考え方にためらいをみせている。「特権」をもつ収容者であった彼は、日記をつけることができたばかりでなく、「特別囚」のブロックで開かれる音楽行事にたびたび通うこともできた。彼はそれを大いに楽しんだが、一方で、日記のなかで自分とほかの収容者たちとの体験の差異をあえて併置しようとするのである。

〔一九四四年〕五月八日。昨日、〔ブロック〕二五で宴会があった。これに参加した。おもしろかった。しかし、そうしているわれわれがいる一方で、〔診療所の《レヴィール》〕死体置き場では死体を荷車に放り投げるのに忙しくしていると思うと、背筋が寒くなる。死体はひどく傷んでいて、彼らがもともと何人であったのかを数えることさえもできない。まさにあの朝、われわれとちょうど同じ時刻に労働に出た、わが「同志」たちの遺骸。人を完全な絶望に追いこむには、ときおり気を落ちつけて、それらの真の姿を直視することで十分だ。しかし、実際はそうしてはいけないし、そんなやり方はいけない。生きていけなくなってしまう。だから死体を放り投げている者がいても、歌を歌っていることは正しいのだ。

〔一九四五年〕二月十二日。ことばは使い果たされた。自分でも使い尽くした。自分の目で見たその惨状を言いあらわすことばは尽きた……。ブロック一三と一四のあいだの隔離地区でのことであった……。ダンテの地獄もこれほどに凄惨ではなかろう。一〇〇〇人以上のユダヤ人だった。つまり、かつてはユダヤ人であり、人間であったが、いまは生きた骸骨、狂わんばかりに飢えた邪鬼。彼らはごみ箱に身を投げ、というよりなかに飛び込み、頭や肩まで突っ込んで、しかもいちどきに何人もがである……。しかし、最悪なのは、その間、ひっきりなしにゴム製の警棒が浴びせられていたことだ……。夜はブロック内で、コンサーティーナ〔アコーディオンの一種〕の演奏と歌、そして怪気炎。一緒に歌い、陽気に騒いだ！　こんなことがあってよいのだろうか[90]。

ナンセンの観察はいくつかの重要な点で、全体像を補完する。第一に、収容所における「特権」は、それによって便宜が得られるとしても、あくまでも相対的な概念であった。仲間の収容者を助けるために力を尽くしていても、最後は自分の生存を守るためになんでもするのである。この見方に立つと、階層秩序と「特権」にかんする考察は、回顧的な判断を必要としない、むしろ収容者が収容所生活とどう向かい合い、互いにどうかかわりあうことができたのかをそこから考えることのできる重要な俯瞰場所なのである。そのことは強調されなければならない。ナンセンの報告が示すように、収容所では他者の大きな苦しみを知っていたとしても、自分の苦悩を消し去ることも、その者が行う一連の適応行動《コーピング・ストラテジー》をなくすこともできなかった。「それらの真の姿」と向かい合うことに現実的に耐えることのできた収容者はわずかである。音楽がたとえ収容所生活の二次的な要素にすぎなかったとしても、収容者たちの苦闘のなかで役割を果たしたことを示す明確な証拠はある。しかしながら、音楽がもちえた役割を収容所の複雑な社会構造と切りはなして理解してはならないことを、ナンセンは気づかせてくれるのである。

音楽はしばしば、移送されてきた集団が新しい環境に適応するためのもっとも重要な手段の一つであった。それは音楽が以前の生活環境のなにかしらを復元するのに役立ったからであり、またかつての集団のアイデンティティを強めたり、保ったり、あるいは回復するのに有効であったからである。どの集団であるかによってその過程がまちまちであるとしても、音楽はまさしく収容所ではそのように機能したのである。すでに指摘されているように、もちろんほかよりもまとまっている集団はあった。たとえば、政治犯収容者には集団として共感しあう理由があった。彼らは同じ政治目標をもち、しかも多くの者が戦争前から互いに知り合っていたという単純な事実があった。しかしながら、ほかの収容者の場合は、共通の国籍や宗教のアイデンティティをもっていても、必ずしも同じような結束をもたらさなかった。人びとは家族も友人もなく、しばしば一人で収容所に送り込まれたのであり、ときには助け合う小さな集まりができても、より大きなネットワークはけっしてつくれなかった。

本章でみてきたどの集団も、共通のアイデンティティを表現する手段として音楽を利用した。それはいつも単一の、首尾一貫したアイデンティティであったのではなく、むしろ体験や伝統、恐れ、期待、あるいは共同体内部の力学によって性格づけられた。それにもかかわらず、それぞれ異なる仕方ではあっても、音楽はより大きな集団がもつなんらかの特質をとらえて帰属意識を促し、継承されていく伝統のなかに新たな体験を組み込もうとした。しかし、ドイツ人政治犯収容者たちの体験は、なんらかの自主的な活動をする自由を与えられた者でさえ、ある一線から先はそのすべての権限や裁量が無意味となったことを最終的に思い出させる。音楽は共同体を築き、闘う収容者を励ますことにある程度は役立った。しかし、親衛隊は結局、自分たちのより重要な計画を危うくしないことだけを黙認していたのである。

第四章　人間性の断片——アウシュヴィッツの音楽

アウシュヴィッツの風景

アウシュヴィッツは、疑いもなくもっともよく知られ、心に呼び覚まされるナチによる大虐殺の象徴である。それが稼働した一九四〇年六月から四五年一月までの四年半のあいだに、約一一〇万人の人びとが敷地内で死亡した。その大多数がユダヤ人であった。[1]

アウシュヴィッツは単体の収容所ではなく、巨大な複合収容所である。ナチの収容所組織のなかで最大であった。二つの主要な収容所と約五〇の衛星収容所から成りたっており、豊富な資源を誇る今日のポーランド南西部のカトヴィツェ地方に分散していた（収容所によっては数十キロも離れていた）。その中核となるアウシュヴィッツⅠは、一九四〇年春にオシフィエンチムの町の近くの使われなくなった兵舎の敷地に建てられた。最盛時には三万人の収容者を収容し、縦一キロ、横四〇〇メートルの区域を占めていた。その三キロ北西に位置するのがアウシュヴィッツⅡ（ビルケナウ）である。一九四一年十月に建設がはじまり、稼働は一九四二年春であった。鉄条網で囲まれ、外から隔離された各区域は、奴隷労働者の収容所と大量殺戮工場の双方の機能を果たした。一九四二年はじめに、住人を立ち退かせたビルケナウ近くの農家二軒が暫定のガス室として稼働しはじめている。そして特注された四つのガス室と死体焼却場が稼働しはじめたのが翌年である。それらは二四時間で四〇〇〇人以上を「処理」することができた。衛星収容所のうちで最初につくられ、最大規模であったのがモノヴィッツ（モノヴィツェ）である。一九四二年に開設され、基幹収容所アウシュヴィッツⅠの東数キロに位置する。ここはI・G・ファルベン社の合成ゴム工場《ブーナ・ヴェルケ》の敷地であった。衛星収容所のほとんどは工場や鉱山、鋳造工場の近くにつくられ、数十人から数千人の労働者を収容していた。[2]

アウシュヴィッツにおける死亡率はほかの収容所よりはるかに高く、ナチの収容所体制でもっとも苛酷な施設の一つであった。ナチ親衛隊の将校が新たに移送されてきた人びとを、ガス室に送る者と強制労働に従事する者とに選別した。ナチの占領したヨーロッパ全土から一〇〇万人近くが移送され、登録さえされずに、到着後ただちに殺されている。労働者として登録された男女四〇万人以上のうち、二〇万人もが死亡したと推定されている。収容所を生きて離れた者も多くの場合、解放を経験することはなかった。ある者はほかの収容所で死亡し、また多くの者が戦争の最終局面で命を落としたのである。[3]

選別によって強制労働に従事することになった収容者は終始、すぐ近くで稼働するガス室の恐怖とともに生きていた。選別が定期的に行われていたからである。収容所の司令部は、利用可能な労働力を収奪していくことと有害な集団を絶滅させることとの矛盾とたえず格闘していた。とはいえ、それも労働を通じた絶滅政策によって、ある程度は解決されるのであった。新たな移送による絶えまない人びとの流入は、労働力を常時更新できることを意味した。その結果、収容者はいのちの限界まで労働させられ、もはやその有用性を失ったとき、そのままガス室へ直行させられたのである。[4]

アウシュヴィッツに生まれた独特の音楽活動は、この苛酷な環境のあらゆるしるしを帯びていた。もっとも目に見えるかたちの事例は、特別につくられた収容者によるオーケストラである。彼らは毎日、朝夕に労働部隊が行進しながら収容所を出入りするさいにゲートで演奏し、また処刑時の伴奏を行っていた。こうしたオーケストラは、絶滅の工程のなかで重要な役割を演じることになる。作業が滞りなく進行するのを助け、規律や秩序の維持を図ったのである。親衛隊はまたザクセンハウゼンでのように、強制的な歌唱教練および工夫をこらして加虐趣味的に音楽を使った拷問もひんぱんに科していた。

労働従事者の自発的な活動は厳しく規制されていた。第一に、日課が細かく決められていて、自分の意志で行動する余地はほとんどなかった。収容者は午前四時半に起床し、強制点呼の後、作業現場にでかけるのである。ほとんどの強制労働は季節を問わず屋外で行われ、労働時間は夏であれば一二時間に及んだ。収容所に戻るとまた点呼があり、朝の人数と合わないと、収容者たちは点呼広場に何時間も釘づけにされた。点呼の後に、個人もしくは集団的な懲罰がしばしば行われた。それらすべてが終わってはじめて、収容者は収容棟に戻ることができた。彼らはそこでわずかな食料の割り当てを受けとり、数時間後には自分たちのブロックに夜じゅう閉じ込められるのである。ザクセンハウゼンやダッハウ、ブーヘンヴァルトといった収容所では、非公式の娯楽が収容者のいくつかの集団にときおり許されていた。しかしきびしい条件下のアウシュヴィッツでは、大多数の収容者にとってそうした娯楽はほとんどありえないことであった。

収容者たちは苛酷な労役以外にも、補助要員や親衛隊員のひっきりなしの命令に追いまくられ、ただちに完璧な遂行を求められていた。彼らの行動はすべて監視されており、過密な収容棟で私生活を営む余地などまったくなかった。くわえて、恒常的な空腹と必需品の欠乏、そして気ままに下される懲罰は、収容者たちの関心をもっぱら肉体的な生存に向けさせることになった。ほとんどの者が労働を免除された日曜日でさえ、決められた掃除やシャワー、その他の雑事に追われた。[5]

アウシュヴィッツの大多数の収容者は、音楽をただ親衛隊によって科されたものとして体験した。しかしながら、ごく一部の「特別扱い」された収容者たちにとっては、音楽は人気があり、広く手にすることので

ビルケナウに到着後の「選別」
老人や女性、子どもの多くがただちにガス室へ送られた

アウシュヴィッツの収容練の内部

きる便益であった。

他所と同様に、親衛隊は差別化にもとづく分断統治によって人びとの集団の弱体化を図った。厳格な階層秩序が存在し、それを補助要員が管理した。この階層秩序はさまざまな要因によって決まるが、おもなものは収容者の分類と国籍もしくは宗教であった。ユダヤ人とロマとシンティ〔ジプシー〕が人種の序列の底辺におかれ、そのわずか上にポーランド人、ロシア人、そしてその他のスラヴ人がおかれた。[6] ドイツ人収容者がふつう最上位に位置し、初期には補助要員のほとんどを占めたが、この特権はのちにポーランド人やユダヤ人にも分け与えられている。

くりかえしになるが、ほかの収容所と同じように、もっとも力をふるえた補助要員は収容所責任者、ブロック責任者、そしてカポ（労働部隊を担当）である。彼らは、肉体労働の免除や食料の割り増し、いくぶんましな衣類、そしてより上等な生活環境といった多くの便益を享受するのである。しかし、政治犯収容者が階層秩序の頂点を占めつづけたザクセンハウゼンとは異なり、アウシュヴィッツでは補助要員にもっとも残酷な刑事犯収容者がたいてい指名され、しかも少なからぬ権限を与えられていた。たとえばカポは、自分の管理下にある収容者の死について報告はしても、責任を負う必要はまったくなかった。[7] くわえて、犯罪者はしばしばほかの収容所から積極的に補充されていた。アウシュヴィッツの収容者であることを示す通し番号の最初のものは、ザクセンハウゼンから一九四〇年五月に移された三〇人のドイツ人犯罪者に割り当てられている。収容者を統率する中核にすえるためであった。全員ではないにしても多くの者が権限を乱用し、収容者たちから食料や衣類を盗み、賄賂を受けとり、もしくは気まぐれに選びだした収容者に制裁を加えた。[8] 収親衛隊は、一部の収容者にこうしたやり方で権限を授けることによって収容者同士の反目と対立をあおり、集団的な抵抗を排除したのである。これにたいして政治犯収容者は、収容所の機構の一部を断続的に統制するにとどまった。

刑事犯の補助要員の配下で生きることは、概してより多くの暴力とより少ない休息、すでに限られている収容者の自由がきびしく制限されることを意味した。アンナ・パヴェウツィンスカがいみじくも記しているように、緑色の三角印をつけた刑事犯収容者の支配する収容所は「弱肉強食が支配するところ」[9]なのである。したがって音楽にかんしていえば、補助要員、とりわけ自分たちを管轄するブロック責任者が規律違反の活動を手助けするようなことは、収容者にとって考えられないことであった。組織的な活動はほとんどの場合、上の階層に立つ収容者がそれを了解するかどうかにかかっていたので、多くのほかの収容所とは異なり、そうした活動の機会を得た収容者がはるかに少なかった。実際、アウシュヴィッツでは「一般」収容者の組織する集団的な催しはほとんど存在しなかった。補助要員たちはどのような規律違反であれ、罰したり、好ましくない行動を抑えたりすることに、ときに親衛隊の現場指揮官におとらず熱心だった。こうした状況下で集団的な活動を立ち上げるのはほとんど不可能であった。

親衛隊はまた収容者間のあらゆるつながりを断ち切るために、国籍や政党その他のまとまりをばらばらに分断するような生活条件を課していた。たしかに収容者のなかには、規則違反である支援組織を自分たちの収容棟につくろうとした者もいたが、そうした機会は限られていた。信用しあうことは容易でなく、それはたいてい親類や友人、移送列車で知り合った者、政党や抵抗運動の構成員同士にとどまるのである。集団を組織する企てはブロックや作業現場の変更、あるいは仲間の死亡によってくりかえし挫折した。絶えまない大量移送と選別の結果、収容所の人口は流動化し、たえず変化した。ばらばらにされた非公式の集団同士がときおりさまざまな秘密の連絡網をつうじて連絡をとりあったが、大きな制約があった。このため収容者たちが共同して活動するための十分大きく安全であるような集団をつくるのは、一般には不可能であった。[10]

親衛隊がゲットーやほかの収容所で音楽活動を容認したのは、一つには、それが秩序や平穏、規則順守の維持に有効であると考えていたからである。彼らはそれを収容者自身に用意させるという、きわめて都合のいい方法をとっていた。したがって、大きな問題をおこさないことが分かれば、たいてい容認されたのであるが、アウシュヴィッツで音楽活動が相対的に少なかったということは、親衛隊がそれらを許容しなければならない理由があまりなかったことを示している。大多数を占める「一般」収容者にたいして寛容でなかったのは、おそらく生産的な労働力を維持する必要性がなかったからであろう。くわえて、自発的な音楽活動が存在するためには、そもそもいくつかの前提条件があることを想起しなければならない。すなわち自由時間の有無、収容者の安定した健康状態、そして親衛隊員なり補助要員が寛大であることである。しかし、恒常的な蛮行、重労働、そして死の恐怖のなかで、アウシュヴィッツの多くの収容者の消耗は極みに達していたのであり、彼らに残されたのは肉体的な生存闘争だけであった。

一般収容者の歌

「一般」収容者たちに見出される音楽は、これらのきびしい制約を背景にしてはじめて理解できる。彼らが自発的な音楽を体験したとしても、それは自然発生的であり、しかも親衛隊や敵意をいだく補助要員から比較的安全であるような、きわめて稀な機会の出来事としてだった。

収容者が楽器を手にすることはまずなかったので、音楽はほとんどの場合が歌唱であった。通常、交代で一人ずつ歌う形式をとり、集団で歌うことはあまりなかった。歌唱がどのようになされたかを示す証拠は、断片的にしか残っていない。そのもっとも明白な理由は、体験した者の多くが生き残らなかったからである。しかも人びとは密告を恐れ、わずかな者しか信用しなかった。このため私的な交流のほとんどが、記録されることのない個人か小さな集団の体験にとどまることになった。こうしたことから、生き残った者であっても、証言は自ら体験した出来事に限定されている。[11]

それでもときおり、この種の音楽活動が行われることがあった。通常、それは小さな仲間同士の集まりで歌ったり、人びとが同じブロックか労働部隊の一員に歌うように頼んだりしたときである。一九四三年十一月にアウシュヴィッツIに収容されたドイツ系ユダヤ人のエリーザベト・リヒテンシュタインは、移送されてきたときの出来事を次のように回想している。これは到着した彼女らが、シャワーと登録番号の刺青をすませたあとにおきた事柄である。

女性たちは全員、極度に疲労しており、神経は限界に達していた。無表情のまま突っ立っている者もいれば、異常な興奮状態で悲鳴をあげたり、笑ったりする者もいる。多くの者が口論し、つかみあっている。そうしたなかに、歌う者たちの姿もあった。セレト〔現スロヴァキア南部の町。当時、収容所があった〕から一緒になった仲間が、わたしが音楽好きで、声がいいのを知っていて、われわれ全員が狂わないためになにか歌うように促した。もちろんそのときは歌う勇気はなかったのだが、時のたつのが遅く、しかもその場にすでに何時間も立たされていたこともあって、わたしはアヴェ・マリアを歌いはじめた。歌詞を覚えていなかったので、わたしはメロディだけを口ずさんだ。歌っていると室内は静まり返った。叫んでいた者は口をとじ、つかみあっていた者は相手から手をはなした。[12]

ほかの元収容者たちも音楽について同じような話を残している。彼らは音楽に同様の意味を与え、音楽がひとときの気晴らしであり、現実を忘れさせたり、心を静めてくれたりするものであったとしている。医師であった収容者のジゼラ・パールは、チフスを病んでいた齢の若い自分の患者のひとりがビルケナウの病棟で仲間のために歌ったときの状況について述べている。パールは、少女の歌ったクラシックのアリアやドイツ歌曲があまりにすばらしく、これを聴いた者たちが収容所の世界から遠く離れた、まるできらびやかなコンサート会場にいるかのように夢想するほどであったと主張するのである。ユダヤ人の収容者ブラハ・ギライは、収容棟でほかの女性たちからせがまれてよく歌っていたのであるが、それは聴く者たちの表情を明るくさせ、その場の空気を和らげ、元気づけるのに役立ったと述べている。その結果、人びとは彼女の健康や安全にとても気づかうようになったと彼女は説明している[13]。

ザクセンハウゼンと同じようにアウシュヴィッツでも、歌い手たちが食料などの報酬を受けとる見返りとして、さまざまなブロックで変則的な「コンサート」を行うのは珍しくなかった。ユダヤ人収容者サム・ゴールドベルクは、ビルケナウでブロックからブロックへと渡り歩きながら笑い話をし、故郷の歌を歌ったことを回想している。彼の出し物は収容者たちが生きていくのを力づけ、自分たちをとりまく恐ろしい状況を忘れさせたので、人びとに支持されたという。イタリア人のエミリオ・ジャニはアウシュヴィッツⅠのオーケストラの歌手であった。彼はよく収容者仲間の前で歌い、彼に内職をもちかけた友人さえいた。友人の取り分がしばしば法外であったこともあって、ジャニは申し出をいつも歓迎したわけではなかったが、自分の歌が大いに喜ばれ、ギライと同じように、人びとが彼の健康を気づかっていたことを強調している[14]。

これらや個別の事例を別にすれば、新しくつくられたにしろ、既存の歌の替え歌にしろ、短い歌詞と対句の形式をとっていることが、歌が歌われていたことを示すもっとも明確な証拠になる。そうした歌だからこそ、行き当たりばったりの非公式な活動でも収容者に広まることができたからである。おそらく多くの歌が失われてしまったとみられるが、それでも相当な数の曲がおもに口述資料の形で戦後に復元されている。しかしほとんどが書き物として残されなかったため、ときおりいくつかのヴァージョンが存在する。しかも、細部はしばしば分かっていない。つまり、元収容者たちは歌詞や旋律を断片的にしか覚えていなかったうえ、特定の歌をどこで、いつ聴いたのかとか、その作者とかを、はっきり思い出すことができなかったのである。人びとは当時も、異なる状況下で、その由来を知らないまま歌詞を覚え、同じように雑駁な仕方でほかの人たちに伝えていた。だが、証拠資料の不足により、歌が歌われていた状況を解明するのはほとんど不可能である。

しかし、歌がまさに存在したということは、収容所の規制によっても情報の伝播が止まらなかったことを示している。アウシュヴィッツの収容者は外部とだけでなく、収容所機構の内部においても情報の基本的なやりとりのほとんどを禁じられていた。その結果、「一般」社会でも意味を生みだすさいに不可欠な役割を果たす隠語や造語、身ぶり、相互の反応といった知識や考えを伝えるさいのより変則的な意思疎通の手段が、形を根本的に変えながら、収容所で特別な意味をもった。

歌は物語と同じ仕方で、ときに自分たちを戦争前の日々へと誘ったり、収容所の外の世界への想像による逃避行をかなえさせたりした。タデウシュ・ボロフスキが記しているように、「ここではみなが物語を語る。仕事への道すがら、収容所に戻るとき、作業現場やトラックのなかで、夜に寝棚で、点呼で立たされている時にも」[15]であった。歌は過去のアイデンティティを呼び覚ますだけでなく、収容所という世界に意味を見出し、それを伝えるためにも有効なのであった。歌や物語は補助要員、戦況、強制労働、食物、ガス室など収容所生活のさまざまな側面を伝えた。それらは情報を広めることだけが目的ではなく、自分たちの体験がもつ意味を共同でとりあげ、共有できるようにする大きな枠組みに収容者たちを結びつけるのを助けた。もちろん、それは体験についての彼らの理解が画一的であったということではなく、個人の次元をこえて考えが広まり、相互に影響しあったということなのである。歌はほかの収容所と情報を交換する有効な手段でもあった。[16]

この枠組みのなかで、歌は思い出しやすくするために体験や行動を記録し、記憶を助ける手だてとして機能した。ほとんどの場合、それらは新たに作曲されたというより、すでによく知られていたメロディをもとにつくられている。多くの作詞作曲者が、犯された犯罪の性格を記録するために収容所生活をその細部まで描くことに骨を折った。こうした資料化はその時期の情報を伝える手だてであったと同時に、後世への証言ともなった。この範疇に入る歌には、以下のものがある。医師メンゲレが行った人体実験のいくつかを描いた「双子」（一九四四年）。病気や重労働、拷問、そして故郷や家族をなつかしむやむことのない思いなど、ありとあらゆることを論じるチェコ人の収容者マルギット・バヒネルの「アウシュヴィッツの歌」。一九四四年にビルケナウでの犠牲者の焼却を歌った「死体焼却場に向かう列車」、あるいはアウシュヴィッツの収容者にたいする拷問をとりあげたズビグニェフ・アダムチクの重苦しい歌「死者がまたわが目をのぞきこむ」（一九四〇年）。そして、ギリシャ系ユダヤ人の収容者ヤーコヴ・レヴィがアウシュヴィッツにおける凄惨な生の営みを記録した「サロニキ」（一九四三年）である。[17]

もう一つの例が、元収容者アドルフ・ガヴァレヴィチが覚えていた「ガス室」［譜例４・１］である。作詞者は不明だが、戦前のタンゴ「ただ一つ」の節をつけて、一九四二年に歌われていた。

一つのガス室があって、

そこでみなが知り合うことになる、
そこでみなが顔をあわせることになる、
ひょっとしたら、それは明日かもしれない[18]

アウシュヴィッツの元収容者たちによれば、新たに移送されてきた者が体験する衝撃はすぐさまある種の無感覚な落ち着きへと変わり、ひっきりなしにふるわれる暴力が彼らの意識のなかに静かに浸潤していくのだという。「ガス室」の場合もそうだが、歌詞の多くがこの精神状態を映しだすものとなっている。そして、収容者をとりまく残酷な現実に彼らが直面したときの異様な沈着性を明かす。ビルケナウの収容者ヤドヴィガ・ラシュチンスカが一九四四年に書いた「女子収容区」と呼ばれる歌がある。その収容所世界のとりあげ方はほとんど饒舌ともいえる内容である。有名なロシア民謡「ステンカ・ラージン」の節で歌われ、歌詞はすべてドイツ語である。収容所の印象とたわ言を切りばりした寄せ集め《コラージュ》に他ならない。ラシュチンスカは、日ごろ耳にしていた句を使うことによって、ビルケナウ女子収容区の光景やその喧騒の心象風景を描いている。

コーヒーを飲め！　起きろ！
点呼、点呼だ！　全員外に出ろ！
五列に並べ！　気をつけ！　静かにしろ！

譜例 4・1 「ガス室」. 米国ホロコースト記念博物館, RG-55.003.07

人員点検！　確認終了！
医務室、かぜ、そしてチフス、
下痢、クソ、皮膚病、シラミ！
全快！　死体、煙突、
死体焼却場、注射、毒ガス！[19]

ラシュチンスカのこの歌は、ポーランド人たちの唯一覚えたドイツ語が、こうした攻撃的な命令や死とか病気の表現であったことを示している点で、ある種のブラック・ユーモアとなっている。収容者たちのユーモアは、彼らをとりまく状況がいっそう悪化し、自分たちの存在が肉体の最小限の機能にまで落ち込んでいくにしたがって、ますます暗く、俗悪になっていったようである。収容者がこうした悪趣味でなまなましい表現をもつ歌をとりわけ喜んで歌ったことは、クリシェヴィチも証言している。そのような形で現実を受け入れ心に刻み込むことで、自分たちの無力感を少しは和らげることができたのかもしれない。ポーランド人のヤニナ・ミェルチャレクをはじめとする収容者たちがつよく主張するように、しばしばむき出しで、あからさまな表現によって目にしたことを記録する行為のなかに、彼らはある種の個人的な救いを見出していた。[20]

歌は収容所を侮蔑する方法でもあった。クリシェヴィチの情報提供者の一人によると、ポーランド語の歌で最も有名な曲の一つが「アウシュヴィッツ収容所にいたとき」であったという。この威勢のよい行進曲は、収容者たちがシラミにたかられ、日常的な暴力と殴打に打ちのめされ、そしてなによりも終わりのない点呼に苦しめられるアウシュヴィッツを、皮肉をこめて「地上の楽園」と歌っている。その当時、収容者たちはいくつかの別の連《スタンザ》をつけ加えて歌っていた。[21]

収集できる資料から明らかなのは、こうした歌詞や歌がほとんどの場合、個人同士とか友人の小さな集まりのなかで非公式に、予測ができないかたちで流布していたということである。しかし、ときにはより大きな集まりで「一般」収容者の集団が、自然発生的に歌うこともあった。たいていの場合、同じ国籍かもともとの宗教が同じである人びとによって既存の曲が歌われた。たとえば、ビルケナウに収容されたチェコ人の女性たちは、自分たちのブロックの裏側に集まって、スロヴァキアやチェコのいろいろな民謡を歌った思い出をもっている。アウシュヴィッツIの収容者エドムント・ポラクも、ある日、自分たちの労働部隊のカポがポーランドに昔から伝わる歌を歌うのを突然許したときのことを回想している。そのなかには「ワルシャワ労働歌《ワルシャヴィアンカ》」のような愛国的な作品もあった。またビルケナウの収容者リン・ヤルダティは移送されてまもない一九四四年末のある晩に、自分のブロックで、オランダ人やハンガリー人、フランス人、ポーランド人、ドイツ人の収容者が、国歌や民謡、そして自分たちの故国のなつかしい調べを歌ったのを憶えている。いくつもの言語は互いの意思疎通を難しくさせたが、ヤルダティはこの感動的な歌唱がそれと分かる一体感をつくりだしたと述べている。[22]

人びとが一緒に歌った事例としてもっとも有名な報告は、おそらく特別作業班《ゾンダーコマンド》〔ガス室の作業にあたった労働部隊〕に従事したフィリップ・ミュラーのものであろう。一九四四年七月、チェコのユダヤ人たちが家族収容所からビルケナウのガス室に連行されるときの記述である。[23]

ついに彼らは何が行われるのかを面と向かって宣告された……。彼らの声は沈み、上ずっていた。動作はぎこちなく、目は催眠術にかけられたかのように宙の一点をみつめていた。部屋の空気は、はかりしれない重力がかかったかのようであった。ほとんどの者がすぐさま服を脱ぎはじめたが、まだためらう者もいた……。そのとき突然、ある者が歌い出したのである。ほかの者たちがこれに加わり、うねりとなって、力強い合唱となった。彼らがまず歌ったのはチェコスロヴァキアの国歌であり、ついでヘブライ語の歌「希望《ハティクヴァ》」であった。この間、親衛隊は手荒く殴りつけることをやめなかった。彼らはこの歌声をいわば死にゆく前の一種の抗議として受け止めていたようで、できれば黙らせるつもりでいたのである。これらの人びとに残された唯一の慰めは、共に死ねることであった。自分たちの国歌を斉唱しながら、人びとは短くも多くの思い出に満ちたそれぞれの過去に、最後の別れを告げていた。平等の権利をもつ少数民族として尊重され、二〇年間を民主主義国家で生きることができた、そうした過去である。そして、現在のイスラエル国歌となっている「希望《ハティクヴァ》」を歌ったとき、彼らは未来に思いをはせていた。しかし、それは生きて目にすることのできない未来であった。わが同胞の生き方は民族の誉れと誇りの模範であり、私の魂をつよく揺さぶった。[24]

一九四三年末、ヤロスワフ・ヴァルホワは死に赴くフランスのユダヤ人たちが似たような事情のもとで「ラ・マルセイエーズ」を歌っていた姿を目撃している。[25] アウシュヴィッツ収容所で、収容者の民族主義的な心情が失われることはなかったとはいえ、すでに示したように高揚することもなかった。これは、同じ国籍の集団を意図的に分散させる措置がとられていたからである。このため民族主義的な音楽表現は散発的にしかみられなかったが、可能であったところでは、とりわけ危機的な局面では、収容者たちが集団的なアイデンティティや帰属の感情に意味を見出したことを上記やそのほかの事例が示している。

アウシュヴィッツの収容者の大多数がユダヤ人であったにもかかわらず、再現できた彼らの歌はほんの一握りしかない。一つには、ユダヤ人の死亡率がきわめて高かったため、生き残って証言できた者が少なかったことによる。しかしながら、彼らが歌う機会をもったときは、ユダヤ人収容者がしばしばイディッシュ民謡や宗教行事の歌のような既存の曲を歌ったことも知られている。それは既存の曲がかつて人びとがもっていた共通のアイデンティティを再びかきたてるものであり、同時にアウシュヴィッツがユダヤ人にいかなる創作の余地も与えなかったという単純な事実による。それでも、カチェルギンスキとレイヴィックは生存者の記憶にもとづいたユダヤ人収容者の歌を三曲、自分たちの所蔵資料のなかに収録している。収容者ヨセフ・ヴォルフは、恋人への思慕を歌った「わたしのところに来て」と題された短い歌詞を記憶していた。作者は不明であったが、ヴォルフはそれが一九四三年にモノヴィッツで歌われるようになったと述べている。「わたしの娘に会いたい」は、ビルケナウにいた無名の女性収容者に帰するのだが、彼女は自分を収容所に移送した「黒い機関車」がふたたび自分を家に運んで、娘と再会させてくれることを願っている。[26] カチェルギンスキとレイヴィックはまた、イディッシュ語に訳されたポーランドの歌を収録している。この曲は、収容所を生きて出ることのなかった氏名不詳のユダヤ人の少女によって書かれ、「アウシュヴィッツのタンゴ」［譜例4・2］の題名で知られていた。元収容者のイルケ・ヤノフスキはそれが戦前のタンゴの節をつけて歌われていたことを憶えている。この歌は収容所に音楽がないことを悲しみながらも、歌が収容者たちをもう一度、元気づけてくれることを願っている。

わたしたちはタンゴやフォックストロットを踊り、いろんな調べを口ずさんでいた
戦争前も。
穏やかな歌、響き、焦がれる、

わたしたちを揺すって、愛とともに眠らせた。
でもいまは戦争、もう誰も
街でのそうした若いころの歌を書かない。
そうだ、歌いはじめよう、乙女たちよ
日夜、鉄条網に囲まれた収容所で過ごしているという、もう一つの歌を。
　私たちの奴隷のタンゴ――圧制者のむちの下で、
ああ、アウシュヴィッツ収容所の奴隷のタンゴ。
　警備する獣が手にする鋼鉄の槍――
さあ、自由と自由な時代が招いている。

黒人がすぐさまマンドリンをもってきて
ここでさっそく自分の歌を奏でる、
するとイギリス人が、フランス人が、節を歌う――
悲しみから三重唱が生まれる。
そのうちポーランド人も小さな笛を吹きはじめる
すると彼は人びとの心を打つ――
そのとき気持ちを高揚させよう、
彼らにはない自由へのあこがれの歌で。
　わたしたちの奴隷のタンゴ[27]……

譜例 4・2 「アウシュヴィッツのタンゴ」. Kaczerginski and Leivick, 410

興味深いことに、この曲にはポーランドの歌の多くに潜む怒りや残忍さがみあたらない。アウシュヴィッツで歌われたイディッシュ語の歌はよそと同じように、もの悲しさ、郷愁、深い喪失感を基調としたが、他でみられたような明確なやり方で収容所の恐怖と向き合うことはしなかった。タンゴは戦前の流行歌であり、上述のように、新しい歌の源泉として収容所やゲットーの世界でも人びとに用いられていた。とりわけ古きよき時代の「優雅な歌」の一つであるもの悲しいタンゴのメロディをつけることによって、この歌は過去をなつかしむ強い思いをとらえた。しかし特筆すべきは、先にみてきたイディッシュ語の歌の多くとは異なって、アウシュヴィッツのこれらの歌が一般に内向きであることである。そのどれもが後世のために記録しなければならないといった切迫した気持ちを歌っていない。しかも、未来について触れた唯一の表現は「自由な時代」といった漠とした表現である。この範疇に入る歌は、目前の光景を正面からとりあげるよりも、「日夜、鉄条網に囲まれた収容所」とあるように、それを暗示するにとどめる。それらはなによりも、自由を夢み、諸国民が心を一つにして歌うひとときの気晴らしであった。残酷な現実のなかで、たちまちしぼんでいったはかない夢であった。

ユダヤ人たちがこうした歌をほかにどのくらいつくったのかを知ることは不可能である。ゲットーのいくつかの歌が収容所になんとか伝えられたことだけは知られている。なかでもグリクのパルチザン賛歌「断じて言うな、最後の道を歩んでいるのだとは」〔一一二―一一三頁〕は、終戦までにヨーロッパのナチ占領地のはるか遠くにまで歌い継がれていった。[28]

「特別囚」たちの生活

これらの事例はいずれも、「一般」収容者が音楽とかかわる機会を見出し、またそれがとりわけ個人的な意思疎通にかんする限りは一定の意味をもったことを示している。とはいえ、大多数の「一般」収容者にとって、自ら営む音楽が生活のきわめて小さな一部でしかなかったことを知っておくことは重要である。そもそも、その一部があれば、の話であるが。ほんの数週間の収容所生活で、人びとは肉体的な生存を最優先する状態に陥っていた。その目的を達成するために必要などんな手段も用いたし、その結果として戦前の暮らしを支えていた価値観を放棄する行動をしばしばとった。体がまだ完全に衰弱していない収容者であっても、彼らが歌う歌は、暴力と重労働の世界のすき間をうめるひと時にすぎなかった。フランス人の収容者シャルロット・デルボは、文化活動が果たしうる役割を誇張するような仮説を一蹴する。そもそもの必要条件は肉体的に健康な状態にあることだが、そうした条件はほとんどの収容者にあてはまらなかったというのが彼女の主張である。

思考力と想像力を除いては人間からすべてを奪うことができる、とあなたは思うかもしれない。しかしそれは見当違いである。人間を、考える時間も力もない、ただひどい下痢に苦しむ骨と皮の存在にしてしまうこともできるのだ。想像力とは、きちんと食事をとり、時間に余裕があり、夢をつむぐ萌芽をそなえた、そうした体に与えられる最高の贅沢なのである。アウシュヴィッツの人びとが夢をみることはなかった。彼らはうなされていただけである。[29]

ところが、ある範疇に入る収容者にとって、アウシュヴィッツの生活はほかの大多数の収容者に比べてきわめて快適なのであった。補助要員を別にすれば、そのもっとも大きな集団は、没収財産保管倉庫《カナダ》や没収財産登録事務所《エフェクテンカマー》（いずれもビルケナウにあった）[30]、管理棟、工作場《ツィンメライ》（大工部隊）、調理場、診療所といった「特別」な労働部隊に配置された収容者たちである。これらの労働部隊に配属された収容者は「特別扱い」され、その役職にはいくつもの特典があった。彼らは室内で働くことによって寒さを免れ、労働は少しは楽で、居住環境もひどくはなかった。しかも食料や衣類を「組織化」する多くの機会をもち、カポがふるう暴力も収容所の屋外で労働する者にたいする場合とは異なっていた。彼らは収容所内を移動することもでき、ほかの収容所仲間より行動の自由があった。しかしそれ以上に重要なことは、これらの作業集団の雰囲気が安定し、落ち着いていたことによって、人びとが孤立し没人間化してしまうのを回避できたことである。そこでは、助け合う小さな集まりをつくることができ、一定期間それを維持することもできた。さらに、いつも同じ補助要員や親衛隊員と働くことで、より個人的な人間関係を築き、さらに協力しあうこともできたのである。労働部隊が医者や配管工、通訳者といった特殊技能をもつ者に限定される場合もあったが、たいていはそうでなかった。とはいえ、補助要員や有力な収容者との縁故の有無がそれらへの配置をしばしば左右した。[31]

アウシュヴィッツでは「一般」収容者とエリートたちとの格差が途方もなく大きかった。後者の集団が、知っていながら「暴力装置」に加わった者だけでなく、その地位を偶然手に入れたのち、自分たちの「特権」[32]を守りとおすために必要な手段を講じた者によっても構成されていたことは強調されなければならない。

彼らがもちえた力は大きかった。そのため収容者たちは食物や煙草、もしくは重労働から身を守ってもらうのと引き替えに、しばしば雑事の手伝いからはては売春を含むさまざまなもてなしといった多様な行動によって彼らの歓心を買おうとした。こうしてアウシュヴィッツにおける身分は、肉体的に生存するための必需品だけでなく、おそらくそれ以上に余暇や娯楽を手に入れることができるかどうかに示されていたのである。

　音楽は人気があり、ひろく手にすることができたが、それでも「組織化」しなければならない便益であった。「特権」的な収容者は、その手段をもちあわせていたので贅沢を享受することができた。ラクスによると、アウシュヴィッツでは音楽「産業」が空前の活況を呈していた。そこには、「たえまなく増え続ける『毒ガス用の肉』の流入と、それに伴うアウシュヴィッツ社会における特権階級の繁栄［新たに到着した者たちが必ず貴重品を携帯してきたため］」[33] があった。音楽家はその職能ゆえに、基幹収容所とビルケナウ、そしてモノヴィッツでひんぱんに徴募された。通常、彼らはオーケストラの構成員のなかから登用された。しかし、仲間のために歌っているところを補助要員が聴いていたり、音楽家を探している時に、ときおり運よく見出されることもあった。彼らは「特別囚」のブロックや補助要員たちの部屋で演奏し、その見返りに報酬を得ていた。ノルウェーのユダヤ人ハーマン・サクノヴィッツは、その一例である。彼はモノヴィッツのオーケストラに加わる以前の一九四二年十二月に、自分たちのブロック責任者から補助要員のクリスマス音楽会で収容者仲間四人と一緒に歌うように求められた経緯を回想している。彼らは報酬としてなべ一杯のスープと収容所の「貴族」の大半が寝起きする第四ブロックでの仕事を追加注文されたという。ビルケナウの収容者ギライも、ブロック責任者にいつも呼ばれて歌を歌い、引き替えにパンとスープを受けとっていた一人である。彼女は、この補助要員との親しい関係によって、のちに没収財産登録事務所に配置されたと考えている。[34] 基幹収容所ではユダヤ人収容者のマテティアフ・ニスィムが、いつも日曜日にわざわざ彼の歌を聴きにやってくるポーランド人のカポのために歌っていた。

わたしは彼らが煙草をくれるまで歌うのを渋った。煙草の本数が十分だと思えたとき、はじめて歌った。二、三の集団がやってきて、わたしに煙草を何本やるのかを競いあうのである。煙草を受けとると、兄と一緒に彼らのブロックに出かけてゆき、彼らのために歌った。そこにはギターもあった。人は、わたしがアウシュヴィッツで苦しまなかったというかもしれない……歌うことがわたしを救った。生き残ったのは歌っていたおかげである。[35]

この手のかけ引きは広く行われていた。関係者全員に好都合であったので容認されていたのである。オーケストラで演奏する幸運に恵まれなかった音楽家にとっては、こうした内職をつうじて手にする報酬は計り知れないほどの価値をもった。多くの者が、ニスィムのように臨時の「稼ぎ」のおかげで生き残ることができたと考えている。

オーケストラの楽員にとって、「特別囚」を前にしての演奏は生活をいつも彩るものであった。ビルケナウの女性収容区では、音楽ブロックはまぎれもなくエリートたちの教会堂であって、彼らはリハーサルの演奏を聴いたり、私的な演奏会をせがんだりするために訪れていた。内輪で楽しむためだけの非公式の演奏や、誕生日や祝日の余興を求める者たちがいて、音楽家たちは彼らから毎日のように出演話を持ちかけられた。ラクスはビルケナウの男子収容区での典型的な祝賀会について記している。

指名された音楽家は通常三、四人で、ほかの者たちよりも早くわらの寝床を出た。起床の合図が鳴る前に、戦勝行進曲やセレナーデの調べで祝賀者の目を覚ますことができるようにするためである。この祝賀の主人公は、この心遣いにすっかり驚き、深く心を動かされたと、もっともらしく申し立てることになっていた。そして、彼はすぐさま起き上がり、目覚まし時計役を演じた音楽家にさまざまな贈り物を手渡すのである。この前置き的な儀式は、感傷的で甘美な曲と慣例の祝いのあいさつでもって終わった。ときにはドイツ人でない祝賀者もいたので、音楽家たちは数か国語であいさつできるようにしていた。

この祝日の第二幕は、夕方の点呼のあとに要人の個室で催されることが多かった。これにはさらに多くの音楽家が参加した。賓客は、料理と飲み物で贅を凝らした大きな食卓につくのである。食事が終わると、すっかり酔って涙ぐんでいる同席者たちは、もちろんドイツ語で感傷的な歌やたわいのないメロディを低い声で口ずさみながら、入所する以前のはるか昔の日々を回顧するのであった。収容所のこの至福の聖域に、ときにはSS隊員《エスマン》が不意に入りこんできて、食べ物をつまんだり、シュナップス酒を飲み干したりすることもあった。しかし、それは盛り上がったその場の雰囲気を決してこわさなかった。お祭り騒ぎは中断することなく、しばしば夜遅くまでつづいた。[36]

親衛隊から授けられた職権によって、エリートたちは「一般」収容者に比べるとはるかに自由であり、演奏や作曲といった音楽活動にいそしむことができた。第一に、彼らにはものを書くスペースをもち、ひどい懲罰を恐れることなく書くことができた。さらに筆記用具を容易に入手できた。オーケストラのブロックに居住していた者は紙や鉛筆が自由に手に入ったし、ほかの者たち、とりわけ管理部門で働いていた者が筆記用具を入手するのは簡単であった。

基幹収容所がつくられてまもなく、オーケストラの楽員であったフラネク・ストルィイは、刑務所の歌の旋律をもとにした「アウシュヴィッツの歌」を書いている［譜例4・3］。コンチツの町のポーランド人一家にささげられたこの歌は、ポーランドのたどった運命への感動的な言及とともに、ストルィイの家族を襲った出来事の絵画的な描写となっている。

わたしの背後で、死の収容所アウシュヴィッツは扉を閉めた。
ここの土には汗と涙、ポーランド人の血がしみ込んでいる、
われわれの愛する祖国を黒い鳥が鎖につけたために。
血が吹きでるその傷口のうえに、貪欲な爪をたてた。
わたしの家は、揺りかごと一緒に、よそ者に渡された。
聖なるかがり火を消し、わたしたちを収容所の扉の奥に追いこんだ。
母の心臓は止まり、その体が死刑執行人の足元に崩れ、
顔の紅潮した死刑執行人が、母を道端の墓穴に蹴落とした。
妹は外国の主人に犂を引かされた。
いつの日か労働中に死ぬかもしれない、哀れな召使の一人として。
わたしと父、それに弟は、運命によってアウシュヴィッツに追われ、
死刑執行人のむちの下で
白髪になってしまった。

譜例4・3 「アウシュヴィッツの歌」．米国ホロコースト記念博物館，RG-55.004.14

父は撃ち抜かれて倒れ、弟はわたしの腕のなかで死んだ。
彼らはあの世で抱き合うのだろう、
だが、残されたわたしは悲嘆と涙に暮れる。
心臓が止まらないかぎり、やつらは労働中のわたしを殺さないだろうし、
わたしも焦がれて死ぬことはしない、失ったものの復讐をするのだ！
運命がわたしをもこの地上から消し去るとき、煙となって空に昇るだろう。
自分の灰は祭壇になる、そしてそこからわが同胞に命じよう。
重い鎖を取り払え！　マムシの巣を踏みつぶせ！
聖なるポーランドをよみがえらせよ、永遠なれ、わがポーランド！[37]

このいかにも長い歌は、「一般」収容者が歌っていた短い歌詞の曲ときわだった対照をなしている。ここには、収容所の世界を記録しようとする執念がうかがえる。また、描写が素直であるばかりでなく、熱い愛国心をありのままに謳いあげている。ストルィイがオーケストラの一員であったことは、おそらく彼がこうした敵対的な歌詞を書くことをそれほど恐れておらず、それが発覚するようなこともなかったことを意味しよう。彼は一九四一年七月に催されたポーランド人の夕べの集まりで、それが上演できるようにもしているのである。

こうした夕べの集まりがどの程度の頻度で開かれていたのかははっきりしない。しかし別の資料からは、それらが明らかに民族主義的な心情を発露する機会となったり、収容所で犯されていることを公に糾弾する場としてしばしば利用されたりしていたことが裏づけられる。ビルケナウの診療所で働いていたポーランド

人の収容者ヤロスワフ・ヴァルホワは、そうした歌の夕べの一つに出席したときのことを回想している。それは、収容歴の長いブロック責任者であったユゼフ・ポラクによって企画されたものであった。上演はロシア人の収容所仲間によって厳重に警備され、出し物は「ワルシャワの街頭の禁じられた歌」、すなわち占領下の歌、兵士の歌、ロシアの古い歌、そして収容所で新たにつくられたいくつかの挑発的な歌である。そのうちの一曲は彼自身の作で、「ビルケナウ」とだけ題されている［譜例4・4］。

鉄条網に囲まれた世界の一角、
人びとはただの番号。
下劣な者が兄弟を虐げるところ、
そして、死がその骨ばった手を伸ばしている。
そこではあまりにも多くの血が流れ、涙が流され、
そこでは毎晩、恐怖の絶叫で夢から目を覚ます、
そして地獄はどこだと尋ねられたら——
答えは簡単だ。
ビルケナウ、呪われたビルケナウだ、
血と涙に暮れ、
神に見捨てられた、地獄の底だ。
ビルケナウ、いばらの道、
何百万もの犠牲者の共同墓地、

神が不在の悪の王国――
それがビルケナウ！
死体焼却炉の煙突が炎を吐いている、
焼かれた死体の悪臭があたり一帯に吐き出される、
囚人にとってはいばらの道、そして苦労の終わり
旅路の終着点――そして人の苦しみの終わり。
友よ、ここに君の墓はない、
一握りの灰を野原の風が吹きはらう、
それはどうということはない――君は大勢のなかの一人でしかないのだから、
世界から忘れ去られた大勢の者たちの。[38]

戦後、この歌の異なるヴァージョンが少なくとも八つ見つかっている。それは集団から集団へと歌い継がれているうちに、何度も変更の手が加えられたことを物語るものである。裏返せば、この歌が集会に出席できた「特権的」な収容者以外に広まったとは考えにくいにもかかわらず、相当な数の収容者の心を揺さぶったことを示している。しかし、ヴァルホワとストルィイの歌はともに、「下劣な者が兄弟を虐げるところ」ではこうした人びとでさえも生命の保証がなかったことを明らかにしている。くりかえしになるが、死の生々しい描写、希望を失った宗教的な引喩、そして絶望的な諦念を伴うこの歌詞は、集団的な場で歌われることで収容者の感情のはけ口となったり、自分たちの苦しみを認識したりする役割を果たしていたように思われる。

譜例 4・4 「ビルケナウ」. 米国ホロコースト記念博物館, RG-55.003.15, RG-55.003.16

これらの歌はどちらの場合も、「特権的」な立場に立つ収容者にしか書けないものであった。第一の、そしてもっとも明白な事情は、はじめて上演されたさいの状況にかかわっている。つまり、たいがいが「特権的」な収容者と補助要員だけを対象にした催し物であったのである。次に、書きとめられた歌だけがここまで長くありえたということである。すでにみてきたように、口承に頼るしかない歌は、思い出したり、伝えたりするのが容易な短い歌詞にする必要があった。歌のなかの直截な比喩的描写や公然と表明される怒りは、作者たちが制裁の恐怖とそれなりに闘わなければならなかったとしても（ストルィイはオーケストラで、ヴァルホワは診療所において）、自分たちの思いを語るために必要な時間と自由、そして個人の生活空間をもっていたことを示唆する。最後に、ストルィイとヴァルホワはともに収容所でこれらの文書をどうやら首尾よく保持し、収容所を離れるさいに持ち出したのであった。

没収財産登録事務所《エフェクテンカマー》のメドレー

アウシュヴィッツでつくられた最高傑作の一つが、クリスティナ・ジヴルスカの「没収財産登録事務所のメドレー」であろう。ジヴルスカは一九四三年、二五歳でビルケナウに移送されるまで詩を書いたことがなかった。しかし到着後まもなく彼女は、際限のない点呼の退屈しのぎに、頭のなかで短い詞を創作するようになる。「一般」収容者である彼女はそれらをなにかに書きとめるようなことは許されなかった。しかし戦後になって、彼女はいくつかの節を思い出すとともに、仲間たちが寝棚に腰かけているときやトイレで歌っていた情景を回想している。その経路ははっきりしないが、ジヴルスカの詞の一節が、ヴァラと呼ばれていた古参の有力な収容者の耳に入ることになる。ヴァラは大いに感心し、彼女を没収財産登録事務所に移させた。「特権的」な地位を得た彼女はそこで詩をつづり、職場仲間に広めることができるようになる。しかも、そのうちのいくつかを運び屋をつうじて男子収容棟の友人に届けることさえできた。[39]

「メドレー」は、ジヴルスカの作品のなかで唯一、曲がついていたようである。きわだった展開と内容をもつ作品で、相互に結びついた五四の楽節によって構成された。それぞれが六から三二の小節からなり、歌詞がそえられている。楽曲のほとんどがポーランドの既存のメロディで、そのなかにはよく知られた映画の曲も含まれている。しかし、楽器演奏部の三七と四四の楽節のように、ジヴルスカ自身が作曲したとみられる箇所もある。収容所で彼女自身がタイプライターで打った作品は、同じ大きさの二冊の冊子に装丁されている。

ジヴルスカは戦後クリシェヴィチとかわした手紙のなかで、「メドレー」を書いたときの特殊な状況を力説している。まず、彼女は没収財産登録事務所がどのようなところであったのかをはっきりさせておく必要があると主張する。さもないと、事情に通じていない読者はビルケナウが「女学校の寄宿舎」と大差がなかったような印象をもちかねないからである。彼女の労働部隊はそれほど辛苦をなめずにすんだとはいえ、「一般」収容者が生き残れる見込みはほとんどなかった。それにくわえて、彼女は「メドレー」が一九四四年末に大急ぎで書かれたことを明らかにしている。前線が近くまで迫り、解放がすでに時間の問題となっていた時期である。その結果、規律はゆるみ、収容者にはそれまでよりも楽しむ余裕ができて、つまりは楽観的でいられる理由があった。この時期、女性たちが聴きたかったのは感傷的で、ときにはたわいない歌詞なのは明らかであった。しかし以上のような状況を理解せずに「メドレー」を聴くなら、退屈でいい気な曲に聴こえてしまうことをジヴルスカはあらためて強調する。[40]

一見すると、この歌詞はまったくとりとめなく、断片的である。しかしながら、英訳で『私は戻った』〔邦訳『地獄（アウシュヴィッツ）からの生還』〕と題されて戦後刊行されたジヴルスカの著作と考えあわせてみると、「メドレー」が没収財産登録事務所の生活をコラージュのように表現しようとしたのは明らかである。そして、不可解な、見たところ首尾一貫しない隠喩も聴く者にはすべて理解できたのである。ポーランド人が収容所で歌った歌の多くとは異なり、ここには荒漠とした収容所生活への言及が少ない。次の詞はそのことをもっとも明快に示している［譜例4・5］。

（25）［列車は］あえぎ、蒸気を吐きだす、それは誰にも聞こえる、
スーツケースの山、そしてなぞめいた異様な煙、
責任者が来る、でもそれはどうでもよいこと、大事なのは食物、
まだ誰もわれわれを処置していないのだから。[41]

この詞は、ジヴルスカにみられる独特な表現形式の典型である。彼女は「責任者」が何者であり、「処置」がどのような意味なのか明らかにしていない。アウシュヴィッツでそれらが何を意味していたのか推察できるにしても、である。「われわれ」への言及はアイデンティ

Już bu-cha, już dy-szy, już każ-dy ją sły-szy Wa-li-zek
wciąż w gó-rę ta-jem-ni-czy dziw-ny dym. Szef nad-cho-dzi, nic nie szko-dzi,
wa-żny jest wikt, Z na-mi je-szcze nie po-ra-dził nikt.

譜例4・5　「没収財産登録事務所のメドレー」．第25詞　米国ホロコースト記念博物館，RG-55.004.02（全）

ティの表現であった。ジヴルスカは一人で体験したのではなく、「なぞめいた」煙から離れたところで、（束の間ではあっても）安心感をもって日常の業務をこなす女性の集団の一員なのである。とはいえ、とりわけ「特権的」な立場にあったことに照らして考えると、没収財産登録事務所の作業員が自分たちの周囲で起きている出来事にきわめて敏感であったのは明らかである。ジヴルスカは殺された家族たちの残した所持品にとくに心を動かされた。ここでは「スーツケースの山」として表現されている。没収財産保管倉庫に積み上げられた記念写真の山を目にしたときの胸が裂ける思いに、彼女は「メドレー」と自著のなかでいくども言及している［譜例4・6―7］。[42]

（22）　人事課は大忙し、
山積みされたとじ込み帳、楽しい会話でがやがやしている、
そして、一家の思い出の品々がその不思議な力を醸し出す……

（23）　とじ込み帳からきょう取りだした、あなたの写真を眺めている、
しかし、これがわたしにはひどくこたえる。

しかし、これらや少数の無視できる事例を別にして、「メドレー」は没収財産登録事務所の世界のなかで完全に自己完結する。ジヴルスカはそれを「すべてが悪」である国の「美しいオアシス」と形容している。歌詞の多くが、没収財産登録事務所で働く者たちの享受した「特権」がなんであったのかを照らし出す。寛大な補助要員、酒や贅沢な食品の飲食、音楽の楽しみ、そしてとくに規律がゆるんでくると可能になった異

譜例 4・6 「没収財産登録事務所のメドレー」．第 22 詞

譜例 4・7 「没収財産登録事務所のメドレー」．第 23 詞

性の収容者と接触する機会である。また、管理事務所《シュライプシュトゥーベ》のタイピストであるジュトカ夫人、ターニャという名前の没収財産登録事務所で働くロシア人収容者、あるいはブロックのカポであるマリアなどの、ジヴルスカの本に書かれている人物のいく人かが短く登場する。ときに謎めき、幻想的にではあるが、これらの断章は収容所の風変わりなこの区域を華やかで魅惑的な情景に仕立てている。［譜例4・8―12］

（28）収容棟に駆けていくのは――カポのマリア、
どんな間違いもみつけだす――カポのマリア、
なんでも知っていて、すべてを見ている――カポのマリア、
どこから姿を現すのか分からない――カポのマリア。
それがわれわれの愛するマリア……彼女がいなければ主任はどうするのだろう?

（30）彼らの洋服はとても色鮮やか、カットがにあう縞模様の制服!
ああ、男たちが近くにいるとなんとすてきなこと!
わたしが彼に近づくと大袋が震えている、
「没収財産」男子棟の若者はすてきな人たち。[43]

（32）飲んでしまった……そうでないとでも?
一本あけてしまった、そのあとにもう二本。
カポはウォッカが大好きだから、彼は怒らないはず、

譜例 4・8 「没収財産登録事務所のメドレー」. 第 28 詞

譜例 4・9 「没収財産登録事務所のメドレー」. 第 30 詞

一緒に飲むはず……
酒を飲むのは――人生唯一の目的、そしてケーキを一口ほおばるのは、
誘惑の笑みを浮かべるため。
酒を飲むのは――人生最大の贈り物、
偽りの幻想の世界に生きるため、愛嬌をふりまくため……

(39) ハーモニカを演奏するボレク
彼は演奏し、わたしの魂はむせぶ、そして心はむせぶ、
刻一刻が幸福でみたされながら、
あまりに美しく演奏するから、あまりにも悲しく演奏するから。

(49) ワインを一本どうぞ、肉の缶詰もある、
わたしは裏切らないし、あなたも密告しない
袋はそこにある、詰めよう、
黄金色の夢のように、ドアの向こうに消えうせよう……

ジヴルスカの本では触れられていないが、「メドレー」が収容所の末期に没収財産登録事務所で舞台演芸《キャバレー》として上演されたのはほぼ間違いない。クリシェヴィチはそれが事実であったことを示唆する情報を得ていた。また女性たちが心をなごませる娯楽を必要としていたとジヴルスカがたびたび述べているのは、その種

Pi-łam Kto mó-wi, że nie pi-łam? Bu - tel - kę wy - trą - bi - łam i
je - szcze dwie bu - tel - ki. Ka - po tak bar-dzo wó-dzię lu - bi, o
to się nie po - czu - bi, wy - pi - je z na - mi też.
Pić to jest je - dy - ny ży - cia sens i za-gryźć tor - tu kęs,
U - śmie-chnąć się spod rzęs. Pić to jest naj-więk-szy ży - cia dar,

譜例 4・10 「没収財産登録事務所のメドレー」．第 32 詞

To Bo-lek na har - mo-nii gra i du-sza łka, i ser-ce łka
A każ-dą chwilę szczę-ści-a ma, Bo śli-cznie gra, tak rze-wnie gra.

譜例 4・11 「没収財産登録事務所のメドレー」．第 39 詞

Flasz - kę wi - na weź, tro - szkę kon - serw masz,
ja cię nie wy - dam i ty mnie nie Wo - rek le - ży tam,
wpa - kuj w wo - rek ten, Zni - knij już za drzwia-mi jak ten zło - ty sen.

譜例 4・12 「没収財産登録事務所のメドレー」．第 49 詞

の上演がけっして場違いでもなかったことを示唆する。[44]「メドレー」の歌詞は形式と内容のいずれの点でもキャバレーの伝統的な特徴と多くの点で一致し、それは伴奏にもあてはまる。メロディはしばしばきわめて洗練され、集団で歌うためでないのは明らかである。またジヴルスカは上演にかんする指示を自分の楽譜に手書きしており、上演の趣旨が集団による歌の夕べよりも格式ばっていたことを示している。最後に、いくつかの歌詞ははっきりと収容所の目の前にいる聴衆に向けられていた。彼らの苦難は理解されているのだった。しかし結局のところ、慰めと励ましの陽気な口調が勝るのである。[譜例4・13―16]

（1）　君はもうわれわれを忘れない、この歌がわれわれを思い出させるだろう、
そして、君はいつも思い出してくれるに違いない、何年にもわたって。
いつかその時が来たとしても、君にはたくさんの思い出が残っているはず。
われわれの歌は君のあとを追って世界に出て行く……

（51）　一二時間、どの昼も夜も同じ、
同じつらい運命。
でも、いつも笑っていよう、いつも勇気をもとう、
より良い時代が君に訪れよう。

（53）　時がわれわれを引き離すとしても、
心配事はたえないもの、

Już nie za - pom - nisz nas, przy - pom - ni Ci o nas pio -
sen - ka i za-wsze nas bę-dziesz pa-mię-tać przez wie - le lat. I
cho - ciaż przej - dzie czas, nie je - dna zos - ta - nie Ci scen - ka, po -
je - dzie ta na - sza pio - sen - ka za To - bą w świat.

譜例 4・13 「没収財産登録事務所のメドレー」. 第 1 詞

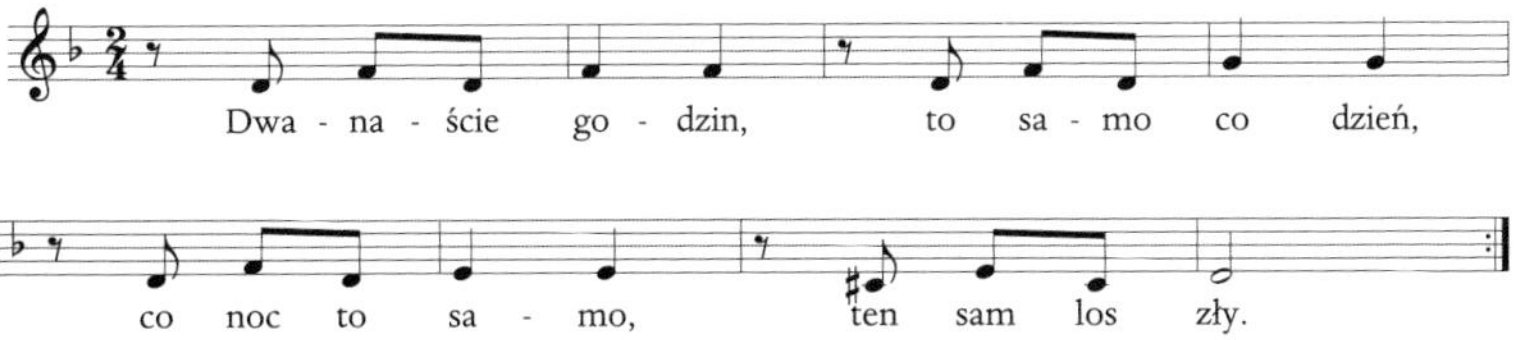
Dwa - na - ście go - dzin, to sa - mo co dzień,
co noc to sa - mo, ten sam los zły.

譜例 4・14 「没収財産登録事務所のメドレー」. 第 51 詞

Choć nas roz - dzie - li czas, przy-jdą in - ne zmart-wie - nia,
dro-gie bę - dą wspom - nie - nia, dro-gi prze - by - ty czas.

譜例 4・15 「没収財産登録事務所のメドレー」. 第 53 詞

思い出は大切、
過ごした歳月も大切。

(54) 静まりかえった君の村で、だれかが歌いはじめるとき、
静かな自分の家で、君はわれわれの歌をまた聴くだろう……
不思議に思うだろう、でもすてきに感じるだろう、
すべてが終わって、君は自分の家にいるのを……

ジヴルスカ、ヴァルホワ、そしてストルィイの歌は、アウシュヴィッツに存在した「特権」にさえも多種多様な範疇があったことを想起させる。これらの収容者にとっての「特権」は、他者を支配することではなかった。この点は、ブロック責任者やカポのようにナチの当局側の立場にいた者たちとは異なる。彼らの「特権」はむしろ彼らが働いていた、閉ざされ、多少とも保護された環境に由来していた。しかも、そうした「特権」を享受した者たちでさえもがナチ機構の蛮行を免れることができなかったことを、彼らの作品が明らかにしている。三人とも有利な境遇と生き残る成算がある職場に配置されるという幸運に恵まれてはいても、彼らは同時に個人的にも集団としても深い喪失感を味わっていた。ストルィイの歌はポーランド人の国民的精神を訴えるものであるより、むしろ家族の殺害にたいする怒りと苦悩の記録となっている。ヴァルホワの歌は痛切な哀歌であり、同胞同士が殺しあうビルケナウで、孤立し、いがみあう日々の現実を堅固に生きる作者の姿を浮かび上がらせる。ジヴルスカは穏やかな表現を使ってはいるものの、彼女を含め、だれもがそこを逃げ出したいと思っている場所が収容所であったことを明らかにしている。

譜例 4・16 「没収財産登録事務所のメドレー」. 第 54 詞

移送者たちが携えてきたスーツケースの山. アウシュヴィッツ

同時に、彼らの世界は大多数の「一般」収容者のものとは劇的に異なっていた。彼らの作品はほかの何万もの人たちができなかったことのすべてを、より強烈に思い起こさせる。「特権」をもつ収容者は、自分たちの運命についてだけでなく、民族の運命を表現する手段としても歌を使うことができた。彼らはこうした歌を自分たちのために上演する集まりをもち、そのなかで自分たちの怒りや苦しみ、そしてわが家にもう一度戻るという希望を表現することができた。これらの歌自体は生き残るために有利な要件とはならなかったが、人びとの孤立感や無力感を和らげはした。歌はまた、人びとが自分たちの体験をより大きな集団のなかに位置づけることを可能にした。さらに歌は人びとが何を経験したのかを、ときにはそれが未来の世代に残される希望とともに、記録する機会を与えた。

強制された歌唱、オーケストラ、ナチ当局

既述のとおり、アウシュヴィッツとビルケナウはいずれも、異なる階級の収容者たちがおびただしく異なるものを手にした階層化された社会であった。ビルケナウの男子管弦楽団で指揮者をしていたシモン・ラクスは次のように述懐する。

［重要人物］は、自由になることを除けば、自分の望んだものをなんでも手に入れていた。そうした彼らにとって、音楽は気前よく身銭を切る娯楽であり、つけたしの贅沢であった……しかし、底辺の階層にとって音楽は、そもそも効用があるとしても失望させるほどのものであり、むしろ心身のひどい衰弱

をいっそう悪化させた。[45]

本章ではここまで、収容者のさまざまな集団に存在した自発的な音楽活動をとりあげてきた。ラクスの指摘はしかしながら、力をもつ者ともたない者とのあいだにみられた差異を、おそらくもっともはっきりと浮き彫りにする。強制された音楽という現象はアウシュヴィッツに限られなかったが、ここではとりわけはっきりした役割を担っていた。ほかの収容所とは異なり、大多数の収容者が体験するであろう唯一の音楽は、さまざまな加虐的な目的を果たすために親衛隊によって考えられた音楽であった。

ザクセンハウゼンでもそうであったように、強制的な歌唱教練は日常的に行われていた。それは通常、点呼広場でか、労働部隊が労働現場を行き来するさいに行われ、気合が入っていなければ厳罰に処された。曲目はほとんどいつも同じで、よく知られたドイツ民謡や、エスターヴェーゲン〔収容所〕で歌われていた「俺はアウシュヴィッツ収容所にいる」のような歌詞を変えただけの既存の歌であった。[46] チェコ人の収容者アルジュビエタ・ヘレロヴァーは、彼女の労働部隊がカポから「アウシュヴィッツはすてきな小さな町」を歌うように強要されたのを回想しているが、それは「ハンブルクはすてきな小さな町」の名前を変えただけのふざけた替え歌であった。多くのポーランド人収容者が、自分たちを苦しめるために親衛隊員から感傷的な歌を強制的に歌わされたのを、同じように語っている。そうしたお気に入りの一つが「山男よ、悲しくないかね」であった。[47] それは山の家を離れた男が戻りたい気持ちを切々と訴える、十九世紀の郷愁をかきたてる歌である。[48]

音楽は処刑の伴奏にも使われた。アウシュヴィッツIの元収容者であったヒンダ・テンネバウムによると、人体実験を行っていた第一〇ブロックに隣接する悪名高い死の壁で収容者が銃殺されるとき、よく音楽が流されていた。基幹収容所の別の収容者で、メンゲレ医師の人体実験にされた数多くの双子の一人は、オーケストラが伴奏するなかで人びとが死ぬまで拷問されるのを見ているよう、どのように強要されたかを記述している。モノヴィッツでは逃亡者を捕えたことを祝う特別行事でオーケストラの演奏があった。奏者のハーマン・サクノヴィッツは、それがどのように行われたのかを詳述している。それによると、捕えられた男は、「万歳、万歳、収容所に戻れた！」と叫ぶように強制され、太鼓をたたきながら、収容者たちが整列する列の間を行進させられた。ついで、オーケストラが観兵式の曲を演奏するなかで絞首刑が執行されるのである。だがオーケストラの楽員たちは、人びとがガス室に向かうときに演奏することはなかったと主張している（それは戦後、広まったうわさの一つであった）[49]。

前述のとおり、一九四〇年までには、大規模な強制収容所の多くが自前のオーケストラをもっていた。だがアウシュヴィッツでは、収容所のオーケストラがまったく新たな重要性を帯びることになる。一九四〇年から四三年までの間に、基幹収容所とビルケナウだけで少なくとも大小五つのオーケストラが親衛隊によって創設されている。モノヴィッツやそのほかの衛星収容所でもさらにいくつかのアンサンブルがつくられ、日常生活のなかで重要な意味をもつようになった。アウシュヴィッツⅠの収容者イェジ・ブランドフベルはつぎのように述べている。

オーケストラ、そう、オーケストラはここでの生活の、いつも変わらない日常の一部である。労働に出るときと帰ってくるときに演奏している。ときには死人を運ぶ荷車がゲートをくぐろうとしているときに演奏することがあった。労働中に演奏することもあるし、指示があると収容所のゲートの前で日曜日にコンサートを開いていた。そして、突如としてそこからいなくなると、あたりは異様に静まりかえってしまう。その不在は、人生に絶対不可欠ななにかを失うぐらい憂鬱なものである。深い、いつまでも続く悲しみに打ち沈むときのように――オーケストラの音がどこからも聞こえないのだ。朝にふたたび行進曲が鳴り響くと、一転する。一日が陽気にはじまる。[50]

オーケストラは素人と職業演奏家の混成で、あらゆる区域の収容者たちから登用された。アンサンブルをつくる命令が出されると、それにふさわしい収容者を探しだすために、ただちに補助要員が送り出された。入所のさいに職業演奏家であることを名乗り出ている収容者もおり、そうした場合は本人を特定することが容易であった。しかし、たいていの場合は口コミで探しだす必要があった。音楽家を探していることを知らせる告知は、ブロック責任者やカポ、診療所で働く者が行うのである。進んで引き受ける者もいれば、友人に推されて申し出る者もいた。なかにはなぜ演奏家が徴募されているのかを知らずに、恐怖心から手を上げない者もいた。のちには、楽員を補充しなければならなくなると、到着したばかりの移送者のなかから音楽家が探されるようになる。補充の仕方はしばしば行き当たりばったりで、多くの者が親衛隊の将校や補助要員と偶然話をかわしたことで見出された。[51]

収容者によっては、収容所との最初の出会いがこれらのオーケストラのどれかであることがあった。一九四四年にビルケナウへの移送者があの忌まわしい引き込み線の降車場に直接降ろされるようになると、オーケストラが新しい到着者たちを出迎えるようになる。それは、収容所でなにが犯されているのかについて、人びとを欺くための巧妙な工作の一部であった。親衛隊は、新たに到着した者たちがこの未知の場所を理解するための手がかりを求めているのを承知しており、人びとが目にするもので安心させようとした。それが手入れの行き届いた庭、シャワーや更衣室を示す案内標識、そして音楽である。降車場でつづいて実施された選別は、音楽が伴奏するなかで行われた。[52] オーケストラは戦前の流行歌や哀愁をおびたバラード、そしてダンス音楽をよく演奏した。収容者アレクザンデル・ラマティが一九四四年三月に到着したときに演奏されていた曲はシュトラウスのワルツであった。レハールの「メリー・ウィドウ」やオッフェンバックの「ホフマン物語」から「ホフマンの舟歌」の抜粋が演奏されていたのを記憶している者もいる。多くの元収容者たちが、オーケストラを見出したことで心の底から安心し、「それほどひどくないかもしれない[53]」と思ったと述懐している。こうしてオーケストラは、実際に起ころうとしている出来事から到着者の注意をそらし、動揺を和らげるとともに、おとなしくさせる役割を果たしたのである。

音楽家たちは、仕組まれた奸計のなかで自分たちが果たしている役割を承知していた。だが、わずかでも感情におぼれれば厳しく罰せられた。ビルケナウ女子管弦楽団の楽員であったラヘル・オレフスキ＝ザルマノヴィッツは、楽員仲間のひとりでギリシャ人のイヴェッテ・アサエルという名前のコントラバス奏者が、到着した移送者を目にしてしばしば泣いていたと述べている。あるとき、それに気づいた親衛隊の将校が腹を立て、泣くことは禁じられていると彼女を叱責したうえ、そうする者はだれであっても始末すると脅したのである。[54]

最初のオーケストラはアウシュヴィッツⅠにおいて一九四〇年十二月に創設された。ポーランド人の収容者フランツ・ニェルィフウォ（収容所の調理場のカポでもあった）が中心となり、まず六人の音楽家が集められた。ヴァイオリン、パーカッション、コントラバス、アコーディオン、トランペット、サクソフォンの奏者である。彼らの稽古部屋は第二四ブロックに置かれた。何人かの音楽家は、楽器を送るよう家に手紙を書く許可をえたが、足りない楽器は収容所の近辺に住む音楽家から徴収された。一九四二年、指揮者がニェルィフウォからワルシャワの著名な音楽家のアダム・コプィチンスキに交替する。コプィチンスキはオーケス

脱走者の処刑を先導するオーケストラ．マウトハウゼン収容所

アウシュヴィッツの男子管弦楽団によるナチ親衛隊のための日曜コンサート
1941 年．指揮者はおそらくフランツ・ニェルィフウォ
United States Holocaust Memorial Museum, courtesy of Instytut Pamieci Narodowej

トラが解散する一九四五年までその地位を保持した。入所者の恒常的な増大に伴って、オーケストラの規模はたえず拡大した。一九四二年におよそ一〇〇人であった奏者は、一九四四年には一二〇人以上を数え、ナチの収容所のなかでもっとも大きなオーケストラとなっている。男子は、おもにポーランド人とドイツ人、そしてロシアの出身者で、その多くが職業演奏家であった。ユダヤ人の登用は禁じられていたが、それでも一九四四年末の方針変更後は何人かが加わっている。[55]

ビルケナウは存続期間をつうじて、四つのオーケストラ風のアンサンブルを誇った。男子と女子の収容区にそれぞれ一つずつ、ジプシー専用収容区に一つ、そして短い期間ではあったがチェコ人のための家族収容区にあった。男子管弦楽団は、ビルケナウ収容所が完成してまもない一九四二年七月につくられている。ビルケナウの収容区の司令官ヨーハン・シュヴァルツフーバーの命令で、一六人の音楽家が基幹収容所のオーケストラから移され、新しいアンサンブルの中核となった。その後、オランダをはじめギリシャやポーランド、フランス、ドイツからの移送者を加えていき、奏者の数はじょじょに増やされた。そして管弦楽団が解散された一九四四年十月には楽員数はユダヤ人を含めておよそ四〇人であった。女子管弦楽団は一九四三年四月に、ポーランド人の収容者ソフィア・チャイコフスカの指導でつくられている。楽員はもっとも多い時で四五人を数え、大半が素人音楽家であった。家族収容区のオーケストラは奏者が六人から一二人の小規模なアンサンブルで、重労働を免除されていた。彼らは頻繁に、親衛隊のための演奏や、軽い規則違反を犯した収容者にたいする拷問の伴奏を強要されていた。[56] オーケストラやそれより小さいいくつかのアンサンブルへの言及は証言文献のなかで数多くなされているにもかかわらず、ジプシー専用の収容区のものについて知られていることはほとんどない。[57]

最後の本格的なアンサンブルはモノヴィッツで一九四三年九月に設立されている。国籍がまちまちの四十人から五〇人の奏者によって編成され、ユダヤ人の楽員も認められていた。彼らの多くはその道に秀でた職業演奏家で、なかにはオランダの著名なジャズ奏者たちもいた。[58]

オーケストラの音楽家たちは、いずれも「特権的」な収容者の範疇に入る。それにもかかわらず、彼らの体験した境遇は一様ではなかった。モノヴィッツの楽員は食料の追加割り当てと専用の制服などの暖かい衣類を支給されていた。彼らのほとんどが、ほかの収容者仲間よりも楽な労働部隊に配置され、親衛隊のための私的なコンサートのあとにはいつも煙草を受けとっていた。[59] ところが基幹収容所では、音楽家に特典はあっても、いくつかの点で必ずしも優遇されているわけではなかった。彼らは一緒に収容棟で生活したが、居住環境はほかの収容者と同じであった。臨時収入を得る、つまり「組織化」する機会が多々あり、ときには煙草が与えられていたとはいえ、食事は同じであった。日中は強制労働に従事し、夕刻に稽古に参加することになっていたが、洗濯やジャガイモの皮むきなどの「楽な」部隊にしばしば配置されていた。通常の衣服とは別に、演奏者用の特別な制服も支給されていた。しかし彼らにも定期的な選別があり、このため楽員の構成はたえず変わった。元収容者たちは、まさしく何百人もの収容者がオーケストラにポストを得たと主張する一方で、数えきれないほどの楽員がどのように突然「姿を消し」たり、自殺したりしたのかについても述べている。[60]

ビルケナウの男子管弦楽団の初期の状況もほぼ同じであった。一九四二年十月まで初代の指揮者を務めたヤン・ザボルスキと、つづくフランツ・コプカの統率のもとで、音楽家たちの生活環境や重労働（選ばれた少数の者を除く）は、ほかの収容者たちと変わるところがなかった。奏者たちもまた周期的に選別されたが、新たな移送者がたえまなく到着していたため、管弦楽団の規模はわりあい変わらなかった。しかし一九四三年半ばにラクス（ユダヤ人収容者であり、それまで管弦楽団のヴァイオリン奏者兼写譜係であった）が非公式の責任者となるやさまざまな変更が加えられ、同年後半に彼の地位が正式なものになると、それはいっそう鮮明になる。彼は管弦楽団を第五ブロックに移し、そこに工作場《ツィンメライ》も設けている。リハーサルを行える専用の音楽室が設けられ、写譜係《ノーテンシュライバー》もそこで働くことができた。人びとは、より安全で、疲れることの少ない職場に配置されるとともに食事の追加割り当てを受けとり、待遇の改善をいくらか実感した。管弦楽団は活動期間中、陰に陽に親衛隊から多くの援助を受け、シュヴァルツフーバー自身も楽譜や楽器の手配にしばしば奔走した。[61]

ビルケナウの女子管弦楽団の楽員は、男子楽員の誰よりも快適な生活を送っている。初代の指揮者を務めたソフィア・チャイコフスカのもとでは、彼女たちの生活環境や労働条件はほかの収容所の収容者と異なるところがなかった。ところが、一九四三年八月にチャイコフスカがウィーン出身の音楽家アルマ・ロゼと交替すると、著しい改善がもたらされる。一九四三年七月に収容所に移送されてきたロゼは、すでに伝説的な人物とされていた。彼女は戦前のヨーロッパで秀でたヴァイオリン奏者として高い評価を得ており、しかも華やかな家系に属していたのである。父親のアルノルト・ロゼは、名声を博したウィーンのロゼ四重奏団の創設者であり、その第一ヴァイオリニストであった。夫は有名なチェコのヴァイオリン奏者ヴァーシャ・プシーホダであり、伯父が作曲家のグスタフ・マーラーである。こうした理由に加えて、新たな仕事にたいする彼女の献身的な姿勢が、おそらくビルケナウで上司の可能な限りの支持をとりつけさせたのであろう。多くの元収容者が、アルマ・ロゼと親衛隊とのあいだに無類の絆が結ばれ、彼らがロゼを大いに尊敬していたことを強調している。彼女は自分のもたらした成果を、管弦楽団の女性たちが享受できるようにもした。奏者たちは自分たちが受けた例外的な待遇にとどまらず、その後生き残れたこともロゼに大いに感謝するべきであろう。

ロゼをたえず後援してきた収容所長のヨーゼフ・クラマー、親衛隊将校のフランツ・ヘスラー、そしてマリア・マンデルが介入したおかげで、楽員専用のブロックが指定されていた。そこにはロゼとブロック責任者の個室、リハーサル室（指揮台と写譜係の机を完備）がおかれた。女性たちはみな、自分の寝台をもつことができた。これは「一般」収容者が、寝具があるかないかのような寝棚を数人で使っていたことを考えれば、たいへんな贅沢である。彼女らと同じ棟に収容されていたのは、点呼広場の担当者や通訳、伝令、管理棟で働くほかの「特別囚」である。その生活環境はほかのどこよりも衛生的で、シャワーの定期的な利用や仕切られたトイレの使用が許されていた。[62] 彼女たちは音楽活動を除いていっさいの強制労働を免除され、点呼もブロック内で行われた。さらに特別の制服も支給されていたのである。楽器をよい状態に保つ必要があることを口実にして、ロゼはかまどをまんまと手に入れ、そのおかげで楽員たちは冬のあいだ寒い思いをせずにすんだ。また親衛隊を説得して、奏者が悪天候時にゲートで演奏しないですむようにしたのも彼女であった。食事の割り当て量にかんする元収容者たちの証言は分かれる。女性たちの食事が収容者仲間と同量であったと主張する者もいるが、かりにその割り当て量が大幅に多くはなかったとしても、彼女たちが私的に演奏をしていた親衛隊や補助要員たちから追加の食料を受けとっていたのは確実である。[63]

ロゼは管弦楽団で演奏することになった者を有無を言わせず管理した。指揮者に任用されたその週のうちに、チャイコフスカが選んだポーランド人演奏家の多くを辞めさせ、おもにユダヤ人女性と入れ換えたことでごたごたをひきおこしている。彼女のユダヤ人びいきを非難する者もいるが、大多数の人びとは、それ以上にロゼがすぐれた演奏家を自分の管弦楽団に登用することに関心があったためと見ている。また、彼女たちを自分の労働部隊に加えることによって、できるだけ多くのいのちを救おうとしたという点でも、証言者たちの見方は一致している。辞めさせられた奏者は助手や写譜係として残り、また後日行われた管弦楽団のオーディションに合格しなかった何人かの女性も、ブロックのなかで下仕事をあてがわれていた。[64] 当初、チャイコフスカのもとでは、女性たちにたいする選別が定期的に行われていた。しかし選別がアンサンブルの演奏水準を保ちにくくするという理由で、選別はロゼのときに取りやめられている。[65]

アウシュヴィッツI、ビルケナウの男子および女子の管弦楽団、そしてモノヴィッツの楽団の主要な仕事は、毎朝夕、労働部隊が仕事に出かけるときと帰るときに収容所のゲートで演奏することであった。朝の演奏は点呼の直後からはじまり、通常四五分間行われた。ビルケナウでは、男子と女子の管弦楽団はいずれも自分たちのブロックからゲートの指定された場所まで行進するあいだも演奏することになっていた。また労働部隊が整列するのを待っている補助要員たちに当座の曲を演奏することもした。最後の労働部隊が出て行ってしまうと、女子たちは終日、曲の稽古を行うために自分たちの収容棟に戻り、男子たちはあてがわれたそれぞれの仕事の準備にとりかかるのであった。夕刻、彼らは少し早めにその日の仕事から戻り、行進する労働部隊を出迎えるのである。[66]

演奏曲目はドイツの行進曲が主で、くりかえし演奏された。よく演奏された曲には有名な「旧友」や「いとしい人、わたしは寂しい」「フローレンス行進曲」「分列行進曲」がある。基幹収容所のアンサンブルは楽員の自作曲も演奏しており、なかにはヴァイオリン奏者であったヘンルィク・クルルの「労働収容所行進曲」や指揮者ニェルィフウォの「働けば自由になる！」があった。[67] 女子管弦楽団は、ときにそれらよりも洗練された曲を演奏していた。オペラやオペレッタからの抜粋、舞曲などである。いずれもが演奏した曲には、「ロザムンデ」やシューベルトの「軍隊行進曲」、あるいはスーサやシュトラウスのさまざまな行進曲があった。[68]

管弦楽団が使用した譜面のなかには、新たに到着した収容者の所持品から没収されたものもあった（皮肉なことに、ビルケナウには富が集積されていた。人びとは強制移送されるさいに、しばしば自分にとってもっとも価値のある品物を持参していたからである）。そうした譜面や親衛隊から提供されたものを除くと、オーケストラが入手できる楽譜は限られていた。初期のアウシュヴィッツIの奏者たちは、送料をみずから負担して楽譜を送ってもらっており、彼らの収集した譜面をのちにほかの楽団が利用していた。ロゼの場合、親衛隊がしばしば収容所の外から楽譜を持ち込むのであったが、たいがいピアノ譜であったため、編曲する必要があった。ビルケナウの管弦楽団と基幹収容所のアンサンブルは、総譜や演奏楽器に応じたパート譜を作成するために、いずれも何人かの写譜係を募っている。楽員が絶えず入れ替わる状況下では、写譜係の役割はとりわけ重要である。というのも、特定の受け持ち楽器が欠落することによって、突如として楽曲の構成に「穴」があいてしまうとき、彼らはある種特別な編曲をする必要があったからである。それは、どのような奏者の組み合わせであっても演奏できる曲づくりをしておくことであった[69]。写譜係はほとんどの場合、ピアノ譜か自分の記憶にもとづいて編曲している。しかし、親衛隊将校の選んだ曲に和音をつけたり、編曲したりしなければならないこともしばしばあった。ラクスが指揮者であった時期をみると、ビルケナウの男子管弦楽団は「ドイツの樫」や「アルデンヌの森」「オーバーザルツベルクへの挙手」などの行進曲の編曲を指示されている[70]。

　日々の行進教練は、オーケストラと収容者の集団とが出会う、もっとも日常的な場であった。収容者たちは、その目的が教練を円滑に進めることであったとほとんど例外なく解釈している。収容者がそろって五列縦隊で行進することによって、員数の確認は容易となり、収容所の外への移動もそれによって秩序正しく、効率的に実施することができる。陰惨な状況下で陽気な曲が演奏されるのは、多くの者にとって不気味であり、彼らの苦痛をいっそう大きくした[71]。戦後のきわめて珍しい報告資料のなかで、親衛隊の将校ペリー・ブロートは次のように述べている。

収容所のゲートで、収容者の楽団がドイツの陽気な行進曲を演奏していた。午後の仕事に出かける労働部隊が行進するときの伴奏である。彼らが歩きにくい木靴で、しかもまめができた足で歩調をあわせるのは大変である。収容者の足並みが乱れれば、その者は容赦なく蹴飛ばされるか、顔を殴られるかした。[72]

奏者も行進者もひとしく、それがきわめて悲惨な光景であったと力説する。とりわけ夕方がそうで、収容者の多くが音楽にあわせてのろのろと歩くのがやっとであった。重病人や日中に死亡した仲間を、懸命にかついでいる者もいた。ビルケナウの元収容者マリ・フリッツは、毎日行われるこの儀式の異様さに衝撃を受けた。

死の収容所に戻るときの行進はひどくつらかった。かろうじて足をあげることができたのであり、疲れでものも言えない状態であった。泥か土ぼこりの塊を、なによりもはや行進していない死者たちの灰を、いつも肩に担いでいるような感覚であった……われわれが収容所に行進していくと、あの騒々しい音楽がとにかく規則正しい調子で演奏しようとするのだが、それはなんのためなのだろうか？……幽霊のようなわれわれの隊列は、まるで地の底からはって出てきたように見えるにちがいない。左、左、左、二、三……呪われた恐怖のリズムである。[73]

プリーモ・レーヴィは、これらの「奇怪」な日課が「熟考された理由」にもとづいて計画され、収容者たちの意志を圧殺し、彼らを「行進する自動人形」にするためであったと考える。

曲目は限られていた。十数曲であろうか。毎日、毎朝、毎夕同じ曲である。ドイツ人にとって耳なれた行進曲と大衆音楽である。いずれも脳裏に深く刻み込まれている。収容所を忘れることができたとしても、最後まで残るのはこれらであろう。それは収容所が発する声であった。幾何級数的に増殖する狂気、もしくは、まずわれわれを人間として無力にしておいて、ついでゆっくり殺そうとする他者の決意の可視的な姿なのであった。[74]

あとから考えると、こうした行進が収容者たちに有益な効果があったとは考えにくい。実際、これと異なる意見を述べている者はほとんどいない。[75]

音楽家の側にとっても、こうした仕事の体験はつらく、苦しいものであった。そもそも、彼らは仲間の収容者の苦痛と親衛隊が手当たり次第にふるう残忍な暴力を、救いの手を差しのべることができないのを知りつつ、傍観するよう強制されていた。反逆的な行動をとることで自分たちの生き残れる可能性を失いたくはなかったし、抵抗を企てたところでさしたる効果はなかったにちがいない。そうした精神的な試練に加えて、しばしば氷点下の気温であっても欠かさず演奏することの肉体的な苦痛を、多くの音楽家が経験していた。[76]

しかしながら、こうした音楽が犠牲者には苦痛をもたらしたという以上に、親衛隊にとっても重要な役割をもった可能性があることは否定しがたい。最近のいくつかの研究報告は、収容所生活のほかの側面にかんして似たような見方を提起している。たとえばインガ・クレンディネンは、アウシュヴィッツの親衛隊がとった行動を「意識的な演技」と呼んで考察している。それらはしみひとつない清潔な服装から収容者の入所手続き、異常ともいえる点呼、きちんと練り上げられたガス殺（入念に更衣室と表示されていた）、あるいは日曜日の「体操」にまで及ぶ。前述したフリッツやレーヴィのような収容者たちにとって、こうした「狂った」行為は「ドイツ的なばかげた几帳面さ」の表れであり、「整理整頓され、厳格に分類表示された世界」にたいする好みに他ならない。しかしクレンディンネンは、おそらくそのこと以上に、親衛隊にとってそれらをとり行うことが重要な個人的な意味と価値をもつ「儀式」であったと考える。アウシュヴィッツの親衛隊員は、同僚たちが前線で「正真正銘の敵」と戦うのとは異なり、報われない「陰鬱」な日常を過ごしていると考えていた。このような「舞台設定」が、彼らに自分たちの優越感を強くかつ具体的に誇示させ、「堅固な志操と無敵性」の気概を回復させるとともに、士気や自己像を持続させ、「身の毛のよだつような彼らの使命が内包する魅力を保たせた」のである。くわえて、日々の職務は身も心も芯から疲れさせるのであり、彼らは「なにかしらの安らぎ」を求めていた。これについてクレンディンネンは、ガス殺のような「直接手を下さずにすむ」殺害法が開発された理由の一端が、殺人者たちの心の平衡を保つためでもあったと書きとめている。[77]

マイケル・バーレイはこの点に関連して、殺人者たちが「人間としての品格を大きく損なってはならない」ことへの関心があったと論じている。

彼らは野蛮な行動をとってはならなかった。半獣的な側面を解き放つのではなく、一部の道徳を解除することが目的なのである……異常なことを実行するよう求められながらも、これらの男たちは正常であることを要求されていた。それゆえにヒムラーは再三再四、冷酷であることと品格とを結びつけようとしたのであり、また「ドイツの知性と情緒に満ちた崇高さ」について話し合うため、殺戮のあとには食事をとりながら簡素な「戦友懇親会」を催さなければならないと力説していたのである。[78]

カリン・オースも「品格」の形成が親衛隊員の自己理解にとってきわめて重要であったと論じている。第一に、自分たちの行為を自身と社会にたいして正当化するためである。その一部は私的な生活領域と結びついていた。家族は収容所の親衛隊社会を構成する不可欠な要素であったが、社会的ないし文化的な行事が奨励されたのは、バーレイが述べているように、それらが「過酷であることと品格とを結びつけた」からである。オースはさらに、収容所生活のある領域では「品格のある」行動をとることと殺人行為とが矛盾せず、むしろ両者が「密接不可分に結びついていた」と言明する。[79]

こうした議論にもとづけば、音楽は収容所の親衛隊が上演する「舞台」の一部をなしていたと考えることができる。その筆頭にあげられるもっとも分かりやすい事例は、入念に遂行された毎日の行進教練であろう。それは、衰弱してやせ衰えた収容者の痛ましいただの行列に、秩序感というか、軍隊的とさえいえる趣をそえるのであった。威勢のよい、民族主義的な調子を刻む行進曲は、多国籍、多言語の収容所社会においてドイツ人の支配と優越性を誇示する効果的な手段でもある。ドイツの歌を強制的に歌わせることも同様の役割を果した。降車場での演奏は、これとは異なる種類の演出（整った庭やシャワーと同類）であり、殺戮工程の不快な、純然たる残虐性から目をそらすためのものである。奏者たち自身のなかにも、この音楽が選別というつらい仕事に親衛隊員を耐えさせたと考える者がいる。[80]

しかしこの論議でいっそう重要なのは、親衛隊員が自分たちの楽しみのために、収容者の音楽家たちに公私ともによく演奏を頼んでいたことである。そうした演奏は、親衛隊員が自分たちの行動からの気分転換を図り、おそらくより重要なこととして、洗練された「文明的」な枠組みのなかに自分たちの行為を位置づけるものであったという点で、彼らの感情的な欲求を処理する機会を与えた。上述のとおり、アウシュヴィッツの親衛隊はほかのどの収容所にもまして、オーケストラを少なからず援助し、奨励していた。音楽にたいする彼らの関心とその残虐な行為とをまったく矛盾するかのように考えたくなるが、実際には音楽は収容所の歪んだ論理の一部をまぎれもなく構成していたと思われる。なによりもまず、音楽は親衛隊員が洗練されたドイツ文化と個人の「品格」にもとづく自己像を保つことができる枠組みを提供したのである。音楽は彼らが従事した職務と乖離するものではなく、まさしくそれに沿うものであった。

　オーケストラはゲートでの仕事のほかに、親衛隊から定期コンサートでの演奏を依頼されていた。基幹収容所では、それらは日曜日に収容所司令官ルドルフ・ヘスの屋敷の近くで行われた。医師のヨーハン・パウル・クレマーは一九四二年の最後の数か月、親衛隊員としてアウシュヴィッツで任務についたが、九月二十日付の日記のなかでそうした演奏会の一つに触れている。「日曜午後三時から六時。好天気。収容者たちのオーケストラの演奏を聴く。楽長はワルシャワ国立歌劇場の指揮者。奏者は八〇人。昼食はロースト・ポーク。夕食は焼き魚《テンチ》」[81]。演奏会の曲目は、行進教練のときと比べると、いくらか洗練されていた。プログラムは「肩のこらない」曲目のほか、オペラやオペレッタの抜粋、それにメジャーな交響曲であった。何人かの収容者は、シューベルトの「未完成交響曲」が演奏されたのを回想している。レオンカヴァッロの「道化師」やプッチーニの「トスカ」のアリアが歌われたことを憶えている者もいる[82]。ビルケナウの男子管弦楽団も日曜日の同じような行事で演奏しており、いつものクラシック曲に加えて、親衛隊の特別注文の演奏にも応じていた。「シューベルトの思い出」と題されたシューベルトの歌のメドレーやロシアをテーマとしたメドレー「黒い瞳」などである[83]。モノヴィッツのオーケストラは日曜コンサートで、ダンス音楽やオペレッタからの抜粋、そしてサロン音楽を演奏していた[84]。

女子収容区では、演奏会は男子と女子の両収容区の間にあった「サウナ」すなわちシラミ駆除棟〔収容者受入棟〕の前で催されていた。悪天候のときは建物のなかで演奏された。女子管弦楽団はほかのオーケストラより多くの、しかも感銘深いレパートリーを誇った。それはなによりも合奏の演奏技術を向上させたロゼの献身的な努力に負うところが大きい。当時の奏者たちは、彼女が厳格で要求の多い指揮者であって、その途方もない情熱と精力で、オーケストラから高い音楽性を引き出していたと述べている。彼女の就任からわずか数週間で、演奏水準はみるみる向上し、演奏曲目もチャイコフスカ時代の出し物であったドイツの軍隊行進曲やポーランドの兵士たちの歌から、またたく間にドイツの流行歌やアリア、交響曲からの抜粋、管弦楽曲の大作、ヴァイオリンやピアノの独奏曲へと広がったのである。演奏会で上演された作品のなかには、シューマンの「トロイメライ」やレハールとフォン・スッペのオペレッタの抜粋曲、ヴェルディやプッチーニ、ロッシーニのオペラのアリア、そしてブラームスやモーツァルト、シューベルト、ドヴォジャーク、ヨーハン・シュトラウスの管弦楽曲があった。[85]

こうしたコンサートはどの収容所でも、親衛隊の将校や収容者を前にして上演されていた。奏者たちがしばしば主張することであるが、こうした演奏会は、収容者にとってアウシュヴィッツの恐怖からのある種の逃避行、もしくは「避難所」であった。彼らは、聴衆が目に涙をためて音楽に聴き入っていたと述べており、そのとき人びとは自分たちがほかの世界に、おそらく家で家族と一緒にいる姿を思い描いていたと考えられるのである。しかし、これもまた奏者たちが強調していることであるが、ほとんどの収容者がこれらの演奏会に行く機会を与えられていなかったのである。その特権は、「特別囚」と補助要員、あるいは収容歴の長い古参のものであった。ごくまれに、そうした機会を「一般」収容者ももったが、その場合は会場の後ろで直立不動の姿勢をとっていなければならなかった。親衛隊は拍手を禁じていた。[86]

オーケストラと親衛隊との関係は、これらの公認されていた役割に限られなかった。音楽家の個人グループは、非公式の演奏をたびたび求められたのである。それは、リハーサル室で行われることもあれば、ディナー・パーティや誕生祝い、そのほかの特別なときの私的な集まりで演奏されることもあった。音楽家たちはときおりそうした機会に、「禁止」されている曲目を演奏するよう求められた。とくにジャズである。[87] こうした曲目の指示は、特定の音楽にたいする親衛隊員のたんなる好みが、場合によっては公式規則に容易に優先しえたことをあらためて裏づける。親衛隊員のなかには、基幹収容所やビルケナウ、そしてモノヴィッツの音楽棟に足しげく通う者もいた。リハーサル中の演奏やお気に入りの作品の演奏を聴いたり、もっぱら音楽についておしゃべりをしたりするためである。奏者たちはほかのすべての仕事をわきにおいて、注文されたどのような曲でも演奏することを求められた。女子のブロックをひっそり訪れる常連は、ヘスラー、クラマー、そして悪名高い医師メンゲレであった。基幹収容所では、報告指導者《ラポートフューラー》バルツと名前の分かっていない警備兵数名である。男子収容区では、報告指導者ヨアヒム・ヴォルフと自ら演奏に加わりもした班指導者《ロッテンヒューラー》[88]のペリー・ブロートがいた。これらの行為の報酬として、奏者たちには食料と煙草が惜しみなく与えられた。[89]

親衛隊将校が選別や殺戮行為のあとの気分転換にブロックを訪れたことは、多くの音楽家を当惑させた。しかし、そうしたときに音楽家たちは彼らの人間的な側面をかいまみている。なかには、自分たちと一緒にいるときの親衛隊員たちが意外にも「人間らしく」なったことを、悲痛な気持ちで語る者もいる。たとえば、ヴァイオリン奏者のテオドール・リーゼは、新たに移送されてきた者をガス室に送る選別作業に従事していた基幹収容所の高級中隊指導者《ハウプトシュトゥルムフューラー》のことを回想している。彼は一日の仕事のあと、よく音楽家たちのところに来て談笑し、彼らと室内楽を演奏するのであった。リーゼは、彼が感じのよい、愉快で、しかも非常に教養のある人物であったと、その性格を描写している。何人かの音楽家の回想によれば、親衛隊員の訪問者たちが演奏を聴いていて涙を流すことも珍しくなかったという。訪問にかんするこうした記述からすると、収容所で陰惨な行動をとるその同じ人間が同時に芸術の理解者でもあることに、音楽家たちが納得できないでいることは明白である。彼らにとって、親衛隊員がその従事する職務のことで感情的葛藤をあらわにする姿を見るのは、心理的にも明らかに耐えがたいことであった。[90]

報告は、こうした非公式の音楽会が頻繁に、毎日のようにさえ催されていたことを示唆する。親衛隊員にとって音楽会が効果的な気分転換でもあったことは明白である。しかも、しばしば大酒を伴っていたことがその裏打ちをしよう。[91] こうした役務を提供していたのはオーケストラの演奏家だけではなかった。数多くの収容者が食物を手に入れるためや、ある場合には苦しみの一時的な軽減のために、私的な演奏を行っていたのである。彼らの登用のされ方はまちまちで、組織的なものではなかった。ある女性は、収容所に着いてまもなく経験した一つの出来事を回想している。彼女が仲間の収容者のために歌っているのを立ち聞きした親衛隊の警備兵に、自分の寝棚に戻ってとっておきの歌を披露するように命令されたのである。その警備兵が訪れることはなかったが、この出来事のあと、彼女は生き残るチャンスがより大きい別のブロックに移された。基幹収容所の別の収容者は、仕事を求めて積極的に働きかけることで、親衛隊員のために歌う機会を幾度ももった。彼はそれによって新しい衣類や食物、それにたくさんの煙草を得た。一九四四年秋に、親衛隊はテレージエンシュタットから移送されていたチェコの二人の著名な音楽家を懸命に探しだすことをしている。ヴァイオリン奏者のオット・サトレルとピアニストのクルト・マイエルである。二人は離れた居住区に住まわされ、快適な衣服と食料の追加割り当て、そして煙草を与えられた。彼らはそうした特権とひきかえに親衛隊のために定期的に演奏するのであるが、親衛隊員は目前に迫る敗戦の悲哀をますます音楽と酒でまぎらす必要があったのである。[92]

オーケストラが「一般」収容者のために公に演奏した唯一の場所が病棟ブロックである。そもそも病棟での仕事は彼らを不安にさせた。というのも、病棟が治療の場であるとは言いがたかったからである。それは収容者と親衛隊にとって公知の事実であった。そこでも選別がたえず行われており、診療所に行かされるのはなかば死の宣告であると、ほとんどの収容者が考えていた。しかし基幹収容所とビルケナウのオーケストラは、ときおりそこでの演奏を命じられていた。リーゼが主張するところによると、親衛隊員はそうしたブロックへ入るのをしばしば敬遠したため、奏者たちは通常では考えられないほど自由に演奏曲目を決めることができたという。リーゼはポーランドの曲を演奏したことを憶えているが、あるときなどは、ポーランドの国歌の一部さえもまじえて演奏したのである。[93] しかし、その自由がどこまで有意義な目的に使われたかとなると、無視できるほどのものであった。収容者の医師や看護婦は演奏を楽しんだが、患者の大半は反発するかまったく関心を示さないかのどちらかであった。[94] ラクスは、シュヴァルツフーバー〔司令官〕の指示で、病人をキャロルの演奏で慰めるために女子病棟を訪れたときのことを憶えている。一九四三年のクリスマスの日であった。その時の彼女らの痛ましい反応、そして彼自身の思いを次のように記している。

そこで目にした光景とか、入口に足を踏み入れたときの臭気については、あえて書かないことにする。これが最期のときを迎えて衰弱し、やせ衰えた女性患者たちの治療と世話を使命とする病院だとはとても思えなかった。しかし、そんな悲観的な思いを払いのけることにした。われわれは演奏するためにここにきたのであって、他者の悲運を嘆きにきたのではないからである。ということで、息をするのもやっとの状態で、とにかくわれわれは演奏した。まずは、ドイツの伝統的なキャロル「きよしこの夜」から演奏をはじめた……聴衆は静かに聴き入っていた。用意した曲目は、ほかに「眠れ、幼きイエスよ」

や「揺りかごのイエス」、「彼らはベツレヘムに駆けつける」、そして「主がお生まれになった」である。その最初の曲からはじめる。ところが、数小節を演奏したところで、あちらこちらから嗚咽がもれはじめたのである。すすり泣く声は演奏しているうちに少しずつ大きくなり、全員に広がって、ついに張り裂けて静めることもできない状態になった。キャロルが奏でる天上界の和音は、完全にかき消されてしまった。どうしてよいか分からない。奏者たちは、当惑してわたしに視線を向けている。続けるのか、それとも音を大きくすればよいのか、と。幸いにも、救いの手は聴衆の側から差しだされた。四方から、発作的な叫び声があがったのである。その数はますます増し、激しくなっていった。「もういい！　やめて！　出ていって！　追い出して！　安らかに死なせて！」それはポーランド語であり、わたしだけが理解できた。もしこの人たちがあれほどに衰弱していなければ、おそらくわれわれに体当たりし、こぶしで続けざまに何度も殴っていたであろうと思う。どうすればよいというのか。われわれは立ち去った。キャロルがこれほどの苦痛を与えるとは思いもよらなかった。[95]

驚くまでもないが、こうした報告を否定する患者側の反論はほとんどない。収容者が体験したアウシュヴィッツの陰惨な状況にかんする知見からすると、ほとんどの人にとって音楽がもはや感動や霊感を与える力をもたなかったのは、かなりはっきりしている。元収容者たちが戦後、再三再四語っていることであるが、彼らは収容所で数週間、もしくはわずか数日で周囲の出来事にたいする感受性をまったく失い、一種の無感覚状態に陥った。もしも彼らの多くが本能的な適応行動《コーピング・ストラテジー》の状態にあって感受性を失っていたとすれば、音楽にたいする関心も、それが能動的であろうと受動的であろうと、低かったと考えるのは理にかなっていよう。ラクスは、「新参者を茫然とさせ……やがて少しずつ『慣れ』てゆき、最後は完全な順応と無感情の状態に陥らせる」収容所生活のたんなる一側面が音楽であったと考えている。ときには収容者たちが音楽ブロックにやってきてオーケストラの稽古を聴いたり、楽員個人がクラシックの作品や収容者仲間のために特定の国の曲を弾く「秘密の場所」に出かけたりすることがありえた。[97] だがそうした機会はほとんどなかったか、ごくまれにしかなかった。アウシュヴィッツでは概して、音楽をすすんで享受する者だけが音楽の恩恵に浴したのである。

一方で、音楽家たちはある程度、音楽を建設的な目的のためにとり入れることができた。彼らの職務の大半はつらく、心に深い傷を残すのであり、しかもときには彼ら自身が親衛隊員の敵意のこもった扱いの標的となっている。[98] それにもかかわらず、彼らの仕事がもたらす生存に欠かせない物質的な特典と個人のアイデンティティに加えて、自分たちの活動から心の安らぎと支えを引きだす者もいた。女子管弦楽団の楽員たちは、ロゼが執拗に求めた高い音楽性に応えようとすることをつうじて、音楽の世界に完全に沈潜し、実際に周囲の現実を一時的にせよ忘れることができたと信じている。基幹収容所のタデウシュ・パヴラクとコプィチンスキは、どんなに飢えて疲れ果てていても、奏者たちは音楽で「われを忘れる」ために、一日の重労働のあとでもリハーサルに殺到したと証言している。リーゼも同様に、音楽が逃避の手段であり、「悲惨な現実からのある種の精神的な逃走」であったと断言する。音楽家たちは自由な時間に仲間うちで演奏を楽しむこともできた。彼らはそれに意味と楽しみを見出していた。[99]

音楽と死の収容所の世界

アウシュヴィッツのほかに、ナチ機構下の五つの収容所がとくに死の収容所（ガス室や死体焼却場といった設備によって大量殺戮が積極的に遂行された施設）に指定されている。ベウジェッツ、ソビブル、トレブリンカ、ヘウムノおよびマイダネクである。最初の四か所がもっぱら効率的な大量殺人を目的に稼働したのにたいして、アウシュヴィッツとマイダネクは周辺の工場や鉱山のための奴隷労働も提供していたことから、相当数の収容者をかかえていた。[100]

これらの収容所では、音楽もまた日常生活の一部をなしていた。トレブリンカで移送された人びとを待ち受けていたのは、巧妙に設計された欺瞞の筋書きである。駅には案内標識がかけられ、列車時刻表、待合室が設けられていた。そしてユダヤ人の収容者アルトゥル・ゴルドが指揮をする制服姿の十人編成のオーケストラによるジャズやユダヤ民謡の演奏があった。収容所には、ヴァイオリンとクラリネット、ハーモニカの三重奏団もあり、親衛隊や少数の収容者のためにさまざまな音楽活動を行った。[101]それらは朝の点呼時の演奏や収容者たちの歌の伴奏、あるいは親衛隊と補助要員の頻繁な求めに応じた合奏であったが、もっとも重要なのは、ガス室の外でそれが毎日稼働しているときに演奏することであった。[102]アウシュヴィッツと同じように、収容者は点呼のあいだと作業の行きかえりの行進で歌うことを強制されている。曲目にはドイツの兵士たちの歌や感傷的な歌、それと「トレブリンカ頌歌」という異名をもつ新しくつくられた賛歌などがあった。[103]

ベウジェッツとソビブルには、到着する移送者を迎え、また親衛隊の幹部を慰安するための小さなオーケストラがあった。ベウジェッツではガス室と埋葬用の壕とのあいだで楽団が演奏し、しばしば特別作業班《ゾンダーコマンド》の仕事の伴奏役をつとめている。オーケストラは訪れた高官を迎えるさいや拷問、強制的な歌唱教練でもときどき使われた[104]。同様にマイダネクには一九四三年一月から十一月まで、小さなオーケストラがあった。収容者たちは定期的に歌唱教練を強要され、そこでよく歌わされた曲の一つが「ルブリン戦争捕虜収容所のユダヤ人の歌」という題名をもつ嘲笑的な歌である[105]。

死の収容所のなかで音楽活動にかんする記録がないのはヘウムノだけである。しかし、ほかのすべての収容所に音楽が存在したことは、アウシュヴィッツでの音楽の使用がけっして一収容所の裁量などではなく、むしろ絶滅の工程に音楽を利用するという親衛隊の全般的な方針を裏づける。

これまでみてきたように、この工程のなかで音楽はさまざまな役割を果たしえた。人びとが衝撃を受け、混乱した精神状態で降車したとき、オーケストラは和やかな雰囲気をつくって彼らの気持ちを静めた。音楽が処刑や拷問に使われたときは、収容者の士気をくじく手助けをじかに担ったのであり、それはナチがとった一つの重要な計略であった。日々の縦列行進で演奏されたドイツの行進曲や大衆音楽は収容者数を数えやすくし、整然と行進させたのである。

しかし親衛隊の将校たちは、日曜コンサートや私的な演奏会の場で、オーケストラの演奏を自分たち自身のために楽しんだ。緊張をほぐし、自分たちの仕事から一時的な気晴らしをするためであり、これにはしばしば大酒が伴った。彼らが概して自分たちのオーケストラに大きな喜びと誇りを感じ、しばしば職権を逸脱してまでもその手助けをしていたことが知られている。当局者がオーケストラを高い地位の象徴《ステータス・シンボル》とみなして、おもにこの理由から合奏団をつくった、と論じた収容者たちもいる。さまざまな収容区でときおり開かれたオーケストラの「合同演奏会」は、こうした見方を支持するものである。たとえば、ビルケナウの男子と女子の管弦楽団は、ときおり互いの収容区で日曜コンサートを開いている。まれではあったが男子管弦楽団と基幹収容所のオーケストラが女子収容区で上演したり、シュヴァルツフーバーの意向で男子管弦楽団がチェコ人の家族収容区で何度か演奏したりした。[106]

これらの合奏団の演奏水準も考えておかなければならないが、元楽員たちの話ではたいてい二流かお粗末な水準であったという。[107] 仮にオーケストラの水準がそうした程度でよかったのだとすると、集団の構成がたえず変わることで生じる想定外の演奏水準を避けられさえすればよく、当局者たちは選別からより多くの音楽家を残そうとしたと考えられるかもしれない。これらの点は、オーケストラをかかえることがそれなりの価値をもっていたとしても、その演奏水準は本質的にはそれほど重要でなかったことを示している。また、高い音楽性を追求する音楽家には満足のできない演奏水準であったとしても、親衛隊は自分たちの要求を十分に満たしているとみていた可能性もあろう。グイド・ファクラーは、全体としてみれば、収容所の当局者が力と威信の象徴として機能した自分たちのアンサンブルの質がすぐれていることを望んでいたと認めている。[108] 親衛隊が自分たちのオーケストラに傾けた情熱を説明するため、ラクスは次の逸話を紹介している。

ある外国人観光客がドイツのとある町の大広場を横切っていると、市庁舎のバルコニーの下でかなり大人数のブラスバンドが演奏しているのをみかけた。観光客はそのなかの一人にむかって尋ねた。「演奏は誰を祝うためなのでしょうか」「どういう意味かね。誰を祝っているのかとお尋ねかね。市長さんのお祝いだよ。彼の誕生日だよ、きょうは」「なるほど、ですがバルコニーに市長さんの姿がみえないのは、どういうわけですか」「あそこにいることができないのだよ。いまここで一緒に演奏しているからね[109]」

毎日の仕事をこなすことがオーケストラの存在価値の一つであったことは間違いない。しかしながら、音楽が親衛隊にとって別次元の価値をもっていたことを、とりわけロゼの管弦楽団の事例が示している。ロゼの下での女子管弦楽団はほかのどの集団よりも、収容区と親衛隊当局の幹部に喜ばれ、庇護されていた。それがけっして偶然でないのは、合奏が断然すぐれていたことや、教養ある上品なウィーン女性であるその指揮者が非凡な人材としてながらく指揮をとったからでもある。ラクスがこの逸話で示唆しているように、ドイツ人の国民的な音楽熱の論理的延長線上にアウシュヴィッツに存在した音楽があると、多くの者が考えていた。彼の見解が楽天的であるにもかかわらず、そこには間違えようのない以下の洞察がある。すなわち、オーケストラは、そのあらゆる実用的な役割とは別に、特権的な存在であることを享受した。しかし、それは親衛隊が「洗練された」文化という観念に価値をおくとともに、オーケストラとかかわることをつうじて（たとえ精神的なものであっても）守ることのできる自己像を大切にしていたからだ、ということである。収容所でおきていた出来事と音楽とが矛盾するとは考えられていなかった。実際に、収容所の日常生活にひろく溶けこんだ音楽という存在は、大きな関心を集めず、問題にされることもなかったのである。このことは、戦後立てられた仮説に反して、音楽がけっして異質なものではなく、むしろ収容所の運営に不可欠な、そのもっともふさわしい一部だと考えられていたことを示している。

エピローグ

音楽はそれ自体が歴史的な記憶の主題であるだけでなく、記憶を伝える媒体でもある。戦争直後から音楽は、戦争を生き残った者たちが組織したり、その後の第二、第三世代の社会が定着させたりした記念式典で重要な役割を演じてきた。南アフリカで育った筆者には、ヨハネスバーグのウェスト・パーク墓地で毎年催されるホロコースト記念式典に参加した思い出がある。式典の最後に、参列者はいつも「断じて言うな、最後の道を歩んでいるのだとは」〔一一二—一一三頁〕を歌った。それは歌が「世代から世代へ……合言葉のように」歌い継がれると予言したヴィルナの作詞作曲家ヒルシュ・グリクのことばを文字どおり裏づけている。筆者が何度も参加したこの式典は、ほとんどいつもこの歌で盛り上がるのであった。このほか「ワルシャワ・ゲットーの敬虔なユダヤ人の歌」〔八二頁〕、モルデハイ・ゲビルティグの「燃えている」、そしてゲットーのパルチザンの歌が定番だった。こうした選曲にみられる傾向は記念式典に限られない。この主題を扱った録音集や著作でも同じように英雄的行動や抵抗運動がはっきりと強調されている。

本書では、これらの創作された当時の歌のねらいがまさに激励や士気の高揚であったことをみてきた。わけてもゲットーや収容所の状況が悪化すると、収容者たちは生起する事態に立ち向かおうとするなかで、慰めや元気づけてくれることばを求めた。したがって、音楽を精神的抵抗の表明であると評するのはそれなりの妥当性をもっている。しかしながら、この説明は音楽がもちうる役割の一部を語っているにすぎない。

ゲットーや収容所での鼓舞は、必ずしも単純な、もしくは率直な感情にもとづくものではなかった。そのほとんどの場合が、ドイツの政治犯収容者やユダヤ人パルチザンにみられた挑戦的な楽観主義の精神とは無縁であった。そこには苦難を受け入れ、また解放を勝ちとるまでに多くのものを失っているかもしれないという直観がいつも入りまじっていた。犠牲者たちが歌に託したのはむしろ、単純な希望よりは、そうした経験の最後を自分たちが生きながらえて目にしたいという本能的で不確かな、しばしば絶望的な希望であった。

戦後、生存者たちにとって歌は、それが戦時中に担った役割と密接に結びついていた。それは苦難を共にしたという思いを表明することであり、生き残らなかった者たちの尊厳と道徳的勝利をとりもどすことであった。しかし歌が、状況を体験していない人びとの手に移ると、変化がおきた。犠牲者たちの複雑な心理的欲求から解放された歌は、抵抗運動を強調するために使われつづけたのである。抵抗運動は当時の人びとの思いを特徴づける数多くの要素の一つにすぎなかったにもかかわらず、記憶されるべき人びとについての社会通念を支配するようになった。

なにかを記念するとき、ある程度の単純化がおこるのは避けられない。このことはとくに生存者の場合にあてはまる。ところが、上述した神話化されたような表現が出てくるのは、必ずしも記念式典の場合に限られない。これまでみてきたように、人間性を奪う強制収容の影響を人びとがどう中和するのかという救済の概念を、歴史研究もまた支持してきた。英雄的行動という分かりやすい語り《ナラティヴ》を歌からとりだした戦後社会は、それらが表現している体験の複雑さを捉えることに事実上、失敗した。さらに言えば、ゲットーと収容所の歌の多くがそのようなモデルにはまったく従っていなかったという単純な事実を見落としたのである。

本書は、われわれが楽観主義や鼓舞の語りを超えて自分たちの見方を広げ、また人間のいっそう幅広い体験を表現したり、行動に移させたりした音楽を考察していく必要を提起した。歌は、収容所やゲットーでの生活に関係したさまざまな出来事をとりあげている。精神的打撃や目撃した殺戮、孤児にされた子どもたち、宗教の危機、共同体内の汚職、苦難が広く知られることへの強い願いなどである。歌はまた、事態の多様な受けとめ方を語っており、ゲットーの子どもたちの元気な楽観主義から収容所におけるポーランド人の陰気なあざけりやブラックユーモアにまで及んでいる。犠牲者が経験したことについてわれわれが知っている大半が生き残った人びとの話にもとづいているのにたいして、当時のこうした情報源は、個人でも集団でも、人びとがその時代をどのように受けとめ、考え、生きたのかをかいま見させるものとして貴重である。それらの有用性には限界があるとはいえ、われわれは当時のほかの情報源や戦後の証言と重ね合わせることで、犠牲者たちの体験についての理解を深めることができよう。それらは、何が複雑で転変し、不確かでしばしば矛盾し、そして過酷な現実にたいする人間の最終的な応答が何であったのかを洞察させてくれるのである。

意思疎通の通常の回路が切れるか機能させるのが禁じられていた収容所ではとくに、音楽が体験を分かち合ったり、克服したりする非公式な場となった。歌は、ガス室や没収財産登録事務所、物乞いや密売、少年非行などの社会問題、あるいはトレブリンカやポナリで起きている事態といった、目前の光景にかかわる情報を伝える手段であった。歌は社会風刺や政治的な批評ともなって、しばしば収容者社会自体の権力構造や、ザクセンハウゼンでつくられたポーランド人の反ナチ歌にとりわけみられたように、ナチ当局をとりあげることもあった。

さらに深いレベルでいえば、歌は人びとがより共同体的な次元で自分たちの応答をはっきりと表現し、取り組む場をつくりだした。これは歌の集いのような規模の大きい催しにとどまらず、個人と小さな集団とのあいだのつながりにも同様にあてはまる。孤絶し疎外された環境のなかで、歌は生起する事態にたいする共通の解釈の宝庫となった。歌は願い事や心配、あるいは世の中が不確実であることを認める。そしてそうした歌が広まると、人びとは共感し、修正し、手を加え、もしくは退けた。ときには歌とまったくかかわろうとしなかった。この過程は内輪の出来事であり、管理されてもいなかったため、これらの歌から重要な集団的な語りを引き出すことは不可能である。それでも人気のパターンは、ユダヤ人共同体が当時もっとも強く共感していた考え方や見通しを積極的に、だが必ずしもいつも意識はせずに、どのように表現していたのかを示している。

歌は外の世界とつながりをもつ手段でもあった。もしくは、より正確を期すのであれば、生きて迎えることがないかもしれないと多くの人びとが恐れていた未来とのつながりである。証言するという観念は、当時の作品や戦後の証言文献のいずれでも、もっとも頻繁に顧慮されたものの一つである。精神的にも文字どおりにも世界から切り離された犠牲者たちは、何が起きたのかを証言するために、何かが、もしくは誰かが生き残ることが決定的に重要だと感じていた。それは、自分たちの「地獄の深淵から」の歌が聴かれ、「海の向こうの同胞たち」が彼らの死を悼むためである。歌は口伝えにつたえられることから、直観的な媒体であった。実際、歌詞そのものがしばしば証言するという意図をはっきりと表現していた。

本書で言及した音楽のさまざまな展開のなかには、共通するもう一つの傾向がみられる。それは戦前の暮らしとのあいだに連続性をもたせるために音楽を利用することである。収容所やゲットーの収容者たちは自分たちの歌のなかに、新しい体験をより受け入れやすくなるような枠組みを自分たちの過去――音楽の過去の伝統、昔のアイデンティティ、あるいは過去の自己理解――からしばしば引きだした。ゲットーのユダヤ人にとって、それはしばしば犠牲や殉教といった原型的な概念の用語で新しくおきる事態を記録することであった。ドイツの同化ユダヤ人でさえ、先例のない絶望のなかで、自分たちをユダヤ民族の苦難の歴史に位置づけることに慰めを見出したのである。政治的に結びついている集団、とりわけドイツ人共産党員は自分たちの長年の伝統的なやり方をつうじて、収容所で処していくことができた。ポーランド人の場合、集団的なアイデンティティは宗教的な主題への回帰と強烈な民族主義的感情のなかに求められた。ドイツ当局にとってさえも、収容所で音楽に付与された役割は「文明」的な社会をどう構築するべきかという既存の通念とうまく合致していたのである。

このように、音楽が過去や外の世界と、あるいは共同体内で、つながりをもつ重要な手段であったことは明らかである。なによりも、音楽は体験の語りを形づくるために使われたのであり、アイデンティティの有意義な側面を強調し、特有の解釈や応答を促した。しかしながら、音楽が直接に、もしくはなんの介在もなしに、こうした役割を果たしたのではないことを思いおこすのは重要である。音楽に限られないが、すでにみたように、犠牲者たちの自己理解のための語りは周囲の社会や政治の影響をほとんど例外なく被っていたからである。

まだ生きた記憶のなかにある出来事、とりわけこの種の極限的な状況について書くのは、けっしてやさしいことではない。筆者の場合、生きた記憶は共同体の次元と個人的な次元（母方の祖父母は戦争を体験した）の双方でユダヤ民族の記憶と明確につながっている。筆者が長らく聞いたり読んだりしてきた一般的な題材のほとんどが、一般向けか学術分野かを問わず、少なくともなんらかの感情を内包していた。それは破局を生きのびた者の予想された激しい応答や、おそらくこちらはより擁護しにくいが、今日の書き手たちのことばに読みとれる共鳴である。本書で筆者は、「殉教者」とか「野蛮なナチ」あるいは「理解不能な出来事」といった、ほかでよく出会う情緒的な慣用句を意識的に避ける努力をしなければならなかった。

この生きた記憶の及ぼす影響力に対処するためには、使う術語を変えるだけではすまされない。筆者は一方で、殺された親類縁者のためだけではなく、東ヨーロッパの破壊されたユダヤ民族の生活と文化のためにもジェノサイド〔特定の人種・国民の計画的な大量殺戮〕が引き起こした深い喪失感を共有している。その反面、それらの出来事の記憶がとった形式がいつも生産的であったとみることには懐疑的である。感情と歴史の冷静な説明とを分ける境界線に足をおくことは難しい。とりわけ、ユダヤ人社会を依然脅かす反ユダヤ主義やホロコースト否定論にたいする警戒心があるなかで、その敏感な空気を考慮すればなおさらである。

みてきたように、筆者の主題をとりまく言説は慰めの観念にたびたび立ち返っている。それは、どれほど野蛮で残酷な取り扱いを受けたにせよ、ナチのゲットーと収容所の収容者たちから人間の基本的な尊厳を奪うことはできなかったとする考え方である。音楽はこの慰めの観念を保持してきたもっとも重要な媒体の一つと考えられている。ところが、異なる見方をする無数の証言や回顧録、あるいは同時代の作品を別にしても、事実は必ずしもそうではなかったことを歌詞自体が証している。また音楽が、アイデンティティの疑う余地のない意義をよみがえらせたり強めたりし、あるいは苦難のなかにある犠牲者同士が絆を築く支えとなったと考える者もいる。しかし、これまでみてきたように、それが単純な英雄的行動であることはめったになかった。さらに、ゲットーや収容所の強圧的な環境下では、個人が自分を取りまくもろもろの力に影響されないことはほとんど不可能であった。言い換えれば、おのれの尊厳を奪われないかどうかを最初に決める権利が人びとにあったと考えるのは、誤った前提なのである。

英雄的行動や抵抗運動の言説にたいする筆者の疑念は、犠牲者たちに敬意を払わないとか、彼らの死が意味を持たなかったと考えているということなのではない。むしろ、希望や楽観、勇気とともに恐怖、反目、一貫性のない言動、あるいは矛盾する行動に満ちた、そうした彼らの生の豊かさを認めることが、実は彼らの記憶にいっそう誠実に敬意を表すことになると筆者は確信している。そして、そのことを本書で示そうとした。

これまでみてきたような理由から、音楽はしばしば収容所やゲットーの生活を感傷的に、神話化して描写するのに適していると思われてきた。ところが皮肉なことに、音楽がよみがえらせるおそらくもっとも重要な情景は体験の「人間的」な側面なのである。しかも、そのすべての複雑な次元においてである。親衛隊が収容所ではじめた音楽は、彼ら犯罪者たちがとった行動の意味を、ある程度までは理解させてくれよう。たとえば、彼らととくに個人的なつきあいのあった楽員が詳しく語った話は、親衛隊員たちの行動の人間的な側面をよみがえらせている。しかし、なによりも歌こそが、惨劇の渦のうちからあがる声にわれわれの耳を傾けさせるのである。それらは、収容者仲間や自分たちに力をふるった者にたいして人びとが心にいだいた事柄や、子をあやす歌を口ずさむときに彼らの心をよぎる不吉な思いを伝える。わが家の思い出や自由の身となる夢を描いてどのように気持ちを紛らわせようとしたのかを、そして体験しつつあることをユーモアや否定によってどう理解し、もしくは深刻に受け止めないように努めたのかを明らかにしている。また自分たちの人生をどのように思い出したかったのか、自分たちがどのように回想されるであろうと想像していたのかを示している。音楽をそのおかれた状況のなかで考察するとき、固定観念《ステレオタイプ》をつくりあげるために利用されてきた対象としての音楽、活動としての音楽が、まさにその固定観念に積極的に反駁する。自分たちに何がおころうとしているのかに確信がもてず、願いや希望、不安、そして憶測が交錯し、葛藤する人間として、音楽は犠牲者たちを理解させてくれる。おそらくもっとも重要なことは、殺戮の機械的な工程のなかだけでなく、彼らが表現した豊かで多様な体験のなかで、音楽が人びとを思い出させてくれることである。

訳者あとがき

本書はシルリ・ギルバート著『ホロコーストの音楽——ゲットーと収容所の生』（オックスフォード大学出版、二〇〇五年）の全訳である。翻訳は下記によった。Shirli Gilbert, *Music in the Holocaust, Confronting Life in the Nazi Ghettos and Camps*, Oxford Historical Monographs, Oxford University Press, paperback 2006.

著者の祖父母はユダヤ系のポーランド人である。かれらはワルシャワ・ゲットーを生き、ソ連での収容所生活を経て、戦後イスラエルに移住した。一家はその後、南アフリカへ移り住んでいる。この一連の「家族史」がホロコーストとアパルトヘイトにたいする著者の関心の背景をなしている。

著者は南アフリカのヴィットヴァータースランド大学を卒業後、英国オックスフォード大学で現代史の博士号を、それに先立って音楽学の修士号を取得したのち、米国州立ミシガン大学の歴史学科の助教時代に本書を執筆した。新進気鋭の新しい世代の研究者によるホロコースト研究といってよいかもしれない。

二〇〇七年よりユダヤ史やユダヤ文化研究でつとに知られる英国南部の国立サウサンプトン大学のパークス研究所で、著者は専任教官としてユダヤ・非ユダヤ関係論を講じている。最近では、第二次大戦直後の音楽をつうじて記憶されたホロコーストの諸態様や、ナチズムが南アフリカのアパルトヘイトに及ぼした影響について研究を行っている。おもな論文には「史料としての音楽——社会史と楽譜」（二〇〇五）、「歌は過去と対決する——ザクセンハウゼン強制収容所の音楽」（二〇〇四）、「アパルトヘイトに抗して歌う——ANC〔アフリカ民族会議〕の文化組織と国際反アパルトヘイト闘争」（二〇〇七）、「埋められた記念碑——イディッシュの歌とホロコーストの記憶」（二〇〇八）などがある。

著者が力を入れている社会活動に、ウェブ・サイトをつうじたホロコーストと音楽にかんする啓蒙事業があり、一部は国際職業訓練組織（World ORT）との協力で公開されている。本書に掲載された曲の一部を録音資料のかたちで聴くことができる（http://holocaustmusic.ort.org/）。

音楽が証言する

本書は大きく分けて序論と個別の事例研究《ケース・スタディ》からなる。序論では著者の問題意識と方法論が提示される。また各論の四つの章ではゲットーや収容所の状況やシステムが詳しく述べられ、音楽という視点からホロコーストが多面的に考察される。音楽をとおしてホロコーストを記述する試みである。

まず序論では、ホロコーストとの関連で音楽をとりあげることがけっして特殊個別の事象を敷衍するものではないことが述べられる。音楽はナチが開設したゲットーや収容所に広範に存在したのであり、その時代の出来事を証言する史料となりえるのである。

しかし音楽にかんする社会通念では、ホロコーストの犠牲者たちが苦難に抗して「精神的抵抗」を謳いあげたとされている。収容所の政治犯収容者やパルチザン兵士の歌は、人びとの不屈の精神を強調し、高揚させ、希望をもたせたと考えられている。だが、著者はそうした通念に異議を唱える。音楽を史料として考察していくとき、むしろ犠牲者たちが自分たちの運命を受け入れ、多様な思いや行動、どろどろとした生きざまを音楽に表現しているさまが見えてくるからである。歴史を単純化することはたやすいが、けっしてその全貌を開示することにはならないと、著者は考える。

そのため、あらかじめ出来事の帰結を知ったものとして過去をふり返ることはしないという方法論がとられている。

「精神的抵抗」論がそうであるように、犠牲者の営みを「整理」したり否定することをしない。むしろ、人びとに起こった出来事を「複雑化」することで、その多様な生の営みを照らし出すのである。そして、それにふさわしい記述の仕方として事例研究を選択したことが明らかにされる。

ついで四つの事例研究が展開される。前半の二章はユダヤ人ゲットーをあつかい、後半の二章が収容所をとりあげている。

ワルシャワ・ゲットーの音楽を主題としたのが第一章である。社会活動としての音楽がとりあげられ、階層化された人びとの恐ろしく多様な人生が時代状況とともに描かれる。生活に困窮する路上の楽師の演奏があれば、闇取引で大儲けした者たちの通う舞台演芸《キャバレー》もあり、劇場やオーケストラの音楽も存在した。人びとはそれらによって気を紛らせ、戦争前の陽気な日々に思いを馳せた。音楽は、かれらが直面する状況を受忍させ、あるいはユダヤ民族が歩んできた歴程に自分たちを位置づけることができるようにしたのである。新しくつくられた歌には人びとを励まそうとするものもあったが、歌の多くは生活の窮状を訴える内容であり、「抵抗精神」を謳うことはしていない。

第二章ではリトアニアのヴィルナ・ゲットーの音楽に光があてられる。ヴィルナ（ヴィリニュス）は古くからユダヤ人の文化活動の中心地として知られていた。ナチが侵攻し、大量殺戮が一段落すると、設けられたゲットーでいちはやく管弦楽団やイディッシュ語の合唱団が結成され、音楽が再興する。ゲットーを拠点として地下活動を行っていたパルチザンたちの歌は果敢な抵抗精神を訴えかけた。

しかしヴィルナ・ゲットーの音楽活動の中心はむしろ劇場であり、その音楽はまったく異なる情景を描きだす。そこではさまざまな音楽が演奏され、時事風刺劇《レヴュー》がさかんに上演されていた。それは惨劇にうちのめされたユダヤ人共同体が、アイデンティティを再確認する場であった。しかし劇場公演は、ゲットーを一種の自治組織として統制するユダヤ人評議会によって「有用」であるとみなされ、歌は慰めや励ましを謳ってはいても、表現は象徴や暗示に終始する。そこにあったのは、ゲットーで「無用」とみなされた住民が少しずつ姿を消していく現実を少しでも耐えやすくするための音楽であった。

後半の二つの章は、人間の存在そのものが極限まで否定された収容所における音楽をとりあげている。第三章はザクセンハウゼン強制収容所の音楽であり、特権をもつ収容者と、もたない収容者の劇的な相違が音楽の営みにも反映することが明らかにされる。特権をもったのはドイツ人の政治犯収容者であった。かれらは収容所組織にネットワークをはり、共産党や労働運動の組織論にもとづく音楽活動をもちこむことができた。政治犯収容者の庇護をうけたチェコ人の音楽活動が詳述される。また政治犯収容者自身も音楽の夕べを開催して、士気を鼓舞する歌を歌い、連帯を確認しあった。それは音楽による「精神的抵抗」の象徴とみなされたが、かれらの持ち歌の多くがナチの歌集と重複していた。政治犯収容者の音楽活動は収容所当局の知るところであり、その許容範囲内で行われていたと著者は考えるのである。

その対極に特権をもたない一般収容者がいた。政治目標や組織論をもたないポーランド人収容者の歌は、所内の非情な出来事や死をなまなましくとりあげる。かれらにとって歌は悲惨な現実との対峙そのものであった。

とりわけ歌唱を強制されたり、音楽による懲罰をうけたりしたのがユダヤ人収容者である。ユダヤ人の合唱団は、最後は死の収容所への移送によって姿を消す運命にあった。

死の収容所における音楽をとりあげるのが第四章である。アウシュヴィッツに移送された者の多くがユダヤ人であった。収容所の底辺に位置し、次の瞬間にもガス室に送られるかもしれない収容者たちである。精神的に孤立した人びとの歌は、内面的であると同時に体験を共有しようとする歌であり、独唱形式をとることが多かった。そして、自由を失った人びとの歌はもっぱら口承によった。他方、重労働を免れた「特別囚」の音楽は書かれた曲となって残された。収容所の生活をコラージュのかたちで表現した二冊の総譜からなるメドレーもある。それらは自分たちのたどる運命を記録し、また無力感を和らげようとするための音楽であった。

楽団がアウシュヴィッツで「隆盛」を極めたことも想起されなければならない。著名な指揮者が指揮する管弦楽団がつくられ、一二〇人の楽員をかかえるオーケストラもあった。楽員たちは親衛隊員の前で演奏したり、ともに演奏したりもした。それはナチ親衛隊に奉仕する音楽であった。

音楽が歴史を「記念」し、神話化するための媒体であると思われてきたことにたいして、音楽が、むしろ人びとの複雑な生の営みを伝える媒体であったことが、あらためてエピローグで強調される。ホロコーストの犠牲となった人びとの歌と音楽には、「精神的抵抗」だけではかたづけられない人生の断片が息づいているのである。

ホロコーストを生んだ近代合理主義精神

本書は音楽を歴史証言の資料としてとらえる。そして音楽という視点からホロコーストの時代を生きた人びとの体験を見つめ、その多元的な解明を試みている。そうした観点からのホロコースト理解は従来、歌詞の解釈が一般的であったが、著者は楽曲の構造からも歌の分析を試みている。その手法はホロコースト研究においてもなお未開拓な分野であろう。

ホロコーストと音楽の結びつきを主題とすることには、多くの人が違和感を覚えるのではないだろうか。しかし、音楽がホロコーストという出来事に日常的に組み込まれていたという指摘は、両者に通底するものがあるからであると思われる。

ホロコーストをめぐる歴史学は高い関心を集める研究分野であり、それだけに分析手法も多岐にわたる。ナチがユダヤ人の大量殺戮にふみきることになった背景を扱う「意図派」や「機能派」の膨大な研究がある。またホロコーストの先駆的な研究で知られるR・ヒルバーグのように、大量殺戮の仕組みを詳細に分析した研究もある。そうしたなかで、ホロコーストの淵源の一端を「近代的進歩が生んだ合理的・効率的行動」にみいだしたのが社会学者Z・バウマンであった。

バウマンは、合理主義的な精神とこれに忠実な官僚制度、国民の非人間化とその結果としての他者にたいする無関心、すなわち第三帝国の「近代性」が、ホロコーストの誘因となったと考える。そうした「近代的」な社会的枠組みが存在してはじめて、電話で話し、メモをとり、会議に出席する、つまりオフィスに座しているだけで大量虐殺を「実行」できるのである。能率と生産性を最大化する科学的管理法が社会的に普及していればこそ、ガス殺トラックを技術的に改良し、整備することができた。また「合理的」な判断によってこそ、生産的労働者を一人生かすために老人を一人殺すことを決断したユダヤ人評議会の苦渋の選択は可能となる。ナチの殺戮方法は「原始的」であり、必ずしも「近代的」とはいいがたいかもしれない。だが、人を殺す実行段階はそもそも野蛮なのであり、バウマンの視座を否定するだけの論拠とはならないだろう。また、ナチの機構が分立し、命令系統がしばしば混乱していたことはよく知られている。しかし「合理的」であることと、指示の不整合性や組織同士の競合とは必ずしも矛盾しない。

本書のもう一つの主題である音楽はどうであろうか。その一つの説明が社会学者M・ヴェーバーの音楽社会学で提示されている。和声音楽を基本とする西欧音楽の構造のなかに「和音的な合理化」をみいだすヴェーバーは、近代西欧音楽が和声という独自の音組織を選択し、記譜法を生みだし、調律を固定する鍵盤楽器を発達させたことに注目した。それは「和声的に合理化された音楽」に他ならない。また楽器の発展は金属旋盤の発明といった技術革新とも結びついていた。「平均律」という数学的な論理性を基本とする近代西欧音楽の発展は、合理主義の精神、合理的な科学技術、効率を手段とする資本主義経済と並行する出来事であった。ヨーロッパへの離散と定住を経たユダヤ音楽もこのなかに含まれていた。

しかも、西欧音楽を流す映画や蓄音機が普及し、ラジオ放送が本格化するのは、奇しくもヒトラーがナチズムを築きあげていく一九二〇年代のことである。この時期に近代西欧音楽は大衆の生活のすみずみに溶け込み、日常化する。本書が叙述する収容所の楽団演奏は、そうした「複製技術の時代」（W・ベンヤミン）の日常を映し出す光景でもある。朝夕に収容者を一糸乱れず行進させていたのは、そうした大量に複製されていた音楽であった。

死の収容所が歴史の舞台に登場するためにはさまざまな条件が複雑に絡んでいたのはまちがいないが、それは近代合理主義の究極の負の遺産でもあった。ホロコーストと音楽を同列におくつもりなど毛頭ない。しかし、死の収容所と音楽の双方に通底する「精神」は近代合理主義のそれではないだろうか。そうであれば、双方が収容所で日常的に併存していたとしてもなんら不思議はない。また、それこそが本書がホロコーストと音楽を一つの主題に統合して扱うことを可能にしているのではないだろうか。

「サイドシャドウィング」の手法

序論でも言及されているように、本書は一つの方法論にもとづく歴史記述である。サイドシャドウィング side-shadowing という文学理論上の分析手法にもとづいて、著者は「精神的抵抗」論にたいする批判的言説を展開する。本書の特徴の一つは、この分析手法をとり入れたホロコーストの事例研究となっていることである。

サイドシャドウィングと後述のバックシャドウィング backshadowing の概念は、それぞれG・S・モーソンとM・A・バーンスタインのものとされる。（Gary Saul Morson, *Narrative and Freedom: The Shadows of Time*, Yale University Press, 1994; Michael André Bernstein, *Forgone Conclusions: Against Apocalyptic History*, University of California Press, 1994）

サイドシャドウィングの語り《ナラティヴ》は、歴史的な出来事がもつ失われた多様な現在性を回復しようとする「開かれた時間概念」の世界である。出来事を担う人びとは、そのつどあらゆる不確定要素をかかえながら思い、迷い、行動する。そうした現在性に焦点をあてるとき、人びとにかんする記述には多様な可能性が展開する。

サイドシャドウィングと対蹠的な概念がフォーシャドウィング foreshadowing およびバックシャドウィングの語りである。フォーシャドウィングの語りは、出来事が最終的な帰結点に向かって不可避的に進行するという決定論的な「閉じられた時間概念」の世界である。あらかじめ定められた帰結を未来に付与することで、出来事が帰結としてではなく、これから起こる出来事の帰結として生じる。出来事は不可避的に進行するものの一部とされ、現在はその現在性を奪われる。そのためホロコーストの犠牲者にあっては、かれらの生（人生）は顧みられない。この現在と未来との関係性を、過去と現在との関係性にいわば置きかえるとき、バックシャドウィングの語りとなる。そこでは過去が不可避的にわれわれの知る現在に向かって進行していると考えられている。出来事は予見されたものとなっており、出来事を担う人びとも何が起こるのかを知っていたかのように判断されている。そこでは「自明」の破滅に有効に対処しなかった犠牲者の無定見が推論されている。そのようにして現在を基準に過去を「裁く」ことが、「精神的抵抗」論を立論させることにつながっていくのである。

本書はサイドシャドウィングという視座からホロコーストを記述している。それは過去の出来事にたいする決定論的な見方から人びとを解放することによって、多様な人間集団による営為を俯瞰させる。ユダヤ民族の払った犠牲について価値判断を介在させた従来のステレオタイプな分析を脱して、ユダヤ人の営んだ生、人生の複雑さ、思いや感情、行動の多面性、豊かさを叙述する。著者は、訳者とのインタヴューで、それが事実のたんなる列記や歴史の相対化でないことを強調した。「価値の有無でなく、理解の仕方」の問題であり、「歴史家の見方を当時の人びとに押しつけるのではなく、かれらに語らせることだ」と著者は語った。著者にとって、サイドシャドウィングは「収容所の人びとの心情や背景を理解するための手法」なのである。

「普通の人びと」の悪

親衛隊全国指導者ヒムラーは「自分は帝国内の強制収容所をすべて視察する」と部下に語っていたという。優に一千をこえる収容所をくまなく巡察するのはたやすいことではない。粘着質な性格が感じられる。訳者はナチの主要な強制収容所跡を、通算二〇年のヨーロッパ生活をつうじてくりかえし訪れた。博物館や展示資料館の整備されたアウシュヴィッツやザクセンハウゼン、ダッハウ強制収容所。森でキノコ狩りをする家族連れをみかけたトレブリンカ絶滅収容所跡。いまだ人骨の塊が残る人気のないソビブル絶滅収容所跡。さびれた駅と里山のようなところにあったベウジェツ絶滅収容所跡。いずれの場所においても、黙して語らない犠牲者の姿やその肉声を思い描くことはむずかしかった。

そうしたなかで、収容所の博物館に展示されていた一枚の白黒の記録写真をはじめて目にしたときのことを覚えている。音楽が聞こえてくるような思いがしたのである。それが本書にも転載されているアウシュヴィッツのオーケストラの演奏風景であった（二五一頁下段）。縞模様の服装の収容者たち。手前が弦楽器、奥が管楽器の奏者らしい。中央に恰幅のいい指揮者が立っている。白樺や建物の位置から推察すると、場所はかれらが通常演奏していたアウシュヴィッツI（第一収容所）のゲートにつながる調理場わき、絞首刑台のある広場である。ポプラ並木の側から親衛隊員が記念に撮影した写真にちがいない。撮影者にふり向いて笑顔をみせる楽員の姿をとらえている。時間の流れを止めたような写真。それは死の収容所と音楽が醸しだす一つの日常を写しだしており、そこからわずか数十メートル先に死体焼却所があることを忘れさせる。

『イェルサレムのアイヒマン』の作者として知られるH・アーレントは「悪の陳腐さ」について考察した。彼女は、ユダヤ人問題の「最終的解決」を遂行した責任者の一人である親衛隊将校アイヒマンが、「思考を停止」し、「絶滅それ自体が、反ユダヤ主義や人種差別主義より重要」だと確信する男であったと考える。悪は陳腐ではないが、「この男の悪が陳腐」なのである。

ホロコーストに向かいあうとき、いつも考えさせられることがある。それはナチズムによる殺戮の実行者の多くが「普通の人びと」であったという事実である。近代化を推し進めた中産階級のテクノクラートたち。おのれの昇進や昇給のために「合理的」かつ「創造的」な（たとえば大量殺戮であっても）工夫をできる人びとである。そもそもナチは総選挙をつうじて「合法」的に成立した体制であり、「普通の人びと」の社会であった。「普通の人びと」は、どこかへ連行されていくユダヤ人の行列をただもの珍しい光景として漠然と眺めていたであろう。国有鉄道の職員であれば、ユダヤ人たちを強制移送する貨車を、帰宅時間を気にかけながら急いで手配していたかもしれない。ガス室の設計は効果と効率を旨とし、その底流にある考え方は二一世紀の現代社会で唱えられる「数値目標」となんら変わらない。われわれのなかに陳腐な悪が存在するのかどうかは分からない。だが、近代合理主義がわれわれの一部であるとするバウマンの言説には、すくなくとも同意したいと思うのである。

その昔、ある聖職者がユダヤ教の教えを引いて次のように述べたという。いわく、「哀悼の意のささげ方は三つある。一つは涙を流すこと。これは一番程度が低い。二つ目は沈黙すること。こちらは少しまし。至高はなにか。それは歌によって哀悼することである」。音楽は収容者に苦痛を与えた。しかし、その同じ音楽が人びとの不安や希望、思い出をつむぎ、その記憶の断想をこんにちに伝えている。この事実がまた本書の執筆を可能にしたといえる。そして「歌による哀悼」をかなえているのである。

翻訳にあたって多くのご教示をいただいた。本書の主題がナチの占領地区に居住もしくは強制収容されていたユダヤ人を対象とすることから、その表現や登場する氏名や地名がドイツをはじめリトアニア、ポーランド、チェコ、ハンガリー、ノルウェー、オランダ、ベルギー、南アフリカなどとまさに多国籍であった。また、使われている言語もこれらに加えてイディッシュ語、ヘブライ語と多言語であり、なじみの薄い日本人の訳者にとっては悩ましいかぎりであった。このため、これらの地域や文化・歴史に造詣のふかい方々に多くの貴重なご助言をいただいた。深くお礼を申し上げなければならない。とりわけ小原雅俊氏、赤尾光春氏、ペトル・ホリー氏、イスラエル、ノルウェーおよび南アフリカ大使館の担当者に深く感謝したい。

なお、訳註は必要最小限であるように心がけ、本文中に〔　〕をもって示した。長年、公共放送に携わってきた者として「誤報」をなくすよう心がけたつもりである。悲しいかな、もし人間のなせる業として間違いをおかした箇所があればご寛恕いただき、再版のさいに訂正させていただきたいと思う。最後になってしまったが、この翻訳書を担当され、表記や数多くの疑問点にとりくむとともに助言をいただいたみすず書房編集部の川崎万里さんに心からお礼を申し上げる。

二〇一二年（東電福島原発メルトダウン第二年）盛夏　原山にて

二階宗人

資料所蔵アーカイヴと参考文献

アーカイヴ

Akademie der Künste, Berlin, Arbeiterliedarchiv (AdK)
ベルリン芸術アカデミー，労働歌記録アーカイヴ
Auschwitz-Birkenau State Museum Archive (ABSM)
アウシュヴィッツ＝ビルケナウ国立博物館アーカイヴ
Fortunoff Video Archive for Holocaust Testimonies, Yale University
ホロコーストの証言のためのフォータノフ・ヴィデオアーカイヴ，イェール大学
Gedenkstätte und Museum Sachsenhausen, Archiv (GMSA)
ザクセンハウゼン記念博物館アーカイヴ
Gedenkstätte und Museum Sachsenhausen, Depot (GMSD)
ザクセンハウゼン記念博物館，資料保存館
Imperial War Museum Sound Archive
帝国戦争博物館音声資料室
United States Holocaust Memorial Museum Archive (USHMM)
米国ホロコースト記念博物館アーカイヴ
United States Holocaust Memorial Museum, Photo Archive
米国ホロコースト記念博物館，写真資料室
Wiener Library, London (WL)
ウィーナー・ライブラリー，ロンドン
Yad Vashem Archive (YV)
ヤド・ヴァシェム記念館アーカイヴ

参考文献

Ackermann, Emil, and Szepansky, Wolfgang (eds.), . . . *denn in uns zieht die Hoffnung mit: Lieder, gesungen im Konzentrationslager Sachsenhausen* (Berlin: Sachsenhausenkomitee Westberlin, n.d.).

Adelsberger, Lucie, *Auschwitz: A Doctor's Story*, trans. Susan Ray (London: Robson Books, 1995).

Adler, Hans Günther, Langbein, Hermann, and Lingens-Reiner, Ella (eds.), *Auschwitz: Zeugnisse und Berichte* (Frankfurt am Main: Europäische Verlagsanstalt, 1979).

Adler, Stanislaw, *In the Warsaw Ghetto 1940–1943: An Account of a Witness*, trans. Sara Philip (Jerusalem: Yad Vashem, 1982).

Alperson, Philip (ed.), *What is Music?* (University Park, Pa.: Pennsylvania State University Press, 1994).

ANDERT, PETER, 'Rosebery d'Arguto: Versuche zur Erneuerung des proletarischen Chorgesangs', in Klaus Kändler, Helga Karolewski, and Ilse Siebert (eds.), *Berliner Begegnungen: Ausländische Künstler in Berlin 1918 bis 1933* (Berlin: Dietz, 1987), 340–5.

ARAD, YITZHAK, *Belzec, Sobibór, Treblinka: The Operation Reinhard Extermination Camps* (Bloomington and Indianapolis: Indiana University Press, 1987).

—— *Ghetto in Flames: The Struggle and Destruction of the Jews in Vilna in the Holocaust* (New York: Holocaust Library, 1982).

ARAD, YITZHAK, GUTMAN, YISRAEL, and MARGALIOT, ABRAHAM (eds.), *Documents on the Holocaust: Selected Sources on the Destruction of the Jews of Germany and Austria, Poland, and the Soviet Union* (Jerusalem: Yad Vashem, 1981).

AUERBACH, RACHEL, *Varshever tsavoes: bagegenishn, aktivitetn, goyroles 1933–1943* (Tel Aviv: Yisroel-Bukh, 1974).

BALFOUR, MICHAEL (ed.), *Theatre and War 1933–1945: Performance in Extremis* (Oxford: Berghahn Books, 2001).

BARTOSZEWSKI, WLADYSLAW, 'The Martyrdom and Struggle of the Jews in Warsaw under German Occupation 1939–43', in Bartoszewski and Polonsky (eds.), *The Jews in Warsaw*, 312–48.

—— *The Warsaw Ghetto: A Christian's Testimony*, trans. Stephen G. Cappellari (London: Lamp Press, 1989).

—— and POLONSKY, ANTONY (eds.), *The Jews in Warsaw: A History* (Oxford: Blackwell, 1991).

BARTOV, OMER, *Murder in our Midst: The Holocaust, Industrial Killing, and Representation* (Oxford: Oxford University Press, 1996).

BAUER, YEHUDA, *They Chose Life: Jewish Resistance in the Holocaust* (Jerusalem: The Institute of Contemporary Jewry, 1973).

BAUMAN, JANINA, *Winter in the Morning: A Young Girl's Life in the Warsaw Ghetto and Beyond, 1939–1945* (Bath: Chivers, 1986).

BAUMAN, ZYGMUNT, *Modernity and the Holocaust* (Cambridge: Polity, 1989). ジークムント・バウマン『近代とホロコースト』森田典正訳，大月書店，2006年

BEINFELD, SOLON, 'The Cultural Life of the Vilna Ghetto', in Joshua Sobol, *Ghetto* (London: Nick Hern, 1989), pp. xxii–xxviii.

BERNSTEIN, MICHAEL ANDRÉ, *Foregone Conclusions: Against Apocalyptic History* (London: University of California Press, 1994).

BERNSTEIN, YITZHAK, *Ghetto: Berichte aus dem Warschauer Ghetto 1939–1945* (Berlin: Union, 1966).

BODEK, RICHARD HAROLD, 'We Are the Red Megaphone!: Political Music, Agitprop Theater, Everyday Life and Communist Politics in Berlin during the Weimar Republic' (Ph.D. diss., University of Michigan, 1990).

BOR, JOSEF, *Terezin Requiem*, trans. Edith Pargeter (London: Heinemann, 1963).

BOROWSKI, TADEUSZ, *This Way for the Gas, Ladies and Gentlemen*, trans. Barbara Vedder (London: Penguin, 1967).

BRANDHUBER, JERZY, 'Vergessene Erde', *Hefte von Auschwitz*, 5 (1962), 83–95.

BRAUN, JOACHIM, *Jews and Jewish Elements in Soviet Music* (Tel Aviv: Israeli Music Publications, 1978).

Browning, Christopher R., *Nazi Policy, Jewish Workers, German Killers* (Cambridge: Cambridge University Press, 2000).

Burger, Adolf, *Des Teufels Werkstatt: Im Fälscherkommando des KZ Sachsenhausen* (Berlin: Verlag Neues Leben, 1983).

Burleigh, Michael, *The Third Reich: A New History* (London: Pan, 2001).

Caruth, Cathy (ed.), *Trauma: Explorations in Memory* (London: Johns Hopkins University Press, 1995). キャシー・カルース編『トラウマへの探究 —— 証言の不可能性と可能性』下河辺美知子訳，作品社，2000 年

Clendinnen, Inga, *Reading the Holocaust* (Cambridge: Cambridge University Press, 1999).

Corrsin, Stephen D., 'Aspects of Population Change and of Acculturation in Jewish Warsaw at the End of the Nineteenth Century: The Censuses of 1882 and 1897', in Bartoszewski and Polonsky (eds.), *The Jews in Warsaw*, 212–31.

Cummins, Paul, *Dachau Song: The Twentieth-Century Odyssey of Herbert Zipper* (New York: Peter Lang, 1992).

Czech, Danuta, 'The Auschwitz Prisoner Administration', in Gutman and Berenbaum (eds.), *Anatomy of the Auschwitz Death Camp*, 363–78.

Dauer, Hannelore, 'Kunst im täglichen Schatten des Todes: Künstlerischer Widerstand in Konzentrationslagern und Ghettos', *Tribüne*, 90 (1984), 116–24.

—— 'Was kann Kunst? Der kulturelle Widerstand der Juden in Ghettos und Lagern', *Tribüne*, 89 (1984), 120–30.

Dawidowicz, Lucy S., *The War against the Jews, 1933–1945* (London: Penguin, 1975).

Delbo, Charlotte, *Auschwitz and After*, trans. Rosette C. Lamont (New Haven: Yale University Press, 1995).

Dobroszycki, Lucjan (ed.), *The Chronicle of the Łódź Ghetto, 1941–1944* (New Haven: Yale University Press, 1984).

Drobisch, Klaus, and Wieland, Günther, *System der NS-Konzentrationslager 1933–1939* (Berlin: Akademie Verlag, 1993).

Dunin-Wąsowicz, Krzysztof, *Resistance in the Nazi Concentration Camps 1933–1945*, trans. Halina Dzierżanowska, Maria Paczyńska, and Maria Kasza (Warsaw: Polish Scientific Publishers, 1982).

Dutlinger, Anne D., and Milton, Sybil, *Art, Music and Education as Strategies for Survival: Theresienstadt 1941–1945* (London: Herodias, 2000).

Dworzecki, Mark, 'The Day-to-Day Stand of the Jews', in Yisrael Gutman and Livia Rothkirchen (eds.), *The Catastrophe of European Jewry: Antecedents—History—Reflections* (Jerusalem: Yad Vashem, 1976), 367–99.

—— *Yerushalayim de-Lita in kamf un umkum* (Paris: L'Union Populaire Juive en France, 1948).

Elias, Ruth, *Triumph of Hope: From Theresienstadt and Auschwitz to Israel* (New York: John Wiley, 1998).

Fackler, Guido, *'Des Lagers Stimme'—Music im KZ: Alltag und Häftlingskultur in den Konzentrationslagern 1933 bis 1936* (Bremen: Temmen, 2000).

—— 'Musik im Konzentrationslager', *Informationen*, 41 (1995), 25–33.

Fass, Moshe, 'Theatrical Activities in the Polish Ghettos during the Years 1939–1942', *Jewish Social Studies*, 38 (1976), 54–72.

Fater, Yisaskhar, *Yidishe muzik in Poyln tsvishn beyde velt-milkhomes* (Tel Aviv: World Federation of Polish Jews, 1970).

Feder, Zami, *Zamlung fun katset un geto lider* (Bergen-Belsen: Central Jewish Committee in Bergen-Belsen, 1946).

Felman, Shoshana, and Laub, Dori, *Testimony: Crises of Witnessing in Literature, Psychoanalysis and History* (London: Routledge, 1992).

Fénelon, Fania, 'Ensemble der Hölle: Das Mädchenorchester in Auschwitz. Ein Gespräch mit der Sängerin Fania Fénelon', in Annette Kuhn and Valentine Rothe (eds.), *Frauen im Deutschen Faschismus*, ii (Düsseldorf: Schwann, 1982), 200–4.

—— (with Marcelle Routier), *Playing for Time*, trans. Judith Landry (London: Sphere, 1977). ファニア・フェヌロン『ファニア歌いなさい』徳岡孝夫訳，文藝春秋，1981 年

Flam, Gila, *Singing for Survival: Songs of the Lodz Ghetto* (Urbana: University of Illinois Press, 1992).

Friedländer, Saul, 'Trauma, Memory, and Transference' in Geoffrey H. Hartman (ed.), *Holocaust Remembrance: The Shapes of Memory* (Oxford: Blackwell, 1994), 252–63.

—— (ed.), *Probing the Limits of Representation: Nazism and the 'Final Solution'* (Cambridge, Mass., and London: Harvard University Press, 1992). ソール・フリードランダー編『アウシュヴィッツと表象の限界』上村忠男・岩崎稔・小沢弘明訳，未來社，1994 年

Friedman, Philip (ed.), *Martyrs and Fighters: The Epic of the Warsaw Ghetto* (London: Routledge & Kegan Paul, 1954).

Fritz, Mali, *Essig gegen den Durst: 565 Tage in Auschwitz-Birkenau* (Vienna: Verlag für Gesellschaftskritik, 1986).

Fulbrook, Mary, *German National Identity after the Holocaust* (Cambridge: Polity, 1999).

Fürstenberg, Doris (ed.), *Jeden Moment war dieser Tod: Interviews mit jüdischen Frauen, die Auschwitz überlebten* (Düsseldorf: Schwann, 1986).

Gilbert, Shirli, 'Music in the Nazi Ghettos and Camps (1939–1945)' (D.Phil. thesis, University of Oxford, 2002).

Glas-Larsson, Margareta, *I Want to Speak: The Tragedy and Banality of Survival in Terezin and Auschwitz*, trans. Lowell A. Bangerter (Riverside, Calif.: Ariadne Press, 1991).

Goldstein, Bernard, *Finf yor in Varshever geto* (New York: Undzer Zeit, 1947).

Gutman, Yisrael, 'Auschwitz—An Overview', in Gutman and Berenbaum (eds.), *Anatomy of the Auschwitz Death Camp*, 5–33.

—— *The Jews of Warsaw, 1939–1943: Ghetto, Underground, Revolt*, trans. Ina Friedman (Brighton: The Harvester Press, 1982).

—— (ed.), *Encyclopedia of the Holocaust*, 4 vols. (London: Macmillan, 1990).

——and Michael Berenbaum (eds.), *Anatomy of the Auschwitz Death Camp* (Bloomington and Indianapolis: Indiana University Press, 1994).

Hanheide, Stefan, 'Lieder im Angesicht des Volkermords: Zu den Funktionen der Musik im Ghetto von Wilna', *Krieg und Literatur*, 6/11–12 (1994), 69–85.

HART, KITTY, *I Am Alive* (London: Corgi, 1961).

HEENEN-WOLFF, SUSANN, *Im Haus des Henkers: Gespräche in Deutschland* (Frankfurt am Main: Dvorah Verlag, 1992).

HELLER, CELIA S., *On the Edge of Destruction: Jews of Poland between the Two World Wars* (New York: Columbia University Press, 1977).

HERBERT, ULRICH, 'Labour and Extermination: Economic Interest and the Primacy of *Weltanschauung* in National Socialism', Past and Present, 138 (1993), 144–95.

HERBERT, ULRICH, ORTH, KARIN, and DIECKMANN, CHRISTOPH, 'Die nationalsozialistischen Konzentrationslager: Geschichte, Erinnerung, Forschung', in Ulrich Herbert, Karin Orth, and Christoph Dieckmann (eds.), *Die nationalsozialistischen Konzentrationslager: Entwicklung und Struktur*, i (Göttingen: Wallstein, 1998), 17–40.

HILBERG, RAUL, STARON, STANISLAW, and KERMISZ, JOSEF (eds.), *The Warsaw Diary of Adam Czerniakow* (Chicago: Ivan R. Dee, 1999).

HIRSCH, DAVID D., 'Camp Music and Camp Songs: Szymon Laks and Aleksander Kulisiewicz', in G. Jan Colijn and Marcia Sachs Littell (eds.), *Confronting the Holocaust: A Mandate for the 21st Century*, xix (Lanham, Md.: University Press of America, 1997), 157–68.

HOCH, MOSHE, 'Ha'tarbut ha'muziqalit b'kerev ha'y'hudim tachat ha'shilton ha'natsi b'polin 1939–1945' (Ph.D. diss., Bar-Ilan University, 1992).

HOROWITZ, SARA, 'Voices from the Killing Ground', in Geoffrey H. Hartman (ed.), *Holocaust Remembrance: The Shapes of Memory* (Oxford: Blackwell, 1994), 42–58.

HÖSS, RUDOLF, *Commandant of Auschwitz*, trans. Constantine Fitzgibbon (London: Weidenfeld and Nicolson, 1959). ルドルフ・ヘス『アウシュヴィッツ収容所』片岡啓二訳，講談社学術文庫，1999 年

—— BROAD, PERY, and KREMER, JOHANN PAUL, *KL Auschwitz Seen by the SS*, trans. Constantine Fitzgibbon and Krystyna Michalik (Osawiecim: The Auschwitz-Birkenau State Museum, 1997).

HOYM, CARL (ed.), *Proletarier singe! Ein neuzeitlich Liederbuch für jung und alt* (Hamburg: Willaschek, 1919).

HRDLICKA, MANUELA R., *Alltag im KZ: Sachsenhausen bei Berlin* (Leske and Budrich: Opladen, 1992).

JACOBSON, JOSHUA R., 'Music in the Holocaust', *Choral Journal*, 36/5 (1995), 9–21.

JALDATI, LIN, and REBLING, EBERHARD (eds.), *Es Brennt, Brüder, Es Brennt: Jiddische Lieder* (Berlin: Rütten and Loening, 1966).

JALDATI, LIN, and REBLING, EBERHARD, *Sag nie, du gehst den letzten Weg* (Berlin: Buchverlag der Morgen, 1986).

JANDA, ELSBETH, and SPRECHER, MAX M. (eds.), *Lieder aus dem Ghetto: Fünfzig Lieder jiddisch und deutsch mit Noten* (Munich: Ehrenwirth, 1962).

JANI, EMILIO, *My Voice Saved Me: Auschwitz 180046*, trans. Timothy Paterson (Milan: Centauro Editrice, 1961).

JELAVICH, PETER, *Berlin Cabaret* (Cambridge, Mass.: Harvard University Press, 1993).

JOHN, ECKHARD, 'Musik und Konzentrationslager: Eine Annäherung', *Archiv für Musikwissenschaft*, 48 (1991), 1–36.

Kaczerginski, Shmerke, *Khurbn Vilne* (New York: Tsiko, 1947).
—— (ed.), *Dos gezang fun Vilner ghetto* (Paris: Committee of Jews of Vilna in France, 1947).
—— and Leivick, H. (eds.), *Lider fun di getos un lagern* (New York: Altveltlekher Yidisher Kultur-Kongres: Tsiko, 1948).
Kalisch, Shoshana, and Meister, Barbara, *Yes, We Sang! Songs of the Ghettos and Concentration Camps* (New York: Harper and Row, 1985).
Kalmanovitch, Zelig, 'A Diary of the Nazi Ghetto in Vilna', *YIVO Annual of Jewish Social Science,* 8 (1953), 9–81.
Kaplan, Chaim A., *Scroll of Agony: The Warsaw Diary of Chaim A. Kaplan*, trans. and ed. Abraham I. Katsh (London: Macmillan, 1965). ハイム・A・カプラン『ワルシャワ・ゲットー日記 ── ユダヤ人教師の記録』上・下　アブラハム・I・キャッチ編，松田直成訳，風行社，1993-4 年
Karas, Joža, *Music in Terezín 1941–1945* (New York: Beaufort, 1985).
Kater, Michael H., *The Twisted Muse: Musicians and their Music in the Third Reich* (Oxford: Oxford University Press, 1997). マイケル・H・ケイター『第三帝国と音楽家たち ── 歪められた音楽』明石政紀訳，アルファベータ，2003 年
Keren, Nili, 'The Family Camp', in Gutman and Berenbaum (eds.), *Anatomy of the Auschwitz Death Camp*, 428–40.
Klein, Katja, *Kazett-Lyrik: Untersuchungen zu Gedichten und Liedern aus dem Konzentrationslager Sachsenhausen* (Würzburg: Könighausen and Neumann, 1995).
Knapp, Gabriele, *Das Frauenorchester in Auschwitz: Musikalische Zwangsarbeit und ihre Bewältigung* (Hamburg: von Bockel, 1996).
Komitee der Antifaschistischen Widerstandskämpfer der Deutschen Demokratischen Republik, *Sachsenhausen: Dokumente, Aussagen, Forschungsergebnisse und Erlebnisberichte über das ehemalige Konzentrationslager Sachsenhausen* (Frankfurt am Main: Röderberg, 1982).
Kon, Henech (ed.), *Thirty Songs of the Ghetto* (New York: Congress for Jewish Culture, 1960).
—— *Twenty Songs of the Ghettos* (New York: Congress for Jewish Culture, 1963).
Korczak, Januz, *Ghetto Diary*, trans. Aaron Zeitlin (New York: Holocaust Library, 1978).
Kowalski, Isaac (ed.), *Vilner almanakh* (New York: Moriah Offset Co., 1992).
Krausnick, Helmut, and Broszat, Martin, *Anatomy of the SS State*, trans. Dorothy Lang and Marian Jackson (London: Paladin, 1968).
Kreuzheck, Hans-Ludger, ' "Unsere Kuhle": Musik im KZ Neuengamme und in anderen Lagern', in Peter Peterson (ed.), *Zündende Lieder, verbrannte Musik: Folgen des Nationalsozialismus für Hamburger Musiker und Musikerinnen* (Hamburg: VSA-Verlag, 1988), 55–68.
Kruk, Herman, 'Diary of the Vilna Ghetto', *YIVO Annual of Jewish Social Science,* 13 (1965), 9–78.
—— *Togbukh fun Vilner geto* (New York: YIVO, 1961).
Kulisiewicz, Aleksander, *Adresse: Sachsenhausen. Literarische Momentaufnahmen aus dem KZ*, ed. Claudia Westermann, trans. Bettina Eberspächer (Gerlingen: Bleicher Verlag, 1997).
Kuna, Milan, *Musik an der Grenze des Lebens: Musikerinnen und Musiker aus böhmischen Ländern in nationalsozialistischen Konzentrationslagern und Gefängnissen*, trans. Eliška Nováková (Frankfurt am Main: Zweitausendeins, 1993).

LaCapra, Dominick, *History and Memory after Auschwitz* (Ithaca: Cornell University Press, 1998).

Das Lagerliederbuch: Lieder, gesungen, gesammelt und geschrieben im Konzentrationslager Sachsenhausen bei Berlin 1942 (Dortmund: Pläne, 1983).

Laks, Szymon, *Music of Another World*, trans. Chester A. Kisiel (Evanston, Ill.: Northwestern University Press, 1989). シモン・ラックス，ルネ・クーディ『アウシュヴィッツの音楽隊』大久保喬樹訳，音楽之友社，2009 年

Lammel, Inge, 'Lieder im faschistischen Konzentrationslager', *Musik und Gesellschaft*, 33 (1983), 16–20.

—— 'Das Sachsenhausen-Liederbuch', in Günter Morsch (ed.), *Sachsenhausen-Liederbuch: Originalwiedergabe eines illegalen Häftlingsliederbuches aus dem Konzentrationslager Sachsenhausen* (Berlin: Hentrich, 1995), 14–31.

—— 'Zur etischen Funktion des Deutschen KZ-Liedes', *Musik und Gesellschaft*, 16 (1966), 148–53.

—— and Hofmeyer, Günter (eds.), *Lieder aus den faschistischen Konzentrationslagern* (Leipzig: Friedrich Hofmeister, 1962).

—— —— *Kopf hoch, Kamerad!: Künstlerische Dokumente aus faschistischen Konzentrationslagern* (Berlin: Henschelverlag, 1965).

Langbein, Hermann, *Menschen in Auschwitz* (Vienna: Europaverl, 1972).

Langer, Lawrence L., *Admitting the Holocaust: Collected Essays* (Oxford: Oxford University Press, 1995).

—— *Holocaust Testimonies: The Ruins of Memory* (New Haven and London: Yale University Press, 1991).

—— *Preempting the Holocaust* (New Haven and London: Yale University Press, 1998).

Lasker-Wallfisch, Anita, *Inherit the Truth 1939–1945* (London: Giles de la Mare, 1996). アニタ・ラスカー＝ウォルフィッシュ『チェロを弾く少女アニタ　アウシュヴィッツを生き抜いた女性の手記』藤島淳一訳，原書房，2003 年

Lau, Ellinor, and Pampuch, Susanne (eds.), *Draußen steht eine bange Nacht: Lieder und Gedichte aus deutschen Konzentrationslagern* (Frankfurt am Main: Fischer, 1994).

Lengyel, Olga, *Five Chimneys*, trans. Clifford Coch and Paul P. Weiss (London: Hamilton, 1959).

Lettow, Fritz, *Arzt in den Höllen: Erinnerungen an vier Konzentrationslager* (Berlin: edition ost, 1997).

Le Vernoy, Alec, *No Drums, no Trumpets*, trans. Christine Pieters Le Vernoy and Joyce Bailey (London: Penguin, 1988).

Levi, Erik, *Music in the Third Reich* (London: Macmillan, 1994). エリック・リーヴィー『第三帝国の音楽』望田幸男・中岡俊介・田野大輔訳，名古屋大学出版会，2000 年

Levi, Primo, *The Drowned and the Saved*, trans. Raymond Rosenthal (London: Abacus, 1988). プリーモ・レーヴィ『溺れるものと救われるもの』竹山博英訳，朝日新聞出版，2000 年

—— *If This Is a Man / The Truce*, trans. Stuart Woolf (London: Abacus, 1979). 『アウシュヴィッツは終わらない』竹山博英訳，朝日選書，1980 年／『休戦』竹山博英訳，朝日新聞出版，1998 年

Lewin, Abraham, *A Cup of Tears: A Diary of the Warsaw Ghetto*, trans. Christopher Hutton (London: Fontana, 1988). アブラハム・レビン『涙の杯――ワルシャワ・ゲットーの日記』アントニー・ポロンスキー編・滝川義人訳，影書房，1993 年

Lidtke, Vernon L., 'Songs and Nazis: Political Music and Social Change in Twentieth-Century Ger-

many', in Gary D. Stark and Bede Karl Lackner (eds.), *Essays on Culture and Society in Modern Germany* (Arlington: Texas A and M University Press, 1982), 167–200.

LINDE, CARSTEN (ed.), *KZ-Lieder: Eine Auswahl aus dem Repertoire des polnischen Sängers Alex Kulisiewicz* (Sievershütten: Wendepunkt, 1972).

LINDENBERG, ERNST, 'Rosebery d'Arguto—Vorkämpfer der Arbeiterchorbewegung', *Musik und Gesellschaft*, 4 (1971), 231–40.

LUSTIGER, ARNO (ed.), *Sog nit kejnmol ... Lieder des jüdischenWiderstandes: Jüdische Arbeiter-und Partisanen-Lieder* (Frankfurt am Main: no publisher, 1990).

MENASCHE, ALBERT, *Birkenau (Auschwitz II): (Memoirs of an Eye-witness). How 72,000 Greek Jews Perished*, trans. Isaac Saltiel (New York: Albert Martin, 1947).

MEYER, HENRY, 'Musste da auch Musik sein? Der Weg eines Geigers von Dresden über Auschwitz nach Amerika', in Hanns-Werner Heister, C. Maurer Zenck, and P. Petersen (eds.), *Musik im Exil: Folgen des Nazismus für die internationale Musikkultur* (Frankfurt am Main: Fischer, 1993), 29–40.

MICHEL, HENRI, *Oranienburg-Sachsenhausen: KZ-Erinnerungen und Hungermarsch in die Freiheit eines politischen Gefangenen* (Eupen: Grenz-Echo-Verlag, 1985).

MLOTEK, ELEANOR GORDON (ed.), *Mir trogn a gezang: Favourite Yiddish Songs of our Generation* (New York: The Workmen's Circle, 2000).

—— and GOTTLIEB, MALKE (eds.), We Are Here: Songs of the Holocaust (New York: The Education Department of the Workmen's Circle, 1983).

——and MLOTEK, JOSEPH (eds.), *Pearls of Yiddish Song: Favourite Folk, Art and Theatre Songs* (New York: The Education Department of the Workmen's Circle, 1988).

MORSCH, GÜNTER (ed.), *Sachsenhausen-Liederbuch: Originalwiedergabe eines illegalen Häftlingsliederbuches aus dem Konzentrationslager Sachsenhausen* (Berlin: Hentrich, 1995).

MÜLLER, FILIP, *Auschwitz Inferno: The Testimony of a Sonderkommando*, trans. Susanne Flatauer (London: Routledge, 1979).

MUTH, WOLFGANG, 'Musik hinter Stacheldraht: Swing in Ghetto und KZ', in Bernd Polster (ed.), *Swing Heil: Jazz im Nationalsozialismus* (Berlin: Transit, 1989), 211–20.

NANSEN, ODD, *Day After Day*, trans. Katherine John (London: Putnam and Co., 1949).

NAUJOKS, HARRY, *Mein Leben im KZ Sachsenhausen 1936–1942: Erinnerungen des ehemaligen Lagerältesten* (Cologne: Röderberg im Pahl-Rugenstein Verlag, 1987).

NEUSTADT, MEILEKH, *Khurbn un oyfshtand fun di yidn in Varshe: eydes-bletter un azkores* (Tel Aviv: Executive Committee of the General Federation of Jewish Labour in Palestine, 1948).

NEWMAN, RICHARD, and KIRTLEY, KAREN, *Alma Rosé: Vienna to Auschwitz* (London: Amadeus Press, 2000).

NOVICK, PETER, *The Holocaust in American Life* (New York: Houghton MiZin, 1999).

ORTH, KARIN, 'The Concentration Camp SS as a Functional Elite', in Ulrich Herbert (ed.), *National Socialist Extermination Policies: Contemporary German Perspectives and Controversies* (Oxford: Berghahn, 2000), 306–36.

—— *Das System der nationalsozialistischen Konzentrationslager: Eine politische Organisationsgeschichte* (Hamburg: Hamburger Edition, 1999).

ORTMEYER, BENJAMIN (ed.), *Jiddische Lieder gegen die Nazis: Kommentierte Liedertexte mit Noten* (Witterschlick and Bonn: Wehle, 1996).

PALLMANN, GERHARD (ed.), *Wohlauf Kameraden! Ein Liederbuch der jungen Mannschaft von Soldaten, Bauern, Arbeitern und Studenten* (Kassel: Bärenreiter, 1934).

PATTERSON, MICHAEL, 'The Final Chapter: Theatre in the Concentration Camps of Nazi Germany', in Glen W. Gadberry (ed.), *Theatre in the Third Reich, the Prewar Years: Essays on Theatre in Nazi Germany* (Westport, Conn., and London: Greenwood Press, 1995), 157–65.

PAWEŁCZYŃSKA, ANNA, *Values and Violence in Auschwitz: A Sociological Analysis*, trans. Catherine S. Leach (Berkeley, Los Angeles, and London: University of California Press, 1979).

PERL, GISELLA, *I Was a Doctor in Auschwitz* (New York: International Universities Press, 1948).

PIPER, FRANCISZEK, 'The Number of Victims', in Gutman and Berenbaum (eds.), *Anatomy of the Auschwitz Death Camp*, 61–76.

POSMYSZ, ZOFIA, 'Die "Sängerin" ', *Hefte von Auschwitz*, 8 (1964), 15–32.

POTTER, PAMELA, *Most German of the Arts: Musicology and Society from the Weimar Republic to the end of Hitler's Reich* (New Haven: Yale University Press, 1998).

POWITZ, STEPHEN J., 'Musical Life in the Warsaw Ghetto', *Journal of Jewish Music and Liturgy*, 4 (1981–2), 2–9.

PROBST-EFFAH, GISELA, 'Das Lied im NS-Widerstand: Ein Beitrag zur Rolle der Musik in den nationalsozialistischen Konzentrationslagern', *Musikpädagogische Forschung*, 9 (1989), 79–89.

Projektgruppe Musik in Konzentrationslagern, *Musik in Konzentrationslagern* (Freiburg: Systemdruck and Verlags GmbH, 1992).

PUPS, RUTA, and MARK, BERNARD, *Dos lid fun geto: zomlung* (Warsaw: Yiddish-Bukh, 1962).

RAHE, THOMAS, 'Kultur im KZ: Musik, Literatur und Kunst in Bergen-Belsen', in Claus Füllberg-Stolberg et al. (eds.), *Frauen in Konzentrationslagern: Bergen-Belsen Ravensbrück* (Bremen: Edition Temmen, 1994), 193–206.

RAMATI, ALEXANDER, *And the Violins Stopped Playing: A Story of the Gypsy Holocaust* (London: Hodder and Stoughton, 1985).

RAN, LEYZER, *Vilna, Jerusalem of Lithuania*, trans. Marcus Moseley (Oxford: Oxford Centre for Postgraduate Hebrew Studies, 1987).

REICHMANN, HANS, *Deutscher Bürger und verfolgter Jude: Novemberpogrom und KZ Sachsenhausen 1937 bis 1939* (Munich: Oldenbourg, 1998).

REICH-RANICKI, MARCEL, *Mein Leben: Autobiographie* (Stuttgart: DVA, 1999).

REICHSJUGENDFÜHRUNG (ed.), *Unser Liederbuch: Lieder der Hitler-Jugend* (Munich: Zentralverlag der NSDAP, 1939).

RINGELBLUM, EMMANUEL, *Ksovim fun geto* (Warsaw: Yiddish-Bukh, 1961–3).

—— *Notes from the Warsaw Ghetto: The Journal of Emmanuel Ringelblum*, trans. and ed. Jacob Sloan (New York: Schocken Books, 1974). エマヌエル・リンゲルブルム『ワルシャワ・ゲットー　捕囚 1940–42 のノート』ジェイコブ・スローン編，大島かおり訳，みすず書房，2006 年）

—— *Notitsen fun Varshever geto* (Warsaw: Yiddish-Bukh, 1952).

ROLAND, CHARLES G., *Courage under Siege: Starvation, Disease and Death in the Warsaw Ghetto* (Oxford:

Oxford University Press, 1992).

Rosenhaft, Eve, 'The Use of Remembrance: The Legacy of the Communist Resistance in the German Democratic Republic', in Francis R. Nicosia and Lawrence D. Stokes (eds.), *Germans against Nazism: Nonconformity, Opposition and Resistance in the Third Reich* (Oxford: Berg, 1990), 369–88.

Roskies, David, *Against the Apocalypse: Responses to Catastrophe in Modern Jewish Culture* (Cambridge, Mass., and London: Harvard University Press, 1984).

—— (ed.), *The Literature of Destruction* (New York: The Jewish Publication Society, 1989).

Rovit, Rebecca, and Goldfarb, Alvin, *Theatrical Performance during the Holocaust: Texts, Documents, Memoirs* (Baltimore and London: The Johns Hopkins University Press, 1999).

Rubin, Ruth, *Voices of a People: The Story of Yiddish Folksong* (Philadelphia: Jewish Publication Society of America, 1979).

Rudashevski, Yitzkhok, *The Diary of the Vilna Ghetto, June 1941–April 1943*, trans. Percy Matenko (Tel Aviv: Ghetto Fighters' House, 1973).

Rudavsky, Joseph, *To Live with Hope, to Die with Dignity: Spiritual Resistance in the Ghettos and Camps* (Lanham, Md., and London: University Press of America, 1997).

Ruttner, Franz, 'Die jiddischen Lieder aus dem Wilnaer Getto', in Florian Freund, Franz Ruttner, and Hans Safrian (eds.), *Ess firt kejn weg zurik: Geschichte und Lieder des Ghettos von Wilna, 1941–1943* (Vienna: Picus, 1992), 123–9.

Sachnowitz, Herman, *Auschwitz: Ein norwegischer Jude überlebte* (Frankfurt am Main: Büchergilde Gutenberg, 1981).

Scheller, Thilo (ed.), *Singend wollen wir marschieren: Liederbuch des Reichsarbeitsdienstes* (Potsdam: Voggenreiter, n.d.).

Schmidt, Hugo W. (ed.), *Uns geht die Sonne nicht unter: Lieder der Hitler-Jugend* (Cologne: Musikverlag Tonger, 1934).

Schneider, Wolfgang, *Kunst hinter Stacheldraht: Ein Beitrag zur Geschichte des faschistischen Widerstandes* (Leipzig: Seemann, 1976).

Schrire, Gwynne (ed.), *In Sacred Memory: Recollections of the Holocaust by Survivors Living in Cape Town* (Cape Town: Cape Town Holocaust Memorial Council, 1995).

Schumann, Coco, *Der Ghetto-Swinger: Eine Jazzlegende erzählt* (Munich: Deutscher Taschenbuch Verlag, 1997).

Schwarz-Reiflingen, Erwin (ed.), *HJ singt: Die schönsten Lieder der Hitler-Jugend* (Leipzig: Schott, n.d.).

Seidel, Sonja, 'Kultur und Kunst im antifaschistischen Widerstandskampf im Konzentrationslager Buchenwald', *Buchenwaldheft*, 18 (1983), 1–84.

Seidman, Hillel, *Togbukh fun Varshever geto* (Buenos Aires: CFPJ, 1947).

Shmeruk, Chone, 'Aspects of the History of Warsaw as a Yiddish Literary Centre', in Bartoszewski and Polonsky (eds.), *The Jews in Warsaw*, 232–45.

Skurkovitz, Sima, *Sima's Songs: Light in Nazi Darkness*, trans. unknown (Jerusalem: Christian Friends of Israel, 1993).

Sofsky, Wolfgang, *The Order of Terror: The Concentration Camp*, trans. William Templer (Princeton:

Princeton University Press, 1997).

Staar, Sonja, 'Kunst, Widerstand und Lagerkultur: Eine Dokumentation', *Buchenwaldheft*, 27 (1987), 5–79.

Stroumsa, Jacques, *Violinist in Auschwitz: From Salonika to Jerusalem 1913–1967*, ed. Erhard Roy Wiehn, trans. James Stewart Brice (Konstanz: Hartung-Gorre Verlag, 1996).

Stumme, Wolfgang (ed.), *Liederblatt der Hitlerjugend: 1. Jahresband* (Berlin: Georg Kallmeyer, 1936).

—— *Liederblatt der Hitlerjugend: 2. Jahresband* (Berlin: Georg Kallmeyer, 1938).

Sutzkever, Avraham, *Fun Vilner geto* (Moscow: Der Emes, 1946).

Sverrisson, G., *Wohnt hier ein Isländer? Erinnerungen von Leifur Muller*, trans. Franz Gíslason and Wolfgang Schiffer (Bremerhaven: NW, 1997).

Szalet, Leon, *Experiment 'E': A Report from an Extermination Laboratory*, trans. Catharine Bland Williams (New York: Didier, 1945).

Szmaglewska, Seweryna, 'Rauch über Birkenau', in Gerhard Schoenberner (ed.), *Wir haben es gesehen: Augenzeugenberichte über die Judenverfolgung im Dritten Reich* (Hamburg: Rütten und Loening, 1962), 242–7.

Szpilman, Władysław, *The Pianist: The Extraordinary Story of One Man's Survival in Warsaw, 1939–45*, trans. Anthea Bell (London: Victor Gollancz, 1999). ウワディスワフ・シュピルマン『戦場のピアニスト』佐藤泰一訳，春秋社，2003 年

Thwaite, Emily, 'The Power of Music: Music in the Nazi Concentration Camps' (Master's thesis, University of Southampton, 1998).

Toerien, Willem André, 'The Role of Music, Performing Artists and Composers in German-Controlled Concentration Camps and Ghettos during World War II' (Master's thesis, University of Pretoria, 1993).

Trunk, Isaiah, *Judenrat: The Jewish Councils in Eastern Europe under Nazi Occupation* (New York: Macmillan, 1972).

Tuchel, Johannes, *Die Inspektion der Konzentrationslager 1938–1945: Das System des Terrors* (Berlin: Hentrich, 1994).

Turkow, Jonas, *Azoy iz es geven* (Buenos Aires: CFPJ, 1948).

—— *Hayo hayta varsha ha'y'hudit* (Tel Aviv: Tarbut v'khinukh, 1969).

Walda, Dick, *Trompettist in Auschwitz: Herinneringen van Lex van Weren* (Amsterdam: De Boekerij, 1980).

Weiss, Aharon, 'Categories of Camps: Their Character and Role in the Execution of the "Final Solution of the Jewish Question" ', in Yisrael Gutmanand AvitalSaf(eds.), *The Nazi Concentration Camps: Structure and Aims. The Image of the Prisoner. The Jews in the Camps* (Proceedings of the fourth Yad Vashem international historical conference, Jerusalem, January 1980; Jerusalem: Yad Vashem, 1984), 115–32.

Weiss-Rüthel, Arnold, *Nacht und Nebel: Aufzeichnungen aus fünf Jahren Schutzhaft* (Munich: Verlag Herbert Kluger, 1946).

Wiesel, Elie, *Night*, trans. Stella Rodway (London: Fontana, 1972). エリ・ヴィーゼル『夜』（新版）村上光彦訳，みすず書房，2010 年

Wieviorka, Annette, 'On Testimony', in Geoffrey H. Hartman (ed.), *Holocaust Remembrance: The Shapes of Memory* (Oxford: Blackwell, 1994), 23–32.

Wolff, Georg, *Kalendarium der Geschichte des KZ Sachsenhausen: Strafverfolgung* (Oranienburg: Nationalen Mahn-und Gedenkstätte Sachsenhausen, 1987).

Yahil, Leni, *The Holocaust: The Fate of European Jewry*, trans. Ina Friedman and Haya Galai (Oxford: Oxford University Press, 1990).

Yerger, Mark C., *Riding East: The SS Cavalry Brigade in Poland and Russia 1939–1942* (Atglen, Pa.: Schiffer Publishing Ltd., 1996).

Young, James E., 'Between History and Memory: The Uncanny Voices of Historian and Survivor', *History and Memory*, 9/1 (1997), 47–58.

—— *Writing and Rewriting the Holocaust* (Bloomington and Indianapolis: Indiana University Press, 1988).

Zerubavel, Yael, *Recovered Roots: Collective Memory and the Making of Israeli National Tradition* (Chicago and London: University of Chicago Press, 1995).

Zuckerman, Yitzhak, *A Surplus of Memory: Chronicle of the Warsaw Ghetto Uprising*, trans. and ed. Barbara Harshav (Berkeley and Los Angeles: University of California Press, 1993).

Zylberberg, Michael, *A Warsaw Diary, 1939–1945* (London: Vallentine-Mitchell, 1969).

Żywulska, Krystyna, *I Came Back*, trans. Krystyna Cenkalska (London: Dobson, 1951). クリスティナ・ズィヴルスカ『地獄（アウシュヴィッツ）からの生還』大河原順訳，潮文社，1990 年

原 註

序 論

1 Primo Levi, *The Drowned and the Saved* (London, 1988), 19–20. 題辞の引用は p.19. 邦訳は「参考文献」参照.

2 「ホロコースト」は特定の価値観をもつ用語であり，多くの政治的な論争の的となっている．学問的にも，通説としても，それがユダヤ人犠牲者だけが対象なのか，それとも同性愛者やロマやシンティ，エホバの証人，そのほか数知れないナチの大量殺戮の犠牲者も含むのかはっきりしていない．公共の記念館にかんしていえば，エルサレムのヤド・ヴァシェム記念館や米国ホロコースト記念博物館といった主要な博物館では，「ホロコースト」が依然としておもにユダヤ人の犠牲者を対象としているにしても，大量殺戮による非ユダヤ人犠牲者の展示を求める圧力も受けてきたのは間違いない．本章で後述するとおり，本書ではユダヤ人の収容者だけでなく，非ユダヤ系のドイツ人やポーランド人，チェコ人などの収容者たちについても意識的に論及することにした．こうした文脈のなかで本書の「ホロコースト」という用語の使用を理解いただきたい．

3 この見方については序論の先で説明し，論じている．

4 Yael Zerubavel, *Recovered Roots: Collective Memory and the Making of Israeli National Tradition* (Chicago and London, 1995), 75.

5 Leni Yahil, *The Holocaust: The Fate of European Jewry* (Oxford, 1990), 462–6.

6 Ibid. 458–78.

7 Yehuda Bauer, *They Chose Life: Jewish Resistance in the Holocaust* (Jerusalem, 1973), 33.

8 Lawrence L. Langer, *Admitting the Holocaust: Collected Essays* (Oxford, 1995), 6.

9 Omer Bartov, *Murder in our Midst: The Holocaust, Industrial Killing, and Representation* (Oxford, 1996), 107.

10 Joseph Rudavsky, *To Live with Hope, to Die with Dignity: Spiritual Resistance in the Ghettos and Camps* (Lanham, Md., and London, 1997), 68; Joshua R. Jacobson, 'Music in the Holocaust', *Choral Journal,* 36/5 (1995), 9–21 の 18.

11 Philip Alperson (ed.), *What is Music?* (University Park, Pa., 1994), 7–8.

12 Michael André Bernstein, *Foregone Conclusions: Against Apocalyptic History* (London, 1994), 9, 30.

13 Levi, *The Drowned and the Saved*, 23, 25.

14 Lawrence L. Langer, *Holocaust Testimonies: The Ruins of Memory* (New Haven and London, 1991), 175.

15 Bernstein, *Foregone Conclusions*, 24.

16 Langer, *Admitting the Holocaust*, 53.

17　Kaczerginski and Leivick, pp. xxviii-xxx.

18　Josef Bor, *Terezin Requiem* (London, 1963), 58–9; Ruth Elias, *Triumph of Hope: From Theresienstadt and Auschwitz to Israel* (New York, 1998), 84; Sima Skurkovitz, *Sima's Songs: Light in Nazi Darkness* (Jerusalem, 1993), 26.

19　Lucjan Dobroszycki (ed.), *The Chronicle of the Łódź Ghetto, 1941–1944* (New Haven, 1984), 412.

20　戒律とともに善行を意味するヘブライ語.

21　Chaim A. Kaplan, *Scroll of Agony: The Warsaw Diary of Chaim A. Kaplan,* trans. and ed. Abraham I. Katsh (London, 1965), 10, 129, 131, 174, 244–5. 邦訳は「参考文献」参照.

22　Ringelblum and Berman, 引用は Meilekh Neustadt, *Khurbn un oyfshtand fun di yidn in Varshe: eydes-bletter un azkores* (Tel Aviv, 1948), 313.

23　Emmanuel Ringelblum, *Notes from the Warsaw Ghetto: The Journal of Emmanuel Ringelblum,* trans. and ed. Jacob Sloan (New York, 1974), 101. 邦訳は「参考文献」参照.

24　David Roskies (ed.), *The Literature of Destruction* (New York, 1989), 382.

25　歴史資料としての証言をめぐる論考は，本書の主題において重要な位置を占める．というのも，とりわけ証言にたいする無批判な取り組みが，この時期のより綿密な音楽研究を深刻に妨げたからである．より詳しい言説は以下を参照のこと．Shirli Gilbert, 'Music in the Nazi Ghettos and Camps (1939–1945)' (D.Phil. diss., University of Oxford, 2002), 21–30. また，Langer, *Holocaust Testimonies*; James Young, 'Between History and Memory: The Uncanny Voices of Historian and Survivor', *History and Memory,* 9/1 (1997), 47–58; Annette Wieviorka, 'On Testimony', in Geoffrey H. Hartman (ed.), *Holocaust Remembrance*, 23–32; Bernstein, *Foregone Conclusions*, 47; Shoshana Felman and Dori Laub, *Testimony: Crises of Witnessing in Literature, Psychoanalysis and History* (London, 1992).

26　Bernstein, *Foregone Conclusions*, 24.

第 1 章

1　『ゲットーと収容所の歌』と題されたレイヴィック編纂のカチェルギンスキの収集資料は，この時代のイディッシュ語の歌にかんするもっとも包括的な資料である．
「モエス」という言葉はヘブライ語の「マオート」に由来し，硬貨とか小銭が字義どおりの意味である．

2　Kaczerginski and Leivick, 177–8.

3　Ruta Pups and Bernard Mark, *Dos lid fun geto: zomlung* (Warsaw, 1962), 46–8.

4　Ibid. 48.

5　ロシア皇帝アレクサンドル二世が 1881 年に暗殺されると，ロシアと同様にポーランド立憲王国でも反ユダヤ主義の暴力やポグロムがあいつぎ，これが大量の移民を生んだ．以下を参照のこと．Celia S. Heller, *On the Edge of Destruction: Jews of Poland between*

the Two World Wars (New York, 1977), 38; Chone Shmeruk, 'Aspects of the History of Warsaw as a Yiddish Literary Centre', in Wladyslaw T. Bartoszewski and Antony Polonsky (eds.), *The Jews in Warsaw: A History* (Oxford, 1991), 232-45 の 232; Yisrael Gutman (ed.), *Encyclopedia of the Holocaust* (London, 1990), 1601-3.

6 戦争の勃発で多数の人びとが町をあとにしたにもかかわらず，1940 年をつうじて 7 万 5000 人以上の難民がウーチやカリシュ，そのほか約 700 にのぼる集落から流入した．Lucy S. Dawidowicz, *The War against the Jews, 1933-1945* (London, 1975), 250.

7 Stephen D. Corrsin, 'Aspects of Population Change and of Acculturation in Jewish Warsaw at the End of the Nineteenth Century: The Censuses of 1882 and 1897', in Bartoszewski and Polonsky (eds.), *The Jews in Warsaw*, 212-31 の 222.

8 Shmeruk, 'Aspects', 233; Charles G. Roland, *Courage under Siege: Starvation, Disease and Death in the Warsaw Ghetto* (Oxford, 1992), 30.

9 Dawidowicz, *The War against the Jews*, 265-6.

10 たとえばヒーラ・フラムのウーチにかんする下記所収の論考を参照のこと．*Singing for Survival: Songs of the Lodz Ghetto* (Urbana, 1992), 102.

11 Flam, *Singing for Survival*, 131.

12 Yitzhak Arad, Yisrael Gutman, and Abraham Margaliot, *Documents on the Holocaust: Selected Sources on the Destruction of the Jews of Germany and Austria, Poland, and the Soviet Union* (Jerusalem, 1981), 173-4.

13 難民の断続的な流入は，ゲットーでの死亡率が高くても，人口が比較的安定することを意味した．人口は 1941 年 4 月に最多の 45 万人に達している．同年の下半期に人口は減少に転じるが，1942 年の夏に実施された大規模な強制移送の後にはじめて劇的に落ち込む．以下を参照のこと．Roland, *Courage under Siege*, 29; Gutman (ed.), *Encyclopedia*, 1607-8; Wladyslaw Bartoszewski, 'The Martyrdom and Struggle of the Jews in Warsaw under German Occupation 1939-43', in Bartoszewski and Polonsky (eds.), *The Jews in Warsaw*, 312-48 の 313-14.

14 Gutman (ed.), *Encyclopedia*, 1609; Bartoszewski, 'Martyrdom and Struggle', 313.

15 引用は Bartoszewski, 'Martyrdom and Struggle', 314.

16 Gutman (ed.), *Encyclopedia*, 1610.

17 Dobroszycki (ed.), *The Chronicle of the Łódź Ghetto*, 58.

18 Ringelblum, *Notes*, 37, 47, 159.

19 Jonas Turkow, *Azoy iz es geven* (Buenos Aires, 1948), 130.

20 「ガゼタ・ジドフスカ」は総督領内のゲットーの官報．Emmanuel Ringelblum, *Ksovim fun geto* (Warsaw, 1961-3), 241; Isaiah Trunk, *Judenrat: The Jewish Councils in Eastern Europe under Nazi Occupation* (New York, 1972), 222.

21 リンゲルブルムは 1941 年 2 月 19 日，これらの場所の一つで催された出し物について次のように記している．「秩序維持班はこのどんちゃん騒ぎを中止させようとした．しかしメロディ宮の持ち主の一人が連中〔ナチ当局〕の側であることが分かり，彼女に手が出せなかった．ほとんどのユダヤ人娯楽施設はこれと同様である」．*Notes*, 125.

22　引用は Yisrael Gutman, *The Jews of Warsaw, 1939–1943: Ghetto, Underground, Revolt* (Brighton, 1982), 108.

23　引用は Moshe Fass, 'Theatrical Activities in the Polish Ghettos during the Years 1939–1942', *Jewish Social Studies*, 38 (1976), 54–72 の 57–8.

24　Kaplan, *Scroll of Agony*, 184.

25　Władysław Szpilman, *The Pianist:The Extraordinary Story of One man's Survival in Warsaw, 1939–45* (London, 1999), 13. 邦訳は「参考文献」参照.

26　Szpilman, *The Pianist*, 16.

27　トレブリンカのオーケストラについては第四章で論じる.

28　Janina Bauman, *Winter in the Morning: A Young Girl's Life in the Warsaw Ghetto and Beyond, 1939–1945* (Bath, 1986), 94, 97–9; Marcel Reich-Ranicki, *Mein Leben: Autobiographie* (Stuttgart, 1999), 215, 230.

29　Ringelblum, *Notes*, 278.

30　Szpilman, *The Pianist*, 66–7.

31　Ringelblum, *Notes*, 205.

32　引用は Trunk, *Judenrat*, 223.

33　Kaplan, *Scroll of Agony*, 221.

34　Ringelblum, *Notes,* 283; Kaplan, *Scroll of Agony*, 221.

35　Kaczerginski and Leivick, 141.

36　Ibid. 156–7.

37　Trunk, *Judenrat*, 223.

38　Flam, *Singing for Survival*, 17.

39　Turkow, *Azoy iz es geven*, 202.

40　Gutman (ed.), *Encyclopedia*, 1603–4, 1614; Trunk, *Judenrat*, 186.

41　Turkow, *Azoy iz es geven*, 210.

42　Fass, 'Theatrical Activities', 67.

43　Trunk, *Judenrat*, 216.

44　引用は ibid.

45　Moshe Hoch, 'Ha'tarbut ha'muziqalit b'kerev ha'y'hudim tachat ha'shilton ha'natsi b'polin 1939–1945' (Ph.D. diss., Bar-Ilan University, 1992), 88; Turkow, *Azoy iz es geven*, 126.

46　Hoch, 'Ha'tarbut ha'muziqalit', 177; Fass, 'Theatrical Activities', 70. 劇場で上演された公演演目のより詳しい一覧を掲載しているので参照のこと.

47　メロディ宮はゲットーの壁に面して建っていた古い建物で，ダンスやバラエティ・ショーが上演されていたが，一時的に時事風刺劇《レヴュー》の公演にも使用された．ダヴィド・ゼイデルマンとハナ・レルネル，スィムハ・プステルは 1941 年 9 月 6 日，新しい劇場を創設するためエルドラド劇場を離れた．公演活動はわずか 2 か月後に中止されている．Hoch, 'Ha'tarbut ha'muziqalit', 92 を参照のこと．

48　これらの歌の大半が Kaczerginski and Leivick に，残るいくつかは Eleanor Mlotek and Malke Gottlieb (eds.), *We are Here: Songs of the Holocaust* (New York, 1983) に収録

されている.

49 ヴィルナのパルチザン歌は「抵抗」の範疇に入ることから,次章でとりあげた.収容所におけるドイツ人政治犯たちの同じような歌は第三章で検討した.音楽はワルシャワの抵抗運動でも重要な役割を果たしている.運動の有力活動家は大多数がシオニスト青年組織の出身であったことから,演奏曲目は主として既存のヘブライ語の歌であったとみられる.Yitzhak Zuckerman, *A Surplus of Memory: Chronicle of the Warsaw Ghetto Uprising* (Berkeley, 1993), 37–134.

50 ここで「むち」とあるのは,革をひも状によった特殊な型のむちであった.

51 Kaczerginski and Leivick, 153–4.

52 Kaczerginski and Leivick, 234, 236.

53 Mlotek and Gottlieb (eds.), *We are Here*, 66–7; Kaczerginski and Leivick, 104–5.

54 Jonas Turkow, *Hayo hayta varsha ha'y'hudit* (Tel Aviv, 1969), 98–9.

55 Reich-Ranicki, *Mein Leben*, 220–1.

56 著者の知るかぎりでは,ワルシャワは音楽公演にかんする本格的な批評が存在した唯一のゲットーである(「模範的なゲットー」とされたテレージエンシュタットを除く).音楽批評家は6人いた.アレクサンデル・ロセンシュテイン,ヘンルィク・チェルヴィンスキ,ヴィクトル・ハルト(のちにマルツェル・ライヒ=ラニツキの筆名であることが判明),そしてArwe, A. Ex., L.A. とだけ分かっている3名である.批評は,演奏会がどのような条件下で行われたのかについて,まれにしか触れていない.ネウテイフの上演にたいする好意的な批評は1941年1月17日,6月4日,7月16日,そして9月1日付の「ガゼタ・ジドフスカ」に載っている.フルマンスキにかんしては1941年9月30日付にある.引用はHoch, 'Ha'tarbut ha'muziqalit', 67–8.

57 Reich-Ranicki, *Mein Leben*, 222; Hoch, 'Ha'tarbut ha'muziqalit', 66–70.

58 Reich-Ranicki, *Mein Leben*, 224; Hoch, 'Ha'tarbut ha'muziqalit', 73, 80.

59 Reich-Ranicki, *Mein Leben*, 220, 224, 228.

60 Hoch, 'Ha'tarbut ha'muziqalit', 84; Reich-Ranicki, *Mein Leben*, 226; Turkow, *Hayo hayta*, 84.

61 Reich-Ranicki, *Mein Leben*, 222, 229–30.

62 Rachel Auerbach, *Varshever tsavoes: bagegenishn, aktivitetn, goyroles 1933–1943* (Tel Aviv, 1974), 66; Reich-Ranicki, *Mein Leben*, 224.

63 Januz Korczak, *Ghetto Diary* (New York, 1978), 84–5; Michael Zylberberg, *A Warsaw Diary, 1939–1945* (London, 1969), 62–3.

64 「オネグ・シャバト」は歴史家のエマヌエル・リンゲルブルムがワルシャワ・ゲットーに創設した地下記録保管所《アーカイヴ》の暗号名である.その収集記録は「公式」の活動をまとめた公文書とは異なるワルシャワ・ゲットーの姿を伝えているが,しばしばゲットーの指導部にきわめて批判的であり,さまざまな社会的不平等や腐敗も指弾している.Gutman (ed.), *Encyclopedia*, 1607–8; Ringelblum, *Notes*, 214–15; Trunk, *Judenrat*, 218.

65 Ringelblum, *Notes,* 289.

66 Fass, 'Theatrical Activities', 62–3; Ringelblum, *Notes*, 199.

67　これは文化会館での催しを紹介したウーチの『クロニクル』の記述のなかで明らかにされている．Dobroszycki (ed.), *The Chronicle of the Łódź Ghetto*, 25, 33, 36, 287, 289, 296. ほかに Flam, *Singing for Survival*, 19 を参照のこと．

68　Turkow, *Azoy iz es geven*, 249–50; Hillel Seidman, *Togbukh fun Varshever Geto* (Buenos Aires, 1947), 140.

69　ヤヌシュ・コルチャク（別名ヘンルィク・ゴルトシュミット，1878/9–1942）は同化ユダヤ人の家庭に生まれ，戦争前のワルシャワで大いに尊敬された医師であり教育者であった．クロフマルナ通りにつくられた新しいユダヤ人孤児院の院長となったのが1912年で，ゲットーの時期も同職にあった．Gutman (ed.), *Encyclopedia*, 816–17.

70　Korczak, *Ghetto Diary*, 61; Zylberberg, *Warsaw Diary*, 36–7.

71　Kaczerginski and Leivick, 314.

72　Kaczerginski and Leivick, 314.

73　Ruth Rubin, *Voices of a People: The Story of Yiddish Folksong* (Philadelphia, 1979), 200–8.

74　「ジデス」はポーランド語〔のイディッシュ風の発音〕でユダヤ人をさす〔「ジド」の複数形〕．ここでは蔑称としての意味をもち，翻訳では表現にしくいため原文のまま残した．

75　ヘブライ語で「神の聖なる名」とある句を字義どおりに訳せば「（神の）名を聖とする」となる．この句は，ユダヤ史の聖書時代から，模範となる倫理的な行いを表すために唱えられてきた．とりわけ宗教上の殉教と関連づけられ，信仰のために自分のいのちを捨てる者は「聖なる者」とみなされた．Gutman (ed.), *Encyclopedia*, 799.

76　ここで紹介した歌は Kaczerginski and Leivick, 213–16 からの引用で，ゲットーの生存者が伝えているよく似た二つの歌詞を混ぜ合わせたものである．ほかの歌詞は下記に紹介されている．Rubin, *Voices of a People*, 444 および Mlotek and Gottlieb (eds.), *We are Here*, 37–8.

77　Kaczerginski and Leivick, 214; Mlotek and Gottlieb (eds.), *We are Here*, 37.

第2章

1　Isaac Kowalski (ed.), *Vilner almanakh* (New York, 1992)

2　Yitzhak Arad, *Ghetto in Flames: The Struggle and Destruction of the Jews in Vilna in the Holocaust* (New York, 1982), 27–8.

3　Leyzer Ran, *Vilna, Jerusalem of Lithuania* (Oxford, 1987), 7–8; Arad, *Ghetto in Flames*, 1–2.

4　Arad, *Ghetto in Flames*, 22, 55–8; Gutman (ed.), *Encyclopedia*, 869–8, 1383.

5　Arad, *Ghetto in Flames*, 77, 101–15; Gutman (ed.), *Encyclopedia*, 1572.

6　ゲンスは人目を引く多才な人物であった．16歳のときにリトアニア軍に入隊し，その後，コヴノ大学で学んでいる．1930年代末に軍に再召集され，大尉に昇進するが，ソ連による占領とともに解任された．そこで彼はヴィクメルゲのヘブライ語学校と

Juburg のユダヤ人学校で教師となり，生計を立てていた．Yahil, *The Holocaust*, 278; Arad, *Ghetto in Flames*, 124–6, 133.

7 Arad, *Ghetto in Flames*, 134–42.

8 Ibid. 145–7; Dawidowicz, *The War against the Jews*, 347.

9 Arad, *Ghetto in Flames*, 149 58.

10 Arad, *Ghetto in Flames*, 307, 311–12.

11 Herman Kruk, 'Diary of the Vilna Ghetto', *YIVO Annual of Jewish Social Science*, 13 (1965), 9–78 の 26–7, 52, 32–3, 46.

12 Avraham Sutzkever, *Fun Vilner geto* (Moscow, 1946), 111; Mark Dworzecki, *Yerushalayim de-Lita in kamf un umkum* (Paris, 1948), 242; Dawidowicz, *The War against the Jews*, 316.

13 スレプ (1884–1942) は戦前のヴィルナの名高い指揮者であり，歌唱指導の教師であった．とりわけ「ヴィルビグ」合唱団（ヴィルナ教育協会の頭文字をとった略称）を指導していたことで知られ，ゲットーでも合唱団との公演を続けて人気を博した．レパートリーは，彼自身が編曲したスタンダードなクラシックの曲とユダヤ民謡であった．スレプはゲットーが解体される数か月前にエストニアに移送され，そこで死亡している．ギルショヴィチは有名なピアニストであるとともに教師であり，ヴィルナのユダヤ音楽院の活動にも携わっていた．Kaczerginski and Leivick, 89; Yisaskhar Fater, *Yiddishe muzik in Poyln tsvishn beyde velt-milkhomes* (Tel Aviv, 1970), 172–8, 272.

14 Dworzecki, *Yerushalayim de-Lita*, 234; Kruk, 'Diary', 244, 376; Zelig Kalmanovitch, 'A Diary of the Nazi Ghetto in Vilna', *YIVO Annual of Jewish Social Science*, 8 (1953), 9–81 の 31.

15 Yitzkhok Rudashevski, *The Diary of the Vilna Ghetto, June 1941–April 1943* (Tel Aviv, 1973), 60; Kruk, 'Diary', 353–4.

16 ヴォルフ・ドゥルマシュキンにかんする匿名での発言．ヤド・ヴァシェム記念館アーカイヴ（以後，YV），M.1.E/1538; Dworzecki, *Yerushalayim de-Lita*, 244; Skurkovitz, *Sima's Songs*, 3; Sutzkever, *Fun Vilner Geto*, 107.

17 Dworzecki, *Yerushalayim de-Lita*, 245–6, 253; Trunk, *Judenrat*, 227.

18 Solon Beinfeld, 'The Cultural Life of the Vilna Ghetto', in Joshua Sobol, *Ghetto* (London, 1989), pp. xxvi-viii; Sutzkever, *Fun Vilner geto*, 105–6; Arad, *Ghetto in Flames*, 323.

19 スツケヴェルとドヴォジェツキはともに協会の創設を 1942 年 2 月 17 日としているが，クルクの日記では同年の 1 月 20 日となっている．Sutzkever, *Fun Vilner geto*, 107–9; Kruk, 'Diary', 20, 162; Dworzecki, *Yerushalayim de-Lita*, 238–40.

20 Kaczerginski and Leivick, 7–8.

21 宗教や聖書にかんするイディッシュ語のほとんどはヘブライ語に由来する．したがって，それらが使用されるときはしばしば特有の暗示的な意味を帯びる．

22 Eleanor Gordon Mlotek and Joseph Mlotek (eds.), *Pearls of Yiddish Song: Favourite Folk, Art and Theatre Songs* (New York, 1988), 267–70.

23 Flam, *Singing for Survival*, 95; Kaczerginski and Leivick, 110–11.

24　David Roskies, *Against the Apocalypse: Responses to Catastrophe in Modern Jewish Culture* (London, 1984), 48, 54.

25　Gutman(ed.), Encyclopedia, 1698–1702.

26　1942 年の最後の数か月間，ソ連軍の空挺部隊がパルチザン運動を立ち上げるためにヴィルナ地区に展開した．彼らは FPO（統一パルチザン機構）と遭遇し，そうした接触の結果 FPO はソ連の援助を受けて地下活動全般とパルチザン運動の強化を図った．1943 年半ば，ドイツは共産党の組織網を突き止めることに成功し，ヴィトンベルグ（共産党員であった）がゲットーに潜伏しているのを確認すると，身柄の引渡しを要求した．彼の名前が浮上したのは FPO の指導者としてではなく，共産党員としてであった . Gutman (ed.), *Encyclopedia*, 1574; Yahil, *The Holocaust*, 467–9.

27　Kaczerginski and Leivick, 3.

28　Kaczerginski, 引用は Rubin, *Voices of a People*, 453–4.

29　Kaczerginski and Leivick, 351.

30　Ibid. 345.

31　Joachim Braun, *Jews and Jewish Elements in Soviet Music* (Tel Aviv, 1978), 78–81.

32　Rubin, *Voices of a People*, 420.

33　Kaczerginski and Leivick, 341, 348.

34　ドヴォジェツキは，ゲットーにあったさまざまな子どものクラブとこの青少年クラブを区別している．後者のようなものは一つしかなく，会員は主として十代の少年少女であったとしている．Dworzecki, *Yerushalayim de-Lita,* 234–5; Sutzkever, *Fun Vilner geto*, 103; Rudashevski, *Diary*, 80–1.

35　Skurkovitz, *Sima's Songs*, 21.

36　Rudashevski, *Diary*, 104–5.

37　Kaczerginski and Leivick, 325.

38　Sutzkever, *Fun Vilner geto*, 105.

39　この表題は「穀物の季節，小麦の季節」の句をもとにした悲痛な語呂合わせであった．

40　Herman Kruk, *Togbukh fun Vilner geto* (New York, 1961), 136.

41　引用は Beinfeld, 'Cultural Life', pp. xxiii–iv.

42　Dworzecki, *Yerushalayim de-Lita*, 248–9; Kruk, *Togbukh*, 146; Sutzkever, *Fun Vilner geto*, 88.

43　Kruk, 'Diary', 24.

44　Ibid. 33–4; Trunk, *Judenrat*, 226; Gutman (ed.), *Encyclopedia*, 1572.

45　Kruk, *Togbukh*, 221, 239, 246.

46　当時のユダヤ人労働力が逼迫していたことを示すいくつかの資料がある．1941 年 12 月 1 日付の文書のなかで，第三出動分遣隊《アインザッツコマンド》の指揮官カール・イェーガーは「労働可能なユダヤ人とその家族を除き」すべてのリトアニア・ユダヤ人を抹殺したことを確認している．彼は「小官は労働可能なユダヤ人とその家族も抹殺したいと考えていた．ところが国家弁務官《ライヒコミサール》と国防軍がこれに猛反対し，これらユダヤ人とその家族の銃殺を禁止する措置をとった」とも記している．Arad, Gutman, and Margaliot, *Documents on the*

Holocaust, 398. 労働力を確保する必要と反ユダヤ主義政策をとる体制との恒常的な対立が経過をいっそう複雑にした．ゲットーの指導層が「生きるのための労働」の政策をとるに至った要因や，イデオロギーや経済の分野における地方と中央とのあまたの確執が本件をめぐるナチの政策に与えた影響については次の論考を参照のこと．Christopher R. Browning, *Nazi Policy, Jewish Workers, German Killers* (Cambridge, 2000), 58–88. ブラウニングによれば，「ユダヤ人指導者たちは，ドイツの現地当局の多くがユダヤ人労働力の効率的な利用に強い関心をもっていると信じていたわけではなかった」という．しかし，そうした現地当局の既得権益がユダヤ人共同体の残存者の命を最終的には救ってくれるという絶望的な希望を抱いた点で，彼らは間違っていた．

47 Arad, Gutman, and Margaliot, *Documents on the Holocaust*, 438.

48 「ゲットー・ニュース」はユダヤ人評議会の新聞である．イディッシュ語の公報として毎日曜日に発行され，1942 年 9 月からゲットーの最終局面まで存続した．ゲットーの諸機関に配布され，公設の掲示板に貼りだされた．ゲットーでの催し物や求人中の職場，文化活動，保健衛生，教育あるいは社会福祉にかんする記事，それにゲットーの行政機関の告知を掲載していた．Shmerke Kaczerginski, *Khurbn Vilne* (New York, 1947), 331–2; Arad, *Ghetto in Flames*, 331.

49 Arad, Gutman, and Margaliot, *Documents on the Holocaust,* 455–6.

50 Gutman (ed.), *Encyclopedia*, 555–6; Yahil, *The Holocaust*, 445; Arad, *Ghetto in Flames*, 159–60; Dawidowicz, *The War against the Jews*, 350.

51 状況は異なるが，ウーチのユダヤ人評議会と音楽との関係は，ヴィルナの場合と並行して興味深い主題である．ウーチには幅広い活発な音楽活動があり，オーケストラといくつかの合唱団，レヴュー劇場「前衛」，子ども劇場のほか，数多くの独演者がいた．当初は一般の人びとが文化活動を担っていたが，1941 年のはじめにユダヤ人評議会議長のルムコフスキが独立した文化団体を解散し，以後すべての文化活動が彼の厳格な統制下におかれた．1941 年 3 月 1 日に公営の文化会館が開設され，交響曲の演奏会やレヴューが披露された．ルムコフスキはそこでの公演を利用してよく政治演説をした．文化活動にたいするルムコフスキの統制が音楽の役割の解釈にまで及ぶと，深刻な影響をもつことになる．演目は彼の厳重な検閲を経なければならなかった．つまり，上演が丸ごと承認されることは稀であり，歓迎されない政治的批判は公演の中止を招くことになった．その意味で，公式に統制された音楽活動が，のちに非難されることになるルムコフスキの大規模なまやかしの秩序を手助けしたというのはありえることである．公演は，ゲットーの内政に挑戦するような見解を表明したり，ましてや圧制者にたいする犠牲者の思いを云々したりする場ではなかった．全体としてみればむしろ，「政治的に正しい」娯楽とルムコフスキの政策を教宣するための場を提供していたと考えられる．

52 Kruk, *Togbukh*, 559–60, 368–9.

53 Dworzecki, *Yerushalayim de-Lita*, 244.

54 Arad, Gutman, and Margaliot, *Documents on the Holocaust*, 449–50.

55 Kruk, 'Diary', 45–6; Gwynne Schrire, *In Sacred Memory: Recollections of the Holocaust by Survivors Living in Cape Town* (Cape Town, 1995), 102.

56　Flam, *Singing for Survival,* 26, 162–6.

57　Kaczerginski and Leivick, 93.

58　Kaczerginski and Leivick, 354.

59　Kaczerginski and Leivick, 28–9.

60　Kaczerginski and Leivick, 5, 50, 63.

61　Ibid. 106, 112, 114, 168. 作戦行動《アクツィオーネン》によって孤児となった多くの子どもたちが，ゲットーで問題となっていた．保護施設が1942年3月8日に設けられたが，ゲットーを徘徊し、少年犯罪（おもに食物を盗むこと）に走りがちな数多くの孤児たちの問題を解決することにはならなかった．刑法犯で捕まった少年40名のうち，1942年3月上旬の時点で，13名の子どもがゲットーの拘置所に収容されていた．彼らにでもできる仕事を検討することになり，その結果1942年5月に組織されたのが交通隊の警察官ヨセフ・ムシュカトによる「運び屋少年」であった．彼らの仕事は食料品を手押し車でユダヤ人評議会の倉庫から配給を行う公営の簡易食堂や保護施設に運ぶことであり，食料や衣類によって支払われた．Arad, *Ghetto in Flames*, 319.

62　Kaczerginski and Leivick, 300.

63　Ibid. 350, 357.

64　Kaczerginski and Leivick, 302. 引用は結びの四つの連.

65　ゴルドファデンの歌のリフレインは民謡「ヤンケレの揺りかごで」を編曲したものである．Eleanor Gordon Mlotek (ed.), *Mir trogn a gezang: Favourite Yiddish Songs of our Generation* (New York, 2000), 4–6.

66　Kaczerginski and Leivick, 93, 306.

67　Flam, *Singing for Survival*, 126.

68　Kaczerginski and Leivick, 32–3.

69　Ibid. 87.

70　ほかの例に，ウーチのイサイア・シュピグルとダヴィド・ベイグルマンの作である「聴きなさい，わが子よ，吹き荒れる風のうなりを」と名高い「小さな目を閉じなさい」がある．シュピグルの歌詞では「父親は家に戻ってくることはない」とある．フラムが記しているところによると，公演で後者の歌を聴いたルムコフスキは「わが『王国』を悲観的な視点でとらえている」として，その場で上演禁止にしたという．Flam, *Singing for Survival*, 148; Kaczerginski and Leivick, 122.

71　Dworzecki, *Yerushalayim de-Lita,* 278–9.

72　ゲビルティグはこの歌をポーランドの町プシティクで1938年におきたポグロムのあとに書いた．歌は東ヨーロッパの多くのゲットーで歌われるようになり（ゲビルティグはクラクフに収容されていた），今日も記念式典でよく歌われている．Mlotek and Gottlieb (eds.), *We are Here*, 12–13.

73　Dworzecki, *Yerushalayim de-Lita*, 281, 245–6; Franz Ruttner, 'Die jiddischen Lieder aus dem Wilnaer Getto', in Florian Freund, Franz Ruttner, and Hans Safrian (eds.), *Ess firt kejn weg zurik: Geschichte und Lieder des Ghettos von Wilna, 1941–1943* (Vienna, 1992), 124.

74 Kruk, *Togbukh*, 254, 325–6.

75 ヴァルテガウ［帝国大管区］は，ドイツ帝国《ライヒ》が 1939 年 10 月に編入したポーランドの領土に設けた行政区をさす（この呼称はヴァルタ川に由来）．総督領は，ドイツに併合されられなかった旧ポーランド領〔ドイツが設立した統治機構下に置かれた〕 Gutman (ed.), *Encyclopedia*, 549, 1633.

第３章

1 1941 年 1 月，ヒムラー〔親衛隊全国指導者〕は収容者の区分に応じて収容所を分類する計画を承認した．収容所内での過酷な生活は，収容者が属しているその区分と国家にたいする脅威の度合いとに対応していた．ハイドリヒ〔国家保安本部長官〕が発布した 2 月 2 日の命令は，収容所を三つのカテゴリーに分類している．第一カテゴリーの収容所は，容易に「素行を改める」ことのできる，それほど危険でない者，第二は長い犯罪歴をもつものの「更正」の余地がある者，第三は「再教育不能」とみなされた者を対象としていた．実際には，生活条件はさらに多くの要因が関連しており，しかも戦況の推移とともに著しく変わった．Aharon Weiss, 'Categories of Camps: Their Character and Role in the Execution of the "Final Solution of the Jewish Question" ', in Yisrael Gutman and Avital Saf (eds.), *The Nazi Concentration Camps* (Jerusalem, 1984), 115–32 の 125.

2 Wolfgang Sofsky, *The Order of Terror*: *The Concentration Camp* (Princeton, 1997), 29–33.

3 Johannes Tuchel, *Die Inspektion der Konzentrationslager 1938–1945: Das System des Terrors* (Berlin, 1994), 124; Klaus Drobisch and Günther Wieland, *System der NS-Konzentrationslager 1933–1939* (Berlin, 1993), 262.

4 収容所の収容者数の推移は次の通りである（各年 12 月末現在の数字）．1936 年：2000 人，1937 年：2523 人，1938 年：8309 人，1939 年：1 万 2168 人，1940 年：1 万 577 人，1941 年：1 万 709 人，1942 年：1 万 6577 人，1943 年：2 万 8224 人，1944 年：4 万 7709 人．Georg Wolff, *Kalendarium der Geschichte des KZ Sachsenhausen: Strafverfolgung* (Oranienburg, 1987), 5–35.

5 収容者は拘禁されるにいたった「犯罪」の性格によって区分された．その括り方はしばしばでたらめで，恣意的であった．区分を異にする収容者たちは通常，各自の衣類に縫いつけられた色別の三角形のしるしによって呼ばれていた．政治犯は赤，刑事犯が緑，「反社会分子」は黒といった具合である．

6 とくにノルウェー人はザクセンハウゼンで大いに優遇された．通常彼らには，暴力はふるわれず，家族や友人と定期的に連絡をとることが許された．また戦時中も食料の詰まった小包を家や赤十字社から受け取っていた．

7 「組織化」とは収容所で使われていた隠語である．収容者がパンや石鹸，贅沢な品物にいたるあらゆる種類の必需品を手に入れるために使った手段を意味した．それが公正であるか否かは問われない．

8 一部の収容者が「普通」に生きていくための基本的必需品を十分に入手できた一方で，

多くの者がたえまない暴力と抑圧された生活環境，極度の疲労，飢えによって完全に消耗していた．

9　ロシア人とフランス人収容者の活動にかんする証拠資料はわりあい乏しい．クリシェヴィチは，1942年にザクセンハウゼンで死んだロシア人戦争捕虜アレクセイ・サゾーノフの書いた三つの歌（「シャルラ＝ティウガ！」「ソーニャ」そして「大虐殺《ヘカトンベ》 1941」）を記録している．これらはザクセンハウゼン（クリシェヴィチ所蔵資料）および米国ホロコースト記念博物館アーカイヴ（以下，USHMM），RG–55.003.89 関連の研究資料である．多くの国々の人びとが集まった点呼広場でロシア人捕虜たちがどのようなパフォーマンスを行ったのかを示す証言もある．以下を参照のこと．Bruno Meyer とのインタヴュー記録，ベルリン芸術アカデミーの労働歌記録アーカイヴ（以下，AdK），6; Helmut Bock とのインタヴュー記録，AdK, 37; ザクセンハウゼンにおける文化活動にかんする質問回答書，AdK, 44; Ernst Harter とのインタヴュー記録，AdK, 80. ロシア人捕虜の活動については下記に簡潔に論じられている．Emil Ackermann and Wolfgang Szepansky (eds.), *...denn in uns zieht die Hoffnung mit: Lieder, gesungen im Konzentrationslager Sachsenhausen* (Berlin, n.d.), 14–15. フランス人収容者のいくつかの歌は，ザクセンハウゼン記念博物館の資料保存館（以下，GMSD），IV163; IV172 に収蔵されている．

10　Harry Naujoks, *Mein Leben im KZ Sachsenhausen 1936–1942: Erinnerungen des ehemaligen Lagerältesten* (Cologne, 1987), 45. ナウヨックスはハンブルク出身のボイラー製造人であった（1901年生まれ）．1919年にドイツ共産党（KPD）に入党し，1934年にナチによって逮捕される．各地の刑務所に2年3か月拘禁されたのち，ザクセンハウゼンに移されて1942年まで収容された．その後さらにフロッセンビュルク〔強制収容所〕に移送されている．1939年から移送されるまでザクセンハウゼンの収容所責任者《ラーガーエルテステ》であった．その体験報告は，彼が高位の役職についていたことからとりわけ貴重である．つまり彼は収容所内部の仕組みや収容者の階層秩序にあった力関係の内情を明らかにすることができた．

11　開戦後の収容所でじょじょに進んだ収容者たちの国際化は，民族集団間の社会的差異を拡大した．ドイツ人がただちに序列の頂点に立つ一方で，非アーリア人である主としてユダヤ人，ポーランド人，ロシア人は底辺に位置することになった．Sofsky, *The Order of Terror,* 35.

12　ソニア・セイデルは，たとえばブーヘンヴァルト〔強制収容所〕における文化活動がおもにドイツ共産党（KPD）の収容者たちによって主導されていたことを明らかにしている．KPD の戦前からの伝統を身につけていた彼らは，音楽を収容所の条件に適合させる方法を見出したのである．またソニア・シュタールは，共産党員のルディ・アルントを含む抵抗組織の一部の活動家がブーヘンヴァルトで活発に文化活動を行っていたことを明らかにしている．Sonja Seidel, 'Kultur und Kunst im antifaschistischen Widerstandskampf im Konzentrationslager Buchenwald', *Buchenwaldheft*, 18 (1983), 23–40; Sonja Staar, 'Kunst, Widerstand und Lagerkultur: Eine Dokumentation', *Buchenwaldheft*, 27 (1987), 5–79 の7. ほかにも Guido Fackler, *'Des Lagers Stimme' – Music*

im KZ: Alltag und Häftlingskultur in den Konzentrationslagern 1933 bis 1936 (Bremen, 2000), 371. ダッハウ〔強制収容所〕については次に引用されている Václav Vlach を参照のこと. Milan Kuna, *Musik an der Grenze des Lebens: Musikerinnen und Musiker aus böhmischen Ländern in nationalsozialistischen Konzentrationslagern und Gefängnissen*, trans. Eliška Nováková (Frankfurt am Main, 1993), 135.

13 Naujoks, *Mein Leben, 295–300*; Aleksander Kulisiewicz, *Adresse: Sachsenhausen. Literarische Momentaufnahmen aus dem KZ*, ed. Claudia Westermann (Gerlingen, 1997), 19.

14 František Marušan, AdK, 49; Wolff, *Kalendarium*, 15.

15 Arnold Weiss-Rüthel, *Nacht und Nebel: Aufzeichnungen aus fünf Jahren Schutzhaft* (Munich, 1946), 73–9.

16 Karel Štancl, AdK, 46.

17 Bohumír Červinka, AdK, 77.

18 Karel Štancl, AdK, 46.

19 Kuna, *Musik an der Grenze*, 258–9; Bohumír Červinka, AdK, 77.

20 Karel Štancl, AdK, 46; František Marušan, AdK, 49.

21 クナは，この呼び名が米国の有名なスィング・スィング刑務所とドイツ語の「ズィンゲン」〔歌う〕の派生語の双方をほのめかしているかもしれないと述べている. Kuna, *Musik an der Grenze*, 126. 別の報告は，その呼び名が公演初日に自然についたとするピラルの話を引用している. それによると，彼らの当時のグループ名は「ゼンガークナーベン」で，それが英語で「スィンギング・ボーイズ」と紹介されたところ，聴衆の一人がこれに大声で異議を唱え，彼らが自分たちを「スィング・スィング」と呼んでいると言ったため，この新しい呼び名がついたという. Wolfgang Muth, 'Musik hinter Stacheldraht: Swing in Ghetto und KZ', in Bernd Polster (ed.), *Swing Heil: Jazz im Nationalsozialismus* (Berlin, 1989), 211–20 の 215.

22 Muth, 'Musik hinter Stacheldraht', 215. このグループが使った歌集はグループを率いたカレル・シュタンツルによって保管された. その写しは AdK, 138 にある.

23 Wolfgang Szepansky, AdK, 10; ザクセンハウゼンにおける文化活動にかんする質問回答書, AdK, 42, 44, 45; Karel Štancl, AdK, 46; Bohumír Červinka, AdK, 77.

24 Štancl, 引用は Muth, 'Musik hinter Stacheldraht', 215–16.

25 Karel Štancl, AdK, 46. チェコ人収容者の活動にかんしてはヤン・ヴァラの論考も参照のこと. Kuna, *Musik an der Grenze*, 290–5. ヴァラは収容所で歌手として活動し，チェコ人同胞や古参のドイツ人収容者とともに第 26 ブロックに収容されていた. 彼は戦前のチェコの歌ばかりでなく，自分が創作した詞の一部も歌った. また歌を数か国語で覚え，収容者を慰安するためにいくつものブロック（診療所を含む）を回った.

26 Wolff, *Kalendarium*, 9; Naujoks, *Mein Leben*, 48–9.

27 政治犯たちの合同の音楽の夕べについて何かしら言及している記録は数多くある. たとえば以下を参照のこと. Ackermann and Szepansky, *...denn in uns zieht die Hoffnung mit*; Karl Schirdewan とのインタヴュー記録, AdK, 36; ザクセンハウゼンにおける文化

活動にかんする質問回答書，AdK, 43, 44, 45; Werner Staake, AdK, 47; Kulisiewicz, *Adresse: Sachsenhausen,* 19, 26–8; Fritz Lettow, *Arzt in den Höllen: Erinnerungen an vier Konzentrationslager* (Berlin, 1997), 179; Odd Nansen, *Day after Day* (London, 1949), 444.

28　Naujoks, *Mein Leben*, 300. 集団による歌唱はドイツの共産党や社会民主党の活動のなかで長らくその役割を果たしてきた．1848年革命の余波で，数百もの労働者の合唱団が共同体意識を高める手段として素人音楽家たちによってつくられた．連邦が成立していく1867年以降，団員数が減るにもかかわらず活動は続き，ワイマール時代も依然，人気があった．これらの合唱団は公然たる政治組織であって，レパートリーには一般に民族主義的，左翼的な傾向があった．ザクセンハウゼンに限らずほかの収容所にもあてはまることであるが，政治犯収容者がよく合唱したのは，これらの政治集団が長いこと合唱を重視してきたことのまさに延長であったのだろう．Richard Harold Bodek, 'We Are the Red Megaphone！: Political Music, Agitprop Theater, Everyday Life and Communist Politics in Berlin during the Weimar Republic' (Ph.D. diss., University of Michigan, 1990), 44, 49. を見よ．

29　Naujoks, *Mein Leben*, 115–16; Wolff, *Kalendarium*, 17.

30　Naujoks, *Mein Leben*, 175.

31　ザクセンハウゼンにおけるドイツ人政治犯収容者の活動に関係する歌集が少なくとも16冊残っている．原本の4冊はGMSDに保存されている．'Und wenn wir marschieren', III 628; Emil Wiedenの歌集，V8; Gregorz Schulzの歌集，III 202; Joopの歌集，96.00063．ほかにも4冊がザクセンハウゼン記念博物館アーカイヴ（以下，GMSA）にある．'Wo ein Lied erklingt, da laß Dich nieder, Böse Menschen singen keine Lieder', NL 6/72; 'Liederbuch der bündischen Jugend', NL 6/73; 'Ein Lied auf den Lippen', NL 1-17-S. 1-155; Otto Troitzschの歌集，R24/8. またAdKは歌集の原本を1冊保有し，これはGünter Morsch (ed.), *Sachsenhausen-Liederbuch: Originalwiedergabe eines illegalen Häftlingsliederbuches aus dem Konzentrationslager Sachsenhausen* (Berlin, 1995)として出版された．くわえて六冊の歌集の複製版を保有しているが，それらの原本はおそらく私蔵されていよう．'Liederbuch aus dem KZ Sachsenhausen', 117; 'Lager-Lieder von Sachsenhausen', 121; 'Das Lagerliederbuch I. Teil' (1940), 125; 'Das Lagerliederbuch I. Teil' (1941), 133; 'Lager-lieder und Lieder die gesungen werden im Schutzhaftlager Sachsenhausen', 140; 'Was wir sangen und singen', 119. 収容者Willy Feilerが保有する歌集は *Das Lagerliederbuch: Lieder, gesungen, gesammelt und geschrieben im Konzentrationslager Sachsenhausen bei Berlin 1942* (Dortmund, 1983)として出版されている．

32　沼地の収容所《モールラーガー》という呼称は，ドイツ北部の泥炭地であるエムス川とオランダ国境にはさまれた，ブレーメンの西方に位置するエムスラント地方に1933年から設置された複数の労働収容所をさす．これらに収容された人びとは，近隣の低湿地を干拓する労働者として動員された．もっともよく知られたのがベルガーモールとエスターヴェーゲンの収容所である．これらの収容者たちがのちに移送され，ザクセンハウゼンを含む強制収容所の建設に従事した．Sofsky, *The Order of Terror,* 30を参照．

33　たとえば，以下を参照のこと．Wolfgang Schneider, *Kunst hinter Stacheldraht: Ein*

Beitrag zur Geschichte des faschistischen Widerstandes (Leipzig, 1976), 75; Projektgruppe Musik in Konzentrationslagern, *Musik in Konzentrationslagern* (Freiburg, 1992), 67-8, 76.

34 Inge Lammel and Günter Hofmeyer (eds.), *Lieder aus den faschistischen Konzentrationslagern* (Leipzig, 1962), 21-2. ここに転載したのは「緑の隊列」の第一番の歌詞である.

35 Inge Lammel and Günter Hofmeyer (eds.), *Lieder*, 14-15, 18. ここに転載したのは「沼地の兵士たちの歌」の第一番, 二番, 最終連の歌詞である.

36 Ackermann and Szepansky, *...denn in uns zieht die Hoffnung mit*, 6-7, 20-1; Inge Lammel, 'Das Sachsenhausen–Liederbuch', in Morsch (ed.), *Sachsenhausen–Liederbuch*, 18.

37 Lammel and Hofmeyer (eds.), *Lieder*, 51-2.

38 Wloch, 引用は ibid. 53; Hans-Ludger Kreuzheck, '"Unsere Kuhle": Musik im KZ Neuengamme und in anderen Lagern', in Peter Peterson (ed.), *Zündende Lieder, verbrannte Musik: Folgen des Nationalsozialismus für Hamburger Musiker und Musikerinnen* (Hamburg, 1988) 55-68 の 61-4. エックハルト・ヨーンもこれらの歌が親衛隊による統制手段の一部であったとしている. 収容者たちが自由になるという幻想を抱きつづけることを彼らは望んでいた. Eckhard John, 'Musik und Konzentrationslager: Eine Annäherung', *Archiv für Musikwissenschaft*, 48 (1991), 1-36 の 30.

39 「農夫らは自由たらんとした」はヒトラーユーゲントの公式歌集に掲載されている. Hugo W. Schmidt (ed.), *Uns geht die Sonne nicht unter: Lieder der Hitler-Jugend* (Cologne, 1934); Reichsjugendführung (ed.), *Unser Liederbuch: Lieder der Hitler-Jugend* (Munich, 1939); Thilo Scheller (ed.), *Singend wollen wir marschieren: Liederbuch des Reichsarbeitsdienstes* (Potsdam, n.d.). ギゼラ・プロプスト＝エファは「ザクセンハウゼン収容所の歌」の作者たちが次のことを事実上, 承知していたとしている. すなわち, この歌がナチによって使われていたこと, にもかかわらず新たな歌詞の内容を偽装するためにそれを利用することにしたというものである. しかしながら, 先に引用したそれに反する見解に加えて, 公認の歌となることを意図され, しかも収容者たちによって公に歌われていたという事実は, この説明に難点があることを示していよう. Gisela Probst-Effah, 'Das Lied im NS-Widerstand: Ein Beitrag zur Rolle der Musik in den nationalsozialistischen Konzentrationslagern', *Musikpädagogische Forschung*, 9 (1989), 79-89 の 82.

40 Vernon L. Lidtke, 'Songs and Nazis: Political Music and Social Change in Twentieth-Century Germany', in Gary D. Stark and Bede Karl Lackner (eds.), *Essays on Culture and Society in Modern Germany* (Arlington, 1982), 167-200 の 172-3.

41 ヒトラーユーゲントや他のナチの歌集には収容所で左翼政党の集団が歌っていた歌が多数収載されている. たとえば以下を参照のこと. Gerhard Pallmann (ed.), *Wohlauf Kameraden ! Ein Liederbuch der jungen Mannschaft von Soldaten, Bauern, Arbeitern und Studenten* (Kassel, 1934); Scheller (ed.), *Singend wollen wir marschieren*; Schmidt (ed.), *Uns geht die Sonne nicht unter*; Erwin Schwarz-Reiflingen (ed.), *HJ singt: Die schönsten Lieder der Hitler-Jugend* (Leipzig, n.d.); Wolfgang Stumme (ed.), *Liederblatt der Hitlerjugend: 1.*

Jahresband (Berlin, 1936); id. (ed.), *Liederblatt der Hitlerjugend: 2. Jahresband* (Berlin, 1938); Reichsjugendführung (ed.), *Unser Liederbuch.*

42　GMSA, NL1-17-S.1-155. ここに挙げたのは「歌うたいのあいさつ」の歌詞の第一番.

43　Carl Hoym, *Proletarier singe! Ein neuzeitlich Liederbuch für jung und alt* (Hamburg, 1919); Pallmann, *Wohlauf Kameraden*; Schmidt, *Uns geht die Sonne nicht unter*.

44　Karl Schirdewan とのインタヴュー記録, AdK, 36; 元収容者たちの証言およびインタヴュー記録, AdK, 81; 元収容者たちとのインタヴュー記録, AdK, 103; 収容所の文化活動にかんするクリシェヴィチによる手稿, インタヴュー記録, AdK, 2. Hentschke, 引用は Inge Lammel and Günter Hofmeyer, *Lieder*, 25, 33-4. 親衛隊員が収容者たちの冗談やその隠された意味を理解するには「あまりにまぬけ」であったとする見方はいくつかの二次的資料にも存在する. たとえば以下を参照のこと. Inge Lammel and Günter Hofmeyer (eds.), *Kopf hoch, Kamerad !: Künstlerische Dokumente aus faschistischen Konzentrationslagern* (Berlin, 1965), 89.

45　Lammel and Hofmeyer (eds.), *Lieder*, 23-4.

46　ザクセンハウゼンにおける文化活動にかんする質問回答書 AdK, 42, 44.

47　ザクセンハウゼンにおける文化活動にかんする質問回答書 AdK, 45.

48　Wolff, *Kalendarium*, 1.

49　ザクセンハウゼンの歌とその楽譜（クリシェヴィチ所蔵資料）, USHMM, RG-55.004.18.

50　ザクセンハウゼンでつくられたポーランド語の歌のうち, 少なくとも 62 点が残っている. そのおよそ四分の三がクリシェヴィチによって作曲もしくは作詞されたものである. 収容所仲間が作詞し, 彼が曲をつけた歌もある.

51　ドイツ語の歌詞（クリシェヴィチ所蔵資料）, USHMM, RG-55.007.01.

52　クリシェヴィチにかんする元収容者たちとベルリン芸術アカデミーとの往復書簡 GMSA, 13919.

53　Gouillard, 引用は Carsten Linde (ed.), *KZ-Lieder: Eine Auswahl aus dem Repertoire des polnischen Sängers Alex Kulisiewicz* (Sievershütten, 1972), 9. クリシェヴィチは一時的に失明しただけであった. 犬の飼育場で病気に感染したもので, 約 6 週間後に視力を回復した.

54　Kulisiewicz, 引用は Linde (ed.), *KZ-Lieder*, 11.

55　ザクセンハウゼンの歌とその楽譜（クリシェヴィチ所蔵資料）, USHMM, RG-55.004.18. 転載した箇所は「処刑」の冒頭の 7 行.

56　ザクセンハウゼンの歌とその楽譜（クリシェヴィチ所蔵資料）, USHMM, RG-55.004.18.

57　少佐. 親衛隊の詳しい階級一覧は下記を参照のこと. Mark C. Yerger, *Riding East: The SS Cavalry Brigade in Poland and Russia 1939-1942* (Atglen, Pa., 1996), 217.

58　ドイツ語の歌詞（クリシェヴィチ所蔵資料）, USHMM, RG-55.007.01; *Przegląd Lekarski* の記事のドイツ語訳（クリシェヴィチ所蔵資料）, USHMM, RG-55.019.09.

59　ザクセンハウゼンの歌とその楽譜（クリシェヴィチ所蔵資料）, USHMM, RG-

55.004.18.

60 *Przegląd Lekarski* の記事のドイツ語訳（クリシェヴィチ所蔵資料），USHMM, RG-55.019.09.

61 ザクセンハウゼンの歌とその楽譜（クリシェヴィチ所蔵資料），USHMM, RG-55.004.18.

62 その相違は，ほとんど間違いなくダッハウに多数のポーランド人司祭が拘禁されていたことによる（約 3000 人，ほかのどの収容所より多かった）．保存されている手稿のなかには司祭のアレクサンデル・シムキェヴィチやヤン・カプシクの書いた歌をはじめ，収容所のポーランド人合唱団が使用した譜面がある．それらはキャロル《コレンディ》やキリスト降誕劇《ショプキ》の音楽といった，主としてクリスマスのためのものであった．ダッハウにおけるポーランド人合唱団の歌集 1943-4 年（クリシェヴィチ所蔵資料），USHMM, RG-55.002M.07; ダッハウ関係の研究資料（クリシェヴィチ所蔵資料），USHMM, RG-55.003.30. ザクセンハウゼンにおけるポーランド人の宗教歌については，ザクセンハウゼンの歌とその楽譜（クリシェヴィチ所蔵資料），USHMM, RG-55.004.18 を参照のこと．

63 ザクセンハウゼンの歌とその楽譜（クリシェヴィチ所蔵資料），USHMM, RG-55.004.18. 転載したのは「みよ，ベルリンの近くに！」の歌詞の第一番．

64 収容所の文化生活にかんするクリシェヴィチの手稿とインタヴュー記録 AdK, 2; クリシェヴィチにかんする元収容者たちとベルリン芸術アカデミーとの往復書簡，GMSA, 13919; *Przegląd Lekarski* の記事のドイツ語訳，USHMM, RG-55.019.09.

65 オーケストラの活動期間のほとんどをアダムが率いたことで，戦後の報告の見方は一致している．しかし元収容者には別な指揮者たちの名前をあげる者もいる．大多数の報告が細部の記述や裏づけ資料をともに欠いており，オーケストラの指揮者にかんする正確な年表を作成するのは難しい．以下を参照のこと．Karl Schirdewan とのインタヴュー，AdK, 36; ザクセンハウゼンにおける文化活動にかんする質問回答書，43, 44. アダムについての詳細は Naujoks, *Mein Leben*, 299, および Kulisiewicz, *Adresse: Sachsenhausen*, 17 を参照のこと．

66 ダッハウにかんしては Krzysztof Dunin-Wąsowicz, *Resistance in the Nazi Concentration Camps* (Warsaw, 1982), 291 を参照のこと．Paul Cummins の研究書 *Dachau Song: The Twentieth-Century Odyssey of Herbert Zipper* (New York, 1992) は 1938 年 5 月に収容所にひそかにつくられたオーケストラについて記している．しかし収容所史のその時期にオーケストラに類する集団が存在したことを確証するような追加資料は見出されていない．ブーヘンヴァルトにかんしては以下を参照のこと．Seidel, 'Kultur und Kunst', 9, および Vlastimil Louda，引用は Schneider, *Kunst hinter Stacheldraht,* 78-82 Kuna, *Musik an der Grenze*, 48-55, 67-95（クナが重視しているのはこれらのアンサンブルにいたチェコ人音楽家たちである）も参照のこと．

67 Henri Michel, *Oranienburg-Sachsenhausen: KZ-Erinnerungen und Hungermarsch in die Freiheit eines politischen Gefangenen* (Eupen, 1985), 83; Lettow, *Arzt in den Höllen*, 172; Kulisiewicz, *Adresse: Sachsenhausen*, 17.

68　ザクセンハウゼンにおける演奏会用の入場券，GMSD, III 7; 1943 年 4 月 26 日の演奏会のプログラム，GMSD, III 626; 1943 年 4 月 25 日の演奏会のプログラム，GMSD, III 627; 1945 年 4 月 1 日の演奏会のプログラム，GMSD, III 418; 1945 年 4 月 8 日の演奏会のプログラム，III 419; ザクセンハウゼンの歌，素描および演奏会のプログラム，AdK, 29; Michel, *Oranienburg-Sachsenhausen*, 83. 親衛隊が復活祭ととくにクリスマスの祝祭を許容し，勧奨さえしていたとする証言がある．ときには追加の食料が配給され，労働が一時猶予されることもあった．そして収容者は特別行事を企画したり，参加したりすることが許可されるのであった．こうしたときは上演を許された収容者の出し物に親衛隊もある程度は寛容であった．以下も参照のこと．Nansen, *Day after Day*, 457–8; Naujoks, *Mein Leben*, 287; Hartmann in AdK, 44, Schmellentin in AdK, 42, Wackernagel in AdK, 45（ザクセンハウゼンにおける文化活動にかんする質問回答書）.

69　Kulisiewicz, *Adresse: Sachsenhausen*, 17.

70　Nansen, *Day after Day*, 458, 506; Michel, *Oranienburg-Sachsenhausen*, 84–5.

71　Michel, *Oranienburg-Sachsenhausen*, 217; Alec Le Vernoy, *No Drums, No Trumpets* (London, 1988), 186; G. Sverrisson, *Wohnt hier ein Isländer ? Erinnerungen von Leifur Muller* (Bremerhaven, 1997), 217. ほかの収容所については Kuna, *Musik an der Grenze*, 31–6 を参照のこと.

72　証言記録〔複数〕が確証している．ユダヤ人が収容所で創作した音楽作品が（ゲットーと比べて）比較的少ないという事実からもこのことは推論できよう．また収容所ではユダヤ人がほかの収容者よりも一般的に暴力的な扱いを受けたことはよく知られている．ブーヘンヴァルトについては Projektgruppe Musik in Konzentrationslagern, *Musik*, 67–8; John, ‘Musik und Konzentrationslager’, 10 を参照のこと．ベルゲン＝ベルゼンの場合は多少，例外的である．以下を参照のこと．Thomas Rahe, ‘Kultur im KZ: Musik, Literatur und Kunst in Bergen-Belsen’, in Claus Füllberg-Stolberg, Martina Jung, Renate Riebe, and Martina Scheitenberger (eds.), *Frauen in Konzentrationslagern: Bergen-Belsen Ravensbrück* (Bremen, 1994), 193–206.

73　水晶の夜《クリスタルナハト》（砕けたガラスの夜）は，このときドイツとオーストリアの全土で展開されたポグロムにつけられた呼称である．ユダヤ人商店のショーウインドウが割られたことに由来する．Gutman (ed.), *Encyclopedia*, 836.

74　Eric Goodman, Wiener Library Archive（以下，WL），Eyewitness Testimony P.II.d. No.528.

75　Manuela R. Hrdlicka, *Alltag im KZ: Sachsenhausen bei Berlin* (Leske and Budrich, 1992), 67; Gutman (ed.), *Encyclopedia*, 1321–2.「体操」とは収容者が極度の疲労からたいてい倒れるまで続けられる厳しい教練のことであり，そうした集団行動の婉曲な言い回しである.

76　*Przegląd Lekarski* の記事のドイツ語訳（クリシェヴィチ所蔵資料），USHMM, RG-55.019.09; Naujoks, *Mein Leben*, 40.

77　Hans Reichmann, *Deutscher Bürger und verfolgter Jude: Novemberpogrom und KZ Sachsenhausen 1937 bis 1939* (Munich, 1998), 214, 228; Leon Szalet, *Experiment ‘E’: A*

Report from an Extermination Laboratory (New York, 1945), 70–1.

78 Szalet, *Experiment 'E'*, 20–2, 168–71; Naujoks, *Mein Leben*, 146–8.

79 ザクセンハウゼンにおける文化活動にかんする質問回答書，AdK, 43.

80 Peter Andert, 'Rosebery d'Arguto: Versuche zur Erneuerung des proletarischen Chorgesangs', in Klaus Kändler, Helga Karolewski, and Ilse Siebert (eds.), *Berliner Begegnungen: Ausländische Künstler in Berlin 1918 bis 1933* (Berlin, 1987), 340–5 の 344; Ernst Lindenberg, 'Rosebery d'Arguto —— Vorkämpfer der Arbeiterchorbewegung', *Musik und Gesellschaft*, 4 (1971), 231–40 の 236.

81 Johann Hüttner とのインタヴュー記録，AdK, 40; ザクセンハウゼンにおける文化活動にかんする質問回答書，AdK, 42.

82 クリシェヴィチとダルグートは収容所の別の地区にそれぞれ収容されていたが，クリシェヴィチが特別収容区に来たときに一時をともに過ごすことができた．二人は音楽を愛好するだけでなく，政治信念においても共通するところがあった．収容所の文化生活にかんするクリシェヴィチの手稿とインタヴュー記録，AdK, 2 を参照のこと．

83 'Oy, Shmerl mit dem fidl, Tevye mitn bas, / shpilt zhe mir a lidl, oyfn mitn gas !' Mlotek and Mlotek (eds.), *Pearls of Yiddish Song*, 121–3.〔イディッシュ語による末尾の語 gas が「通り」を意味するのにたいして，収容所におけるドイツ語版の Gas は毒ガスをさし，かけことばとなっている〕

84 ドイツ語の歌（クリシェヴィチ所蔵資料），USHMM, RG–55.004.23. ダルグートはこのドイツ語の歌詞で過去完了の時制を使っている（われらは〔過去のある時点では〕十人兄弟だった」等）．これはおそらく（文意を変えてしまうよりも）元のイディッシュ語に近いドイツ語の響きと調子の構造を保つためであったのだろう．こうした理解にもとづき，本書では過去完了でなく過去形で翻訳した．

85 Mlotek and Mlotek (eds.), *Pearls of Yiddish Song*, 121, 258.

86 この話はザクセンハウゼンでダルグートと一緒であった神学者のマックス・シュプレッヒャーが確認している．Kulisiewicz, *Adresse: Sachsenhausen*, 22; マックス・シュプレッヒャーの講演原稿写し，AdK, 55.

87 ダルグートは，収容所の管理部門にいて彼を大いに尊敬していた一人の音楽家の力により，食料の分配とかシャワー室や洗面所の監視といった比較的軽い作業を行う屋内の労働部隊に配置されていた．Szalet, *Experiment 'E'*, 111. また以下を参照のこと．「ローズベリー・ダルグート歌唱会」の元団員のインタヴュー記録，AdK, 3; ヨーハン・ヒュットナーのインタヴュー記録，AdK, 40; Kulisiewicz, *Adresse: Sachsenhausen*, 23; ローズベリー・ダルグートにかんする研究資料（クリシェヴィチ所蔵資料），USHMM, RG–55.003.93.

88 Kulisiewicz, *Adresse: Sachsenhausen*, 24; Linde (ed.), *KZ-Lieder*, 15.

89 とりわけ Inge Lammel の著作，*Lieder* 序文，そして 'Das Sachsenhausen Liederbuch' を参照のこと．反ファシズムが旧東ドイツの正統性を裏づけるもっとも重要な概念の一つであり，またおそらくそのもっとも決定的な「建国神話」であることは広く認められるところである．ナチの収容所における共産党員の抵抗運動についての記憶が旧東ドイ

ツでとった諸形態，なかでも収容所のほかの犠牲者（とくにユダヤ人）の苦難が過小評価されたことについては，たとえば以下を参照のこと．Eve Rosenhaft, 'The Use of Remembrance: The Legacy of the Communist Resistance in the German Democratic Republic', in Francis R. Nicosia and Lawrence D. Stokes (eds.), *Germans against Nazism: Nonconformity, Opposition and Resistance in the Third Reich* (Oxford, 1990), 369–88; Mary Fulbrook, *German National Identity after the Holocaust* (Cambridge, 1999), 28–35.

90　Nansen, *Day after Day*, 442, 478–9, 545–8.

第4章

1　Franciszek Piper, 'The Number of Victims', in Yisrael Gutman and Michael Berenbaum (eds.), *Anatomy of the Auschwitz Death Camp* (Bloomington and Indianapolis, 1994), 61–76 の 71.

2　Yisrael Gutman, 'Auschwitz — An Overview', in Gutman and Berenbaum (eds.), *Anatomy*, 16–17, 30.

3　Ibid.6–7; Piper, 'The Number of Victims', 71.

4　東部戦線で高まった軍需とそれによる労働力の逼迫を背景に，1942 年から対処が多少変わった．イスラエル・グットマンは，政策のまぎれもない転換がとくに 1943 年以降，収容者の生活条件のわずかながらの向上と死亡率の連続的な減少という形であらわれたと主張する．この政策はたしかに一部のユダヤ人労働者のいのちを救ったが，この時期に頂点に達していた大量殺戮の進行に大きな変更をもたらすものではなかった．Gutman, 'Auschwitz', 9.

5　Ibid. 20–1.

6　Anna Pawełcyńska, *Values and Violence in Auschwitz: A Sociological Analysis* (Berkeley, Los Angeles, and London, 1979), 54.

7　Danuta Czech, 'The Auschwitz Prisoner Administration', in Gutman and Berenbaum (eds.), *Anatomy*, 363.

8　Pawełcyńska, *Values and Violence in Auschwitz*, 46.

9　Ibid. 88.

10　Ibd. 33, 62, 66.

11　John Komski, USHMM, RG–50.042.16.

12　Elisabeth Lichtenstein, WL, Eyewitness Testimony P.III.h. No.1116.

13　Gisella Perl, *I was a Doctor in Auschwitz* (New York, 1948), 136–7; Bracha Gilai, YV, 03/6665.

14　Sam Goldberg, USHMM, RG–50.042.12; Emilio Jani, *My Voice Saved Me: Auschwitz 180046* (Milan, 1961), 96.

15　Tadeusz Borowski, *This Way for the Gas, Ladies and Gentlemen* (London, 1967), 124.

16　感銘深い事例として，ユダヤ人収容者アロン・リーベスキントの哀歌「焼却炉のなかの幼いわが子のための子守唄」がある．この歌はトレブリンカで書かれ，1943 年にア

ウシュヴィッツに移送されるのに先立ち，ザクセンハウゼンでリーベスキント自身によってクリシェヴィチに伝えられた．Linde (ed.), *KZ-Lieder*, 20–1 を参照のこと．

17 「双子」と「死体焼却場に向かう列車」の引用は USHMM, RG–55.019.09（クリシェヴィチ所蔵資料）.「死者がまたわが目をのぞきこむ」の引用は USHMM, RG–55.003.70（アウシュヴィッツにかんする研究資料，クリシェヴィチ所蔵資料）.「アウシュヴィッツの歌」と「サロニキ」の引用は Hoch, 'Ha'tarbut ha'muziqalit', 305–6, 308–15.

18 ビルケナウにかんする研究資料（クリシェヴィチ所蔵資料），USHMM, RG–55.003.07.

19 *Przegląd Lekarski* の記事のドイツ語訳（クリシェヴィチ所蔵資料），USHMM, RG–55.019.09.

20 Ibid.

21 アウシュヴィッツの歌とその楽譜（クリシェヴィチ所蔵資料），USHMM, RG–55.004.14.

22 Kuna, *Musik an der Grenze*, 97; *Przegląd Lekarski* の記事のドイツ語訳（クリシェヴィチ所蔵資料），USHMM, RG–55.019.09; Lin Jaldati and Eberhard Rebling, *Sag nie, du gehst den letzten Weg* (Berlin, 1986), 436.

23 家族収容所は 1943 年 9 月にテレージエンシュタットから移送されたユダヤ人収容者のために開設された．彼らには到着時の選別が行われず，隔離された収容所に収容され，自分の衣服の着用が許され，髪の毛は刈られず，男女や子どもが一緒に生活することが許可されていた．しかし，その生活条件はビルケナウのほかの収容区の場合と異なるところがなかった．1944 年 7 月に解体されたこの家族収容所の目的は，赤十字国際委員会の視察時にアウシュヴィッツのユダヤ人大量殺戮が根拠のないうわさであることを示すことにあったようである．Nili Keren, 'The Family Camp', in Gutman and Berenbaum (eds.), *Anatomy,* 428–9.

24 Filip Müller, *Auschwitz Inferno: The Testimony of a Sonderkommando* (London, 1979), 110–11.

25 ヤロスワフ・ヴァルホワの証言と往復書簡（クリシェヴィチ所蔵資料），USHMM, RG–55.003.15.

26 Kaczerginski and Leivick, 219, 256.

27 Kaczerginski and Leivick, 254, 410.

28 この歌は東ヨーロッパのほとんどのパルチザン部隊で公式の賛歌になり，数多くのヨーロッパ言語に訳された．Rubin, *Voices of a People*, 453.

29 Charlotte Delbo, *Auschwitz and After* (New Haven, 1995), 168.

30 新たに移送されてきた人びとの所持品を仕分けるために使った保管倉庫が「カナダ」と呼ばれるようになった．巨大な富が存在する場所と考えられていたからである．没収財産登録事務所《エフェクテンカマー》は隔てられた構内に設けられ，ゲシュタポによって収容所に移送された人びとの入念な目録が作成された所持品と身上書を保管していた．この労働部隊での身分は収容所の階層秩序のなかでもっとも高いものの一つであった．シモン・ラクスによれば，「[これらの人びとは] 自由を除けば，望めるものはなんでも手に入れてい

た」のである．Szymon Laks, *Music of Another World* (Evanston, Ill., 1989), 98; Krystyna Żywulska, *I Came Back* (London, 1951), 105-6 も参照のこと．（どちらも邦訳は「参考文献」を見よ）．

31　Pawełcyńska, *Values and Violence in Auschwitz,* 48, 70.

32　Ibid. 80.

33　Laks, *Music of Another World*, 94.

34　Herman Sachnowitz, *Auschwitz: Ein norwegischer Jude überlebte* (Frankfurt/M., 1981), 46-9; Bracha Gilai, YV, 03/6665.

35　Matetyahu Nissim, YV, 03/4273.

36　Laks, *Music of Another World*, 95.

37　「アウシュヴィッツの歌」とその楽譜（クリシェヴィチ所蔵資料），USHMM, RG-55.004.14.

38　ヤロスワフ・ヴァルホワの証言と往復書簡（クリシェヴィチ所蔵資料），USHMM, RG-55.003.15; ヴァルホワの歌「ビルケナウ」にかんする研究資料（クリシェヴィチ所蔵資料），USHMM, RG-55.003.16.

39　Żywulska, *I Came Back*, 60, 105, 174.

40　Żywulska, 引用は USHMM, RG-55.019.09（クリシェヴィチ所蔵資料）.

41　「没収財産登録事務所のメドレー」の歌とその楽譜（クリシェヴィチ所蔵資料），USHMM, RG-55.004.02.

42　Żywulska, *I Came Back,* 160, 201-2.

43　ジヴルスカの説明によると，男女の作業員が接触することは公式に禁止されていたため，彼らは倉庫に積み上げられた衣類の大袋の山のなかで密会するようにしていた．引用は USHMM, RG-55.019.09（クリシェヴィチ所蔵資料）.

44　Żywulska, *I Came Back,* 147-8, 229-30; 企画されたクリシェヴィチ選集の寄稿者たちの伝記（クリシェヴィチ所蔵資料），USHMM, RG-55.006.11.

45　Laks, *Music of Another World*, 118.

46　*Przegląd Lekarski* の記事のドイツ語訳（クリシェヴィチ所蔵資料），USHMM, RG-55.019.09; Henryk Król, アウシュヴィッツ＝ビルケナウ国立博物館アーカイヴ（以下，ABSM），1710/159301.

47　Gabriele Knap，引用は *Das Frauenorchester in Auschwitz: Musikalische Zwangsarbeit und ihre Bewältigung* (Hamburg: von Bockel, 1996), 36.

48　アウシュヴィッツＩの収容者ヤン・ヴァヴロシュは 1943 年 3 月のこととして，尋問されている者たちの物音をまぎらすために 8 人のポーランド人がポーランドの愛国歌を歌わされたことを事細かに語っている．同様にマウゴジャタ・フロボクも，1944 年 7 月，ビルケナウの女子収容所の所長マンデルが女性たちの一団にイギリスのワルツ「あなたの愛ほどに美しいものはなに？」を強制的に歌わせたことについて述べている．引用は USHMM，RG-55.019.09（クリシェヴィチ所蔵資料）; Hoch, 'Ha'tarbut ha'muziqalit', 184.

49　Hinda Tennenbaum, WL, P.III.h. No.1135; Shlomo Malek, YV, 03/9647; Sara Rat

(Manschfreund), YV, 03/6927; Joseph Spira, YV, 03/6527; John Fink, YV, 069/116; Sachnowitz, *Auschwitz*, 98; Laks, *Music of Another World*, 58.

50 Jerzy Brandhuber, 'Vergessene Erde', *Hefte von Auschwitz*, 5 (1962), 83–95 の 91.

51 たとえばシモン・ラクスが見出されたのは，収容所の補助要員とブリッジをしているときであった．Laks, *Music of Another World*, 32. 収容所に到着してまもなく，エミリオ・ジャニは近寄ってきた親衛隊の将校たちに自分がプロのオペラ歌手であったことを話した．そのうちの一人が彼を強制労働に選別された一団のところに連れていき，彼はガス室送りを免れている．Jani, *My Voice Saved Me*, 72–3. アニタ・ラスカー＝ヴァルフィッシュは自分が見出されたいきさつを次のように述べている．「なにが私を駆り立てて，チェロを弾けると［到着時に私の尋問にあたった女性に］言ったのか，自分にも分からない．あの状況ではそれは余計な話であったに違いない．だが言ってしまった．すると彼女の反応はまったく予想もしないものであった．『それはすばらしい』と彼女は言って，私の腕をつかんだのである．『わきに立っていなさい．あなたは助かる』」Anita Lasker-Wallfisch, *Inherit the Truth 1939–1945* (London, 1996), 72. 邦訳は「参考文献」参照.

52 たとえば，Rachel Bar-Neu (Folk), YV, 03/6925; Esther Reichmann, YV, 03/9206 を参照.

53 こうした感情は多くの証言のなかに見出される．Jennie Alpert, USHMM, RG-50.091.002; Estelle Beder, USHMM, RG-50.091.004; Alice Ben-Hurin, USHMM, RG-50.091.008; Violette Fintz, YV, 069/253; Sheva Ganz (Fisher), YV, 03/5423; Esther Greenberg, YV, 069/366; Moshe Hella, YV, 03/9442; Regina Mendel, YV, 03/8089; Henry Meyer, YV, 03/6273; Jay Nubenhaus, YV, 069/346; Henia Razmowitz, YV, 03/5296; このほかに Seweryna Szmaglewska, 'Rauch über Birkenau', in Gerhard Schoenberner (ed.), *Wir haben es gesehen: Augenzeugenberichte über die Judenverfolgung im Dritten Reich* (Hamburg, 1962), 242–7. ゲルハルト・シェーンベルナー（編著）『証言「第三帝国」のユダヤ人迫害』栗山次郎，浜島昭二，森田明，土屋洋二，日野安昭，山本淳訳，柏書房，2001 年）

54 Rachel Olewski-Zalmanowitz, YV, 03/4444; ほかに，Hélène Scheps, 引用は Richard Newman and Karen Kirtley, *Alma Rosé: Vienna to Auschwitz* (London, 2000), 272. 参照のこと.

55 Hermann Langbein, *Menschen in Auschwitz* (Vienna, 1972), 150; Henryk Król, ABSM, 1710/159301; Herman Boasson, YV, 01/168. 元楽員のボアソンの主張するところでは，赤軍の進攻が差し迫っていた 1944 年 9 月に親衛隊は「お気に入り」の収容者の一団を収容所からほかに移しており，そのなかにオーケストラの音楽家が数多く含まれていたという．その結果として生じた欠員はユダヤ人によって埋められたが，新しいアンサンブルの技量は以前より劣っていたと付け加えている.

56 Laks, *Music of Another World,* 90–1; Elias, *Triumph of Hope*, 119–20.

57 Alexander Ramati, *And the Violins Stopped Playing: A Story of the Gypsy Holocaust* (London, 1985), 193–4; Lucie Adelsberger, *Auschwitz: A Doctor's Story* (London, 1995), 41–2; Coco Schumann, *Der Ghetto-Swinger: Eine Jazzlegende erzählt* (Munich, 1997), 81–2; Esther Bejerano, 引用は Susann Heenen-Wolff, *Im Haus des Henkers: Gespräche in*

Deutschland (Frankfurt/M., 1992), 278–300; Max Benjamin, WL, P.III.h. No.817; Rudolf Höss, *Commandant of Auschwitz* (London, 1959), 52. 邦訳は「参考文献」参照.

58　Jack Louis, Fortunoff Video Archive, T–1604; 'Ha'khatsotsra sh'hitsila: Shney y'hudim sh'nignu b'tizmoret Auschwitz nifgeshu b'yisrael' (Saul Ben-Khaim), YV, 03/3533; John Fink, YV, 069/116; Czesław Sowul, ABSM, 1590/157979; Ignacy Stopka, ABSM, 951/108176; Sachnowitz, *Auschwitz*, 46–9, 97.

59　Moshe Angel, YV, 03/3533.

60　Herman Boasson, YV, 01/168; Theodor Liese, YV, 03/4170; Tadeusz Pawlak, USHMM, RG–50.003.18; Adam Kopyciński, ABSM, 1397/154898.

61　Laks, *Music of Another World*, 57, 66; Albert Menasche, *Birkenau (Auschwitz II): Memoirs of an Eye-Witness). How 72,000 Greek Jews Perished* (New York, 1947), 29.

62　Fania Fénelon, *Playing for Time* (Syracuse, NY, 1977), 43. 邦訳は「参考文献」参照；Newman and Kirtley, *Alma Rosé*, 250. 女子管弦楽団にかんする出版物としてはもっとも古いフェヌロンの報告は議論の的になっている．奏者であった者の多くが収容所における自分たちの行動を歪曲した彼女の記述に異議を唱えてきた．異議は，とりわけ管弦楽団を「救う」にあたって，ロゼよりも彼女自身の役割を脚色した叙述に向けられている（彼女が入所したのは 1944 年 1 月のことにすぎない）．著述は小説形式で書かれ，出版時にまだ存命しているとフェヌロンが考えた当時の楽員には仮名を使っている．とはいえ管弦楽団の多面にわたる活動についての詳細で有益な情報源である．ほとんどの女性奏者たちが証言のなかで，フェヌロンの著作の問題点に言及している．Knapp, *Das Frauenorchester*, 286–90 も参照のこと．

63　Rivka (Regina) Bezia, YV, 03/6707; Shulamit Khalef, YV, 03/6810; Rachel Olewski-Zalmanowitz, YV, 03/4444; Margrita Schwalbová, YV, M38/273; Anita Lasker-Wallfisch, WL, P.III.h. No.707.

64　チェロ奏者のアニタ・ラスカー＝ヴァルフィッシュは「一人でも多くの人を助け，このある意味での隠れ場に連れてくるためであれば，どのような口実を設けてもよかった．ほんとうはまったく演奏できない者も何人か入団していた」ことを確認している．Lasker-Wallfisch, *Inherit the Truth,* 76. 以下も参照のこと．Rivka (Regina) Bezia, YV, 03/6707; Margrita Schwalbová, YV, M38/273; Rachel Olewski-Zalmanowitz, YV, 03/4444; Knapp, *Das Frauenorchester*, 73–4; Kuna, *Musik an der Grenze*, 99.

65　Shulamit Khalef, YV, 03/6810.

66　戦後，数多くの収容者が日々のこうした行進教練について報告している．たとえば Susan Beer, USHMM, RG–50.091.006; Adita Moskowitz, YV, 03/10064; Ava-Chava Yakowowitz (Spitzer), YV, 03/7232; Rachel Herzl-Rosenberg, YV, 03/6228; Brandhuber, 'Vergessene Erde', 89; Elie Wiesel, *Night* (London, 1972), 60. 邦訳は「参考文献」参照.; Margareta Glas-Larsson, *I Want to Speak: The Tragedy and Banality of Survival in Terezin and Auschwitz* (Riverside, Calif., 1991), 58; Zywulska, *I Came Back,* 40; Menasche, *Birkenau*, 31; Laks, *Music of Another World,* 37–8.

67　Henryk Król, ABSM, 1710/159301; Henryk Król, 'Arbeitslager Marsch', USHMM,

RG-24.014.01.

68 *Przegląd Lekarski* の記事のドイツ語訳（クリシェヴィチ所蔵資料），USHMM, RG-55.019.09; Czeslaw Sowul, ABSM, 1590/157979; Franek Stryj, ABSM, 2271/166318; Laks, *Music of Another World*, 38, 53; Knapp, *Das Frauenorchester*, 69; Lasker-Wallfisch, *Inherit the Truth*, 79; Bracha Gilai, YV, 03/6665.

69 Laks, *Music of Another World*, 48.

70 Laks, *Music of Another World*, 70-1.

71 たとえば Maria Zumanska, WL, P.III.h. No.867; Theodor Liese, YV, 03/4170; Romana Duraczowa, 引用は USHMM, RG-55.019.09（クリシェヴィチ所蔵資料）.

72 Rudolf Höss, Pery Broad, and Johann Paul Kremer, *KL Auschwitz Seen by the SS* (Oświęcim, 1997), 112.

73 Mali Fritz, *Essig gegen den Durst: 565 Tage in Auschwitz-Birkenau* (Vienna, 1986), 22.

74 Primo Levi, *If This Is a Man / The Truce* (London, 1979), 57. 邦訳は「参考文献」参照.

75 そうした数少ない一人がカジミェシュ・グヴィツカである.「アウシュヴィッツ強制収容所では，一日の仕事で疲れきった収容者たちがよろめきながら分列行進して戻ってくる．ゲートのそばで演奏するオーケストラの曲が遠くから聞こえてくると，彼らは足どりを整えた．それは彼らに生きのびる勇気とその余力を与えた……われわれは仲間の奏者たちが音楽の母語をそれぞれ奏でる楽器をとおして，みごとに話しかけるのをはっきり聞きとることができた．彼らはいきいきした音色で即興のあいさつを送っていた……『あきらめるな，兄弟たちよ！　全員が死ぬのではない！』」．引用は Laks, *Music of Another World,* 115.

76 Henryk Król, ABSM, 1710/159301; Menasche, *Birkenau*, 31-2; Lasker-Wallfisch, *Inherit the Truth*, 76; Shulamit Khalef, YV, 03/6810.

77 Inga Clendinnen, *Reading the Holocaust* (Cambridge, 1999), 134-55.

78 Michael Burleigh, *The Third Reich: A New History* (London, 2001), 614.

79 Karin Orth, 'The Concentration Camp SS as a Functional Elite', in Ulrich Herbert (ed.), *National Socialist Extermination Policies: Contemporary German Perspectives and Controversies* (Oxford, 2000), 306-36 の 322-3.

80 Shulamit Khalef, YV, 03/6810.

81 Höss, Broad, and Kremer, *KL Auschwitz*, 165.

82 Boleslaw Majcherczyk, ABSM, 1610/158157; Herman Boasson, YV, 01/168; Theodor Liese, YV, 03/4170; Jani, *My Voice Saved Me*, 75.

83 Laks, *Music of Another World*, 74.

84 Sachnowitz, *Auschwitz*, 138.

85 Lasker-Wallfisch, *Inherit the Truth*, 79; Fénelon, *Playing for Time*, 103. 女子管弦楽団が演奏したレパートリーのより完全な一覧は次を参照のこと．Knapp, *Das Frauenorchester*, 78-82.

86 Shulamit Khalef, YV, 03/6810; Theodor Liese, YV, 03/4170; Adam Kopyciński, ABSM, 1397/154898; Tadeusz Pawlak, USHMM, RG-55.003.18; Kitty Hart, *I Am Alive* (London,

1961), 74–5; Fénelon, *Playing for Time*, 104, 131.

87　ビルケナウの男子管弦楽団でヴァイオリン奏者をしていたヘンリー・マイヤーとモノヴィッツの合奏団でトランペット奏者をしていたハーマン・サクノヴィッツによる報告. Henry Meyer, 'Musste da auch Musik sein? Der Weg eines Geigers von Dresden über Auschwitz nach Amerika', in Hanns-Werner Heister, C. Maurer Zenck, and P. Petersen (eds.), *Musik im Exil: Folgen des Nazismus für die internationale Musikkultur* (Frankfurt am Main, 1993), 29–40 の 36; Sachnowitz, *Auschwitz*, 106. サクノヴィッツによると, 親衛隊員はしばしば 'Alexander's ragtime band' 'Dinah' 'Sweet Sue' 'I can't give you anything but love'. などのアメリカのメロディを演奏するようジャズ奏者に求めた. ラクスはビルケナウの管弦楽団にはジャズの名演奏家もいたと述べている. そのほとんどはオランダ人で, 演奏は一部の親衛隊員から評価されていた. Laks, *Music of Another World,* 81.

88　親衛隊のほかの階級については次を参照のこと. Yerger, *Riding East*, 217. 報告指導者は強制収容所における事実上の親衛隊下士官で, 点呼の責任者や一般的な管理業務にあたった. Helmut Krausnick and Martin Broszat, *Anatomy of the SS State* (London, 1968), 281.

89　親衛隊員の私的な出入りは多くの記述にみられる. Rachel Olewski-Zalmanowitz, YV, 03/4444; Shulamit Khalef, YV, 03/6810; Theodor Liese, YV, 03/4170; Laks, *Music of Another World*, 79–81; Fénelon, *Playing for Time*, 98–9, 155; Sachnowitz, *Auschwitz*, 140.

90　Lasker-Wallfisch, *Inherit the Truth*, 77–9; Theodor Liese, YV, 03/4170; Sachnowitz, *Auschwitz*, 96–7; Fénelon, *Playing for Time*, 98–9; Knapp, *Das Frauenorchester*, 130 に引用された元収容者たちの証言.

91　Knapp, *Das Frauenorchester*, 131; Fénelon, *Playing for Time*, 67; Kuna, *Musik an der Grenze*, 299.

92　Elisabeth Lichtenstein, WL, P.III.h. No.1116; Matetyahu Nissim, YV, 03/4273; Kuna, *Musik an der Grenze*, 298–9. 関連した出来事への言及は Adita Moskowitz, YV, 03/10064; Ramati, *And the Violins Stopped Playing*, 197.

93　Theodor Liese, YV, 03/4170.

94　Margrita Schwalbová, YV, M38/273; Knapp, *Das Frauenorchester*, 116–71; Fénelon, *Playing for Time*, 132–5; Adam Kopyciński, ABSM, 1397/154898; Menasche, *Birkenau*; Jacques Stroumsa, *Violinist in Auschwitz: From Salonika to Jerusalem 1913–1967* (Konstanz, 1996), 48; Theodor Liese, YV, 03/4170.

95　Laks, *Music of Another World*, 98–9.

96　Laks, *Music of Another World*, 117.

97　Langbein, *Menschen in Auschwitz*, 151; Brandhuber, 'Vergessene Erde', 91–2; Adam Kopyciński, ABSM, 1397/154898.

98　ビルケナウの男子管弦楽団の楽員たちは, ときおり死体焼却場で行われた親衛隊のためのコンサートの様子について述べている. あるときなどは, 親衛隊員たちは奏者たちに小石を投げて喜んでいた. Meyer, 'Musste da auch Musik sein ?', 35; Henry Meyer,

YV, 03/6273; Gregor Rosenblum, 引用は Knapp, *Das Frauenorchester*, 60–2.

99 Tadeusz Pawlak, USHMM, RG-55.003.18; Adam Kopyciński, ABSM, 1397/154898; Theodor Liese, YV, 03/4170; Herman Boasson, YV, 01/168; Sachnowitz, *Auschwitz*, 139.

100 強制労働にかんするナチの姿勢と，これと矛盾するイデオロギーおよび経済的な要素との関係をめぐる複雑な歴史は以下を参照のこと．Ulrich Herbert, 'Labour and Extermination: Economic Interest and the Primacy of *Weltanschauung* in National Socialism', *Past and Present*, 138 (1993), 44–195; Browning, *Nazi Policy, Jewish Workers, German Killers*.

101 トレブリンカは「上部収容所」と「下部収容所」とに区分されていた．前者は「死の収容所」であり，後者は「居住区域」と「受け入れ区域」からなっていた．下部収容所の鉄条網で囲んだ一区画にはユダヤ人収容者の居住する収容棟があり，彼らは仕立職人，靴直し，大工として作業場で働いた．収容者は到着する移送者のなかから補充され，数日なり数週間労働したのち順次殺害され，新たに到着した者が取って代わるのである．くわえて彼らは収容所のさまざまな業務に従事した．すなわち殺戮工程にかかわる作業をも含む肉体労働，殺戮の実施中にさえ続けられる建設作業，あるいは収容所職員の私用の手伝いなどである．Gutman (ed.), *Encyclopedia*, 1481–4; Yitzhak Arad, *Belzec, Sobibór, Treblinka: The Operation Reinhard Extermination Camps* (Bloomington and Indianapolis, 1987), 37–43.

102 Oscar Strawczinski と Jerzy Rajgrodzki, 引用は ibid. 232–5.; Krzepicki, 引用は Hoch, 'Ha'tarbut ha'muziqalit', 168.

103 Jean François Steiner と Wassili Grossman, 引用は USHMM, RG-55.019.09（クリシェヴィチ所蔵資料）; Arad, *Belzec, Sobibór, Treblinka*, 233.

104 Rudolf Reder, Tovia Blatt, Philip Bialowicz, 引用は Arad, *Belzec, Sobibór, Treblinka*, 228–31; Reder, 引用は USHMM, RG-55.019.09（クリシェヴィチ所蔵資料）.

105 クリシェヴィチ編纂による収容所におけるポーランド人の歌にかんする資料 AdK, 31; *Przegląd Lekarski* の記事のドイツ語訳（クリシェヴィチ所蔵資料），USHMM, RG-55.019.09.

106 Laks, *Music of Another World*, 98–101; Jani, *My Voice Saved Me*, 99–100; Kuna, *Musik an der Grenze*, 246–7.

107 Meyer, 'Musste da auch Musik sein ?', 36; Laks, *Music of Another World*, 38, 116.

108 Fackler, '*Des Lagers Stimme*', 346.

109 Laks, *Music of Another World*, 69.

ザクセンハウゼン強制収容所のオーケストラ　演奏曲目一覧

アドルフ・アダン	歌劇「ニュルンベルクの人形劇」から序曲
ベートーヴェン	行進曲（作品番号の記載なし）
	弦楽四重奏曲ヘ長調（作品番号の記載なし）
	「エグモント」序曲
ビゼー	歌劇「カルメン」からの幻想曲
ブランケンブルク	「ドイツ軍の栄誉」（行進曲）
ブラームス	ハンガリー舞曲 第6番
ブーフホルツ	「軍靴の響き」（行進曲）
ショパン	ヴァイオリンとオーケストラのために編曲された夜想曲
コリン	「オリンピア行進曲」
ドヴォジャーク	弦楽四重奏曲からレント（作品番号の記載なし）
グリーグ	管弦楽曲「ペール・ギュント」
ヨーゼフ・グングル	「水治療」作品149（ワルツ）
ハイドン	精選作品
	交響曲第6番
コット	トランペットのための独奏曲
クラル	「ブルッカーラーガー行進曲」
エドゥアルト・キュネッケ	オペレッタ「公爵夫人のテノール歌手」からのメロディ
レハール	ワルツ「金と銀」
	ワルツ「乙女の夢」
レオンカヴァッロ	歌劇「道化師」からの幻想曲
パウル・リンケ	オペレッタ「ナキリの結婚」 序曲
	オペレッタ「ルーナ夫人」 序曲
ローマン	ポルカ「笑うトロンボーン」（トロンボーンのための独奏曲）
モンティ	「チャルダシュ」（サクソフォンのための独奏曲）
モーツァルト	セレナーデ「アイネ・クライネ・ナハトムジーク」
パール	「愛の歌 Liebeslied」（チェロのための独奏曲）
プレッセル	「ヴェーザー川で」
ラインデル	ハンガリー狂詩曲
ローデ	「青春はうるわし」（メドレー）
	「いばら姫の結婚」（キャラクターピース）

リムスキー＝コルサコフ	「サトコ」からインド人の歌
リヴェッリ	「セレナータ・ナポリターナ」
リクスナー	バガテル
	ペーター・クロイダー作品の編曲メドレー
サラサーテ	「アンダルシアのセレナード」作品 28
シュライナー	ビゼーの「カルメン」の主題による幻想曲
シュローダー	「祖国のために」（行進曲）
シューベルト	弦楽四重奏曲ニ長調からアレグロ（作品番号の記載なし）
ヨーハン・シュトラウス	ワルツ「朝刊」作品 279
	ワルツ「美しく青きドナウ」作品 314
	オペレッタ「こうもり」からのメロディ
フランツ・フォン・スッペ	オペレッタ「軽騎兵」序曲
チャイコフスキー	交響曲第 6 番「悲愴」より第 1 楽章
カール・タイケ	「ゆるがぬ忠誠で」（行進曲）
アンブロワーズ・トマ	歌劇「ミニョン」序曲
ウーアバッハ	ワーグナー作品の主題による幻想曲
	「ペル・アスペラ・アド・アストラ」（行進曲）
ヴェルディ	精選作品
	歌劇「ナブッコ」序曲
ワーグナー	歌劇「リエンツィ　最後の護民官」序曲
ヘンルィク・ヴィエニャフスキ	「オベルタス」（ヴァイオリンのための独奏曲）
ヴィッゲ	「さようなら」（行進曲）
	「昔のようにはつらつと」（行進曲）

著者略歴

(Shirli Gilbert)

南アフリカのヴィットヴァータースランド大学を卒業後，英国オックスフォード大学で現代史を専攻．現在，英国サウサンプトン大学パークス研究所の上級専任講師（教授格）．ユダヤ・非ユダヤ関係論．ホロコーストと音楽の接点にかんする研究やナチズムが南アフリカのアパルトヘイトに及ぼした影響などについて調査研究を行っている．本書は米国州立ミシガン大学の助教（2004 - 2007 年）であったときに上梓した研究書であり，ホロコーストとその犠牲者を記念するために設立されたイスラエルの公的機関ヤド・ヴァシェム記念館によって，ホロコーストにかんする基本参考文献にあげられている．ポーランドのワルシャワ・ゲットーでの苦難とソ連の労働収容所を体験した祖父母の思い出に捧げられた．主な論文に「史料としての音楽：社会史と楽譜」Music as Historical Source: Social History and Musical Texts. *International Review of the Aesthetics and Sociology of Music,* 36, (1), 2005；「歌は過去と対決する：ザクセンハウゼン強制収容所の音楽」Songs Confront the Past: Music in KZ Sachsenhausen. *Contemporary European History,* 13, (3), 2004 がある．またアパルトヘイト関係では「アパルトヘイトに抗して歌う：ANC の文化組織と国際反アパルトヘイト闘争」Singing Against Apartheid: ANC Cultural Groups and the International Anti-Apartheid Struggle. *Journal of Southern African Studies,* 33, (2), 2007；「埋められた記念碑：イディッシュの歌とホロコーストの記憶」Buried Monuments: Yiddish Songs and Holocaust Memory. *History Workshop Journal,* 66, (1), 2008 などがある．

訳者略歴

二階宗人〈にかい・むねと〉1950 年生まれ．早稲田大学卒．ＮＨＫ記者．特派員としてローマ，パリ，ジュネーヴ，ロンドンに駐在し，ヨーロッパ・中東・アフリカ総局長．とくにバチカンおよび東西冷戦を中心とするヨーロッパ情勢を取材．ＮＨＫエンタープライズ・ヨーロッパ社長，ＮＨＫグローバルメディアサービス執行役員を歴任．現在，日本宗教学会会員，チェコ音楽コンクール顧問．ホロコーストをめぐる思潮と宗教間対話をテーマに研究．これまでに上智大学神学部非常勤講師や米国フェッツァー財団顧問をつとめたほか，大東文化大学などで「ホロコーストと音楽」について講演を行っている．

シルリ・ギルバート
ホロコーストの音楽
ゲットーと収容所の生
二階宗人訳

2012年 8月31日 印刷
2012年 9月10日 発行

発行所 株式会社 みすず書房
〒113-0033 東京都文京区本郷5丁目32-21
電話 03-3814-0131(営業) 03-3815-9181(編集)
http://www.msz.co.jp

本文印刷所 萩原印刷
扉・表紙・カバー印刷所 栗田印刷
製本所 誠製本

Printed in Japan
ISBN 978-4-622-07695-7
[ホロコーストのおんがく]